Dorothea Hahn

HILLARY

Dorothea Hahn

HILLARY

Ein Leben im Zentrum
der Macht

C.H.Beck

Mit 12 Abbildungen

© Verlag C.H.Beck oHG, München 2016
Gesetzt aus der Adobe Garamond Pro und der Franklin Gothic im Verlag
Druck und Bindung: CPI – Ebner & Spiegel, Ulm
Umschlaggestaltung: Rothfos & Gabler, Hamburg
Umschlagabbildung: © Kim White
Gedruckt auf säurefreiem, alterungsbeständigem Papier
(hergestellt aus chlorfrei gebleichtem Zellstoff)
Printed in Germany
ISBN 978 3 406 69754 8

www.chbeck.de

INHALT

Vorwort

Wer im Jahr 2016 die USA bereist, erlebt ein tief gespaltenes und verunsichertes Land, in dem die soziale Schere so weit auseinanderklafft wie seit der Großen Depression nicht mehr. Während viele Unternehmen längst wieder stattliche Gewinne einfahren, artikulieren weiße Arbeiter in den verlassenen Industrieregionen ihre Wut darüber, dass sie vom Aufschwung ausgeschlossen sind. Nicht nur die unteren Einkommen stagnieren, auch Millionen Menschen aus der Mittelschicht haben in der Finanzkrise ihre Ersparnisse und oft auch ihre Häuser verloren und sich bis heute nicht davon erholt. Sie alle werden zusätzlich durch ins Astronomische gestiegene Studiengebühren für ihre Kinder belastet. Der *American Dream* scheint für viele ausgeträumt.

Zugleich steckt das politische System der USA in einer Krise. Washington hat sich selbst lahmgelegt. Probleme, die nach politischem Eingreifen verlangen, bleiben ungelöst, weil der Präsident und der Kongress unfähig zur Zusammenarbeit sind. Ein Vorgehen gegen den Klimawandel? Der menschengemachte Einfluss auf das Klima ist eine Erfindung! Verbesserungen der Gesundheitsreform? Sie gehört komplett abgeschafft! Ein Verbot des Verkaufs von kriegstauglichen Waffen, die bei Massenschießereien in Schulen, Kinos, Kirchen und Nachtclubs eingesetzt werden? Das im zweiten Verfassungszusatz aus dem Jahr 1791 verankerte Recht auf Schusswaffenbesitz muss verteidigt werden!

Die Hoffnung, dass mit einem schwarzen Präsidenten auch der Rassismus überwunden wird, hat sich nicht erfüllt. Die Polizeigewalt auf den Straßen der USA, der besonders viele junge Afroamerikaner zum Opfer fallen – laut einer Statistik der britischen Zeitung «The Guardian» 300 allein im Jahr 2015 –, hat nicht zum Einschreiten der Gesetzgeber geführt. Statt der gewählten Politiker haben neue Bürgerrechtsgruppen die Sache in die Hand genommen. Nach den tödlichen Schüssen auf den unbewaffneten schwarzen Teenager Michael Brown in Ferguson, der Erschießung des 12-jährigen Tamir Rice auf einem Spielplatz in Cleveland und der tödlich endenden Verhaftung des

25-jährigen Freddie Gray in Baltimore waren es diese Gruppen, die nach Polizeireformen und juristischen Konsequenzen verlangten.

Kann Hillary Rodham Clinton, die seit einem Vierteljahrhundert zum politischen Establishment in Washington gehört, in diesem Klima aus Zukunftsangst und Wut für gesellschaftliche Versöhnung und politische Lösungen sorgen? Ihr Leben liegt scheinbar wie ein offenes Buch vor ihren Landsleuten, die sie in ihren Ämtern und Wahlkämpfen, ihren Erfolgen, Kehrtwenden und Fehlentscheidungen sowie ihrer Fähigkeit, sich nach Tiefschlägen wieder aufzurappeln, beobachtet haben. Dennoch ist diese Frau vielen – darunter auch demokratischen Wählern – ein Rätsel geblieben, sie trauen ihr nicht und halten sie für nicht authentisch.

Für dieses Missverhältnis haben jahrelange Anti-Hillary-Kampagnen gesorgt, in denen sich politische Gegnerschaft mit Ressentiments gegen eine Frau an der Spitze mischt. Doch zugleich hat Hillary Clinton selbst viel zu diesem Image beigetragen: durch Beharren auf dem eigenen Richtigtun, ein fehlendes Gespür für politische Stimmungen im Land, ihren Umgang mit Geld und ihre unnahbare öffentliche Person. «Ich bin keine geborene Politikerin», sagt die Frau, die die erste Präsidentin der USA werden möchte.

Dieses Buch begleitet die junge Republikanerin in die Studentenbewegung, die Feministin in den konservativen Südstaat Arkansas, die demokratische Junior-Senatorin, die mit den neokonservativen Falken für den Irakkrieg stimmt, und die Außenministerin, die in der Obama-Regierung für hartes militärisches Durchgreifen in der arabischen Welt plädiert. Es basiert auf Ortsbesuchen, Gesprächen mit Weggefährten, der Lektüre von Briefen, Depeschen, E-Mails und anderen Dokumenten sowie der Beobachtung von Hillary Clintons Wahlkampf 2015/16. Auf Interviewanfragen hat die Hillary-for-America-Kampagne nicht reagiert.

Die Reise beginnt in einer weißen Vorstadt von Chicago in der unmittelbaren Nachkriegszeit.

New York im August 2016

PARK RIDGE, ILLINOIS:
EIN BABYBOOMER IN DER VORSTADT

Hillary lernte das Kämpfen früh. Schluchzend war die Vierjährige nach Hause gerannt, als ein größeres Mädchen sie geschubst hatte. Sie suchte Trost. Doch die Mutter nahm sie nicht in die Arme, sondern forderte sie auf, sich zu wehren. «In diesem Haus ist kein Platz für Feiglinge», ließ Dorothy Rodham ihre Tochter wissen. Wenig später vermeldete Hillary stolz, dass sie diesen *bully* – die englische Bezeichnung für Schulhofschläger und notorische Raufbolde – vor den anderen Kindern aus der Nachbarschaft verhauen hatte. Ihr Fazit: «Ich kann jetzt mit den Jungen spielen.»

Geboren wurde Hillary Diane Rodham am 26. Oktober 1947 in Chicago. Als sie aufwuchs, erlebten die USA eine Zeit der Unschuld. Der Zweite Weltkrieg war zu Ende, der Vietnamkrieg hatte noch nicht begonnen, und die Millionen Soldaten, die aus Europa und Asien zurückgekehrt waren, erhielten großzügige staatliche Hilfen für Ausbildung und Hauskauf. Die Große Depression mit ihrem Elend und Hunger war überwunden, in den Fünfzigerjahren wuchs die Wirtschaft, und plötzlich war für Familien wie die Rodhams der Aufstieg in die Mittelschicht möglich. Sie zogen 1950 in das 19 Kilometer nordwestlich von Chicago gelegene Park Ridge, eine der zahllosen Vorstädte im Norden der USA, die seit Kriegsende explosionsartig aus dem Boden schossen. Die Zukunft schien so vielversprechend, dass auch die Geburtenzahlen in die Höhe gingen. Hillary, ihre beiden Brüder Hugh und Tony sowie die anderen Kinder, mit denen sie auf den Straßen mit den breiten Grünstreifen in Park Ridge spielte, waren Kinder einer optimistischen Zwischenphase.

Die Vorstadtidylle verdeckte den Blick auf den Kalten Krieg. Aus der Sowjetunion, dem ehemaligen Verbündeten im Kampf gegen Nazideutschland, war ein ideologischer Feind geworden. Schon Schulkinder wurden aufgefordert, wachsam zu sein, weil allerorten Kommunisten lauerten – im Innern wie außen. Die Rote Angst *(red scare)* beschäftigte insbesondere das Komitee für unamerikanische Umtriebe (HUAC) des Repräsentantenhauses in Washington, das ursprünglich gegründet worden war, um Nazi-Unterwanderungen in den USA aufzudecken. Mit Slogans wie: «Amerikaner, unterstützt keine Roten» wurden die Bürger aufgefordert, kommunistische Aktivitäten zu denunzieren. Millionen Staatsdiener wurden überprüft. Zigtausende Lehrer, Beamte, Intellektuelle und Künstler mussten sich in Anhörungen vor dem HUAC für ihre Gesinnung rechtfertigen. Tausende verloren bei dieser Hexenjagd ihre Arbeitsplätze. Gleichzeitig wetteiferten die USA mit der Sowjetunion um die Vorherrschaft im Weltraum und in den Bereichen atomare Bewaffnung und Spionage. Als es der UdSSR 1957 als erstem der beiden Länder gelang, einen Satelliten ins Weltall zu schicken, befürchteten Millionen US-Bürger, dass ihr Land den Rückstand nicht mehr werde aufholen können. Als Folge des Sputnik-Schocks führten Schulen das Fach New Mathematics ein, das eine Generation von Naturwissenschaftlern ausbilden sollte, die mit der Sowjetunion würden mithalten können, aber bald wieder vom Lehrplan verschwand.

Als die Rodhams nach Park Ridge umzogen, war die Mutter mit Hillarys Bruder Hugh schwanger, vier Jahre später wurde der zweite Bruder Tony geboren. Die 35 000 Dollar für das zweistöckige Haus an der Wisner Street Ecke Elm Street zahlte Hillarys Vater Hugh Rodham bar. Sein Leben lang hat er nichts auf Pump gekauft und auch keine Kreditkarte benutzt. Das war seine Lehre aus der Großen Depression. Nach dem Krieg hatte er sich als Raumausstatter mit dem kleinen Unternehmen Rodrik Fabrics selbständig gemacht. Er fertigte Vorhänge für Kinos und Hotels. Meistens machte er alles selbst, vom Entwurf bis zur Installation. Nur zu Hauptproduktionszeiten stellte er einen Tagelöhner an. Der in der Garagenauffahrt vor dem Haus geparkte Cadillac, in den Fünfzigerjahren das luxuriöseste Auto *made in America,* signalisierte, dass sein Geschäft florierte.

Park Ridge war so homogen wie Tausende andere Vorstädte in den USA. *Lily-white* (lilienweiß) hießen solche Enklaven, die weit von der realen ethnischen Mischung des Landes entfernt waren, in der Umgangssprache jener Jahre. Breite Asphaltschneisen, die *expressways* – und im Fall von Park Ridge auch ein Pendlerzug – sorgten für die Anbindung an die Innenstadt und die Arbeitsplätze, doch für die Kinder dieser Vorstädte war die nahe gelegene Metropole Chicago eine ferne Welt. Hillary schaute vom Balkon ihres Mädchenzimmers auf Ulmen und die Nachbarhäuser aus Holz oder Backstein mit stuckverzierten Eingängen und Gärten. Hier spielten die Kinder auf der Straße, brachen die Väter morgens zur Arbeit auf und brachten das Geld nach Hause, blieben die Mütter daheim und kümmerten sich um Haushalt und Nachwuchs. Sonntags gingen sie alle gemeinsam in die methodistische oder die katholische Kirche. Der Verkauf von Alkohol war verboten, Scheidungen waren so gut wie unbekannt, und weder Afroamerikaner noch Asiaten oder Juden lebten in Park Ridge. Die wenigen Latinos, die Hillary als Kind zu Gesicht bekam, arbeiteten auf den Apfelplantagen zwischen dieser Siedlung und dem Flughafen O'Hare. Die einzigen Afroamerikaner, denen sie begegnete, waren die kurzfristig bei ihrem Vater beschäftigten Aushilfen.

Für gerade erst aus der Arbeiterklasse in die Mittelschicht Aufgestiegene wie die Rodhams war Park Ridge der Wirklichkeit gewordene Traum von einem besseren Leben. Sie waren von den Erfahrungen der Großen Depression der Dreißigerjahre und dem Krieg geprägt, jetzt strebten sie vor allem eines an: Sicherheit. Sie wollten sichere Arbeitsplätze, eine sichere Familie, sichere Häuser und ein sicheres Land. Wie viele weiße Vorstädter verschanzten sich auch die Bewohner von Park Ridge gegen zahlreiche vermeintliche Feinde: die Afroamerikaner in den Innenstädten, die Demokraten und die Kommunisten. Anders als in den besseren Vierteln der alteingesessenen oberen Mittelschicht an Chicagos North Shore, wo eine gewisse kulturelle und politische Diversität zu finden war, wählten fast alle in Park Ridge Lebenden bis weit in die zweite Hälfte des 20. Jahrhunderts hinein die Republikanische Partei. Der demokratische Bürgermeister von Chicago, Richard Daley, galt in Park Ridge als gefährlicher Linker, und selbst der republikanische Präsident Dwight D. Eisenhower, der im Zweiten Weltkrieg als Fünfsternegeneral die Invasion der Normandie befehligt hatte, wurde hier verdächtigt, ein sowjetischer Agent zu sein, weil er behutsam versuchte, sein Land aus der antikommunistischen Hexenjagd der McCarthy-Ära herauszuführen, und am Ende seiner Amtszeit vor dem unkontrollierten Wuchern des «militärisch-industriellen Komplexes» warnte.

Am Esstisch der Rodhams wetterte Hillarys Vater gegen Gewerkschaften und Kommunisten, gegen korrupte Politiker, staatliche Sozialleistungen und Steuern. Alle vier Jahre nötigte er seine Kinder, den republikanischen Nominierungsparteitag vor dem Bildschirm zu verfolgen, beim demokratischen Parteitag zog er dagegen den Stecker des Fernsehers heraus. Als 1960 der Demokrat John F. Kennedy die Präsidentschaftswahl gegen den Republikaner Richard Nixon gewann, verkündete Hugh Rodham, Kennedy habe die Wahl gestohlen und Chicagos Bürgermeister Daley habe ihm dabei geholfen. Damit stachelte er, ohne es zu ahnen, seine Tochter zur ersten parteipolitischen Aktivität ihres Lebens an. Hillary meldete sich zusammen mit ihrer Schulfreundin Betsy Ebeling als Freiwillige bei der Republikanischen Partei, um dem Wahlbetrug auf den Grund zu gehen. Parteimitglieder chauffierten die beiden 13-jährigen Mädchen auf die berüchtigte South Side von Chicago, wo sie von Tür zu Tür gingen, um herauszufinden, wen die dort Wohnenden gewählt hatten. Prompt stießen sie auf ein unbewohntes Baugrundstück, auf dem laut Wählerregister Menschen lebten, die demokratisch gewählt hatten. Der Vater war wütend, als er vom Engagement seiner Tochter erfuhr. Dass sie es ihm zuliebe getan hatte, begriff er nicht.

In die von der weißen Mittelschicht verlassenen Innenstädte – ein Phänomen, das die Soziologen später *white flight* (weiße Flucht) nannten – zogen Schwarze ein. Viele von ihnen kamen aus den Südstaaten. Diese parallele Wanderungsbewegung, die sogenannte Große Migration, war eine Flucht weg von der Segregation und Armut des US-amerikanischen Südens hin zu dem Wohlstandsversprechen in den Industriegebieten des Nordens. Die Wege der weißen Innenstadtflüchtlinge und der schwarzen Südstaatenflüchtlinge kreuzten sich, wenn überhaupt, am Arbeitsplatz, nicht aber im Privatleben. Bei dieser räumlichen Trennung zwischen den weißen und schwarzen Bevölkerungsgruppen ist es vielerorts bis heute geblieben. Wenn schwarze Familien versuchten, in die neuen Mittelschichtsiedlungen am Stadtrand zu ziehen, prallten sie an unsichtbaren Grenzen ab. Offiziell gab es in den nördlichen Bundesstaaten keine Segregation wie in den Südstaaten. Doch die lilienweißen Vorstädte waren für Afroamerikaner tabu.

Die Babyboomer in der Vorstadt hatten keine Ahnung von dem Leben gleichaltriger schwarzer Kinder in ihrem Land oder von Rassismus und Armut. «Wir dachten, alle wären wie wir», erinnert sich Hillarys Kinderfreund Rick Ricketts. Ihnen wurde erzählt, sie wüchsen auf in einem Land der unbegrenzten Möglichkeiten, das der Welt Frieden und Demokratie gebracht habe. Doch zugleich war die Angst der Erwachsenen spürbar, in die Armut zurückzufallen. Sowohl Hillarys Mutter als auch ihr Vater hatten eine entbehrungsreiche Kindheit gehabt. Hugh Rodham erinnerte seine Familie regelmäßig daran, dass «Geld nicht auf Bäumen wächst», und hielt sie auf eine raue, oft brutale Art knapp. Vergaß jemand, den Verschluss auf die Zahnpastatube zu schrauben, warf er die Tube aus dem Badezimmerfenster und schickte die Kinder in den Garten, sie zu suchen. Taschengeld gab er Hillary und ihren Brüdern nicht. «Wir zahlen schon für ihre Unterkunft und Verpflegung, das muss reichen», sagte er zur Begründung. Und wenn eines der Kinder nach dem Rasenmähen, Autowaschen oder Aushelfen im Geschäft des Vaters um ein paar Dollar bat, legte der Vater ihm «zur Belohnung» eine zusätzliche Kartoffel auf den Teller. Im Winter, wenn in Chicago meterhoch Schnee liegt, stellte er nachts die Heizung ab. Und während eines Sommers, den die Familie wie jedes Jahr im Ferienhaus seiner Eltern am Winola-See in Pennsylvania verbrachte, bestand er darauf, das Kohlebergwerk zu besichtigen, in dem er nach seinem Studium gearbeitet hatte.

Vater ist der Beste

Hillary selbst hat nie in Armut gelebt. In Wahlkämpfen, wo Geschichten von sozialem Aufstieg unverzichtbar sind, erzählt sie von dem Elend, in dem ihre Eltern aufgewachsen sind. Es sind für die USA typische Lebensläufe des 20. Jahrhunderts. Die Vorfahren von Hillarys im Jahr 1911 geborenem Vater sind aus England und Wales ausgewandert, haben den Atlantik im Zwischendeck überquert und sich in Scranton, Pennsylvania, niedergelassen. Einige von ihnen mussten schon als Teenager in der örtlichen Textilfabrik Scranton Lace Company arbeiten. Diesem Schicksal versuchte Hugh Rodham durch ein Sportstudium an der Penn-State-Universität zu entkommen. Doch als er sein Diplom in der Tasche hatte, steckte das Land tief in der Rezession. Statt Arbeitsplätzen gab es lange Schlangen vor den Brotausgabestellen. Hugh Rodham verdingte sich erst in einer Kohlemine, dann landete auch er in jener Textilfabrik in Scranton, der er hatte entkommen wollen. Eines Tages bestieg er, ohne seinen Eltern etwas zu sagen, einen Güterzug nach Chicago. Dort fand er zwar wieder nur eine Stelle in der Textilindustrie, aber nicht mehr als Fabrikarbeiter, sondern als Handelsvertreter für die Columbia Lace Company.

Dorothy Howell kam 1919 als Tochter einer 15-jährigen Mutter, die kaum lesen und schreiben konnte, und eines 17-jährigen Feuerwehrmanns in Chicago zur Welt. Die Familie lebte in einer Mietskaserne auf der South Side von Chicago. Als Dorothy acht war, ließen ihre Eltern sich scheiden. Sie musste allein mit ihrer dreijährigen Schwester Isabella im Zug nach Kalifornien zur Großmutter fahren. Am Ende der dreitägigen Reise kamen die Kinder östlich von Los Angeles bei einer Frau an, die sie nicht haben wollte. Sie sperrte Dorothy wegen Kleinigkeiten in ihrem Zimmer ein und gab sie als 14-Jährige gegen Kost und Logis in eine fremde Familie. Erst als die Mutter Jahre später erneut heiratete, erinnerte sie sich an ihre beiden Töchter und holte sie aus Kalifornien zurück nach Chicago. Doch Dorothys Hoffnung auf mütterliche Liebe und darauf, wie versprochen in die Schule gehen zu dürfen, wurden erneut enttäuscht. Stattdessen sollte sie den Haushalt des neuen Paares führen. Das ließ Dorothy jedoch nicht mit sich machen. Sie zog aus und verdingte sich als Sekretärin bei der Columbia Lace Company. 1937, im Alter von 18 Jahren, lernte sie dort den sieben Jahre älteren Vertreter Hugh Rodham kennen.

Dorothy ging mit Hugh Rodham aus, doch bis sie sich für ein Leben mit ihm entschied, vergingen fünf Jahre. Denn sie wollte studieren und wusste, dass das an der Seite dieses konservativen Mannes im konservativen Mittleren Westen nicht möglich sein würde. 1942 gab sie ihren Widerstand auf und sagte Ja. Kurz nach dem japanischen Angriff auf Pearl Harbor und dem Kriegseintritt der USA heiratete sie Hugh Rodham. Der ging bald darauf als Unteroffizier zur Kriegsmarine an einen Stützpunkt eine Stunde nördlich von Chicago und bildete Rekruten für den Nahkampf aus, die dann an die Front geschickt wurden, während er selbst in den USA blieb. Bis zur Geburt des ersten Kindes vergingen weitere fünf Jahre, doch von da an war Dorothy auf die Rolle der Hausfrau und Mutter festgelegt. Ihre Träume projizierte sie auf ihre Erstgeborene.

Hugh Rodham war ein autoritärer, verbitterter Mann. Neben seiner reaktionären Sicht der Welt duldete er keine anderen Meinungen. Seine Frau war neugieriger und belesener als er, und sie pflegte die sozialen Kontakte. Wenn sie ihm widersprach, fuhr er ihr über den Mund: «Was weißt Du schon davon? Woher kommt eine so dumme Idee, Fräulein Ich-weiß-alles?» Dorothy Rodham erlaubte sich gegenüber ihrem tyrannischen Mann nur kleine Gesten der Auflehnung. Sie nannte ihn *Mister Difficult* (Herr Schwierig) und tat Dinge, die er missbilligte, heimlich – 1960 zum Beispiel, als sie den Demokraten John F. Kennedy wählte. Ihrer Tochter erzählte sie davon an dem Tag, als JFK ermordet wurde. Eine Scheidung hatte Dorothy von vornherein ausgeschlossen, das war ihre Lehre aus dem eigenen Leid als verlassenes Scheidungskind. Diese Überzeugung trug sie wie ein Mantra vor sich her und gab sie auch ihrer Tochter mit auf den Weg. «Lass Dich nie scheiden» war einer von vielen Ratschlägen der Mutter, die Hillary beherzigte.

Scharf und abschätzig war der Ton von Hugh Rodham auch gegenüber seinen Kindern. Hillary, die in der Schule viel Lob für ihre Leistungen erhielt, kämpfte bei ihrem Vater vergeblich um Anerkennung. Sie tat alles, was er von ihr erwartete, brachte gute Noten nach Hause, praktizierte sämtliche Sportarten, die er für wichtig hielt, ließ sich im Urlaub bei den Großeltern in Pennsylvania von ihm das Schießen beibringen und stand als Neunjährige im Morgengrauen auf, weil er mit ihr das kleine Einmaleins üben wollte, damit sie auch im Rechnen die besten Noten erhielt. Verwandte beschreiben sie als die Einzige in der Familie, die mit dem bitteren Mann umzugehen verstand. Hillary nannte ihren Vater zärtlich *Pop-Pop*, während ihre beiden Brüder das distanzierende *The Old Man* wählten. Aber das schützte sie vor seinem Sarkasmus nicht. Wenn sie ihm von einem A in der Schule berichtete, erwiderte er: «Das muss aber eine leichte Schule sein.» Und als sie eines der besten Zeugnisse ihres Jahrgangs heimbrachte, kommentierte er das mit den Worten: «Die Schule ist vermutlich sehr klein.» Noch ruppiger ging er mit seinen Söhnen um.

Hillary idealisierte den Vater. Rückblickend verglich sie ihn mit der sympathischen Hauptperson der in den Fünfzigerjahren populären Fernsehserie *Father Knows Best* (dt. *Vater ist der Beste*), obwohl dieser von Robert Young dargestellte Charakter ein einfühlsamer Mann im Umgang mit Frau und Kindern war. Sie schwärmte vom Aussehen ihres Vaters, von seiner Fürsorge für seine Rekruten und von dem lauten Lachen, das sie von ihm geerbt hat. Und sie rechtfertigte ihn als «harten Lehrmeister», der ihr das Gefühl gegeben habe, «dass er sich um uns sorgte und alles für uns tun würde». In der beschönigenden Beschreibung der Tochter lesen sich die Konflikte mit dem Vater so: «Selbst wenn er explodierte, bewunderte er meine Unabhängigkeit und meine Leistungen.» Doch als junge Erwachsene distanzierte sich Hillary zunehmend von ihrem Vater. In ihrer Karriere als Politikerin sprach sie nur selten über ihn, hingegen oft – und je älter sie wurde, umso häufiger – über ihre Mutter: «Niemand hatte einen größeren Einfluss auf mein Leben oder mehr Anteil daran, dass aus mir der Mensch wurde, der ich bin», heißt es in der 2014 erschienenen Autobiographie *Hard Choices* (dt. *Entscheidungen*).

Die Mutter hat es im Alter von 78 Jahren geschafft, ihren Jugend-

Fünfzigerjahre-Familie: Hugh und Dorothy Rodham mit Tony, Hugh und Hillary

traum zu verwirklichen. Nachdem Dorothy Rodham und ihr Mann zu Tochter und Schwiegersohn nach Little Rock gezogen waren, begann sie dort ein Psychologiestudium. Als Witwe folgte sie ihrer Tochter nach Washington, wo sie bis zu ihrem Tod im Jahr 2011 einer der einflussreichsten Menschen im Leben von Hillary war. Dort, so hieß es in der Gerüchteküche der Hauptstadt, habe sie wegen der Affäre ihres Schwiegersohns mit Monica Lewinsky getobt und damals begonnen, ihre Tochter zu einer eigenen politischen Karriere zu ermuntern. Wenn Dorothy Rodham als alte Frau gefragt wurde, was ihre Tochter so stark gemacht habe, antwortete die Mutter: «Sie hat ihren Vater ertragen.»

Liebling der Lehrer

In Hillarys gelb gestrichenem Kinderzimmer häuften sich Auszeichnungen und Medaillen. Sie schwamm, spielte Baseball, Hockey und Football, nahm Ballettstunden und Klavierunterricht und hatte überall den Ehrgeiz, erfolgreich zu sein. Sie wurde Mitglied bei den Brownies, der Pfadfinderinnenorganisation für die Kleinsten, organisierte einen Kinderkarneval und sammelte Geld für soziale Zwecke in der Vorstadt. Die anderen Kinder liefen hinter ihr her. «Hillary führte gern», erinnert sich ihr Bruder Hugh.

In der Schule war Hillary von Anfang an ein Liebling der Lehrer. Sie war intelligent und wissbegierig, machte ihre Hausaufgaben und meldete sich oft zu Wort. Niemand kann sich daran erinnern, dass sie je den Unterricht gestört oder gar geschwänzt hätte – weder in der Grundschule noch später auf der Maine High School. Sie gehörte in jedem Schuljahr zu den Klassenbesten, fand das bald selbstverständlich und ließ das auch andere Kinder spüren. Einmal sagte sie zu ihrem Klassenkameraden Art Curtis, der ebenfalls ein guter Schüler war: «Ich bin klüger als Du», was dieser keineswegs als Provokation verstand, sondern als eine Tatsachenfeststellung, die er nickend zur Kenntnis nahm. Ein andermal, als sich eine Mitschülerin auf dem Heimweg zu Hillary und Art gesellte und ihnen sagte: «Neben Euch beiden komme ich mir richtig dumm vor», antwortete Hillary: «Ja, das solltest Du auch, Laurie.»

Nach dem Wechsel an die Highschool stürzte sich Hillary in zusätzliche freiwillige Aktivitäten. Sie wurde Mitglied im Debattierclub und im Quiz-Team, schrieb in der Schülerzeitung «Ghost Writer» und rief «hier», sobald ein Posten zu vergeben war. Sie wurde Klassensprecherin, ließ sich von der Schulleitung in das «Komitee für kulturelle Werte» berufen, das die Umgangsformen auf dem Pausenhof verbessern sollte, und arbeitete eine neue Schulverfassung aus. Bei Wahlen trat Hillary sowohl gegen Jungen als auch gegen Mädchen an. Dabei war sie oft erfolgreich. Aber als sie versuchte, Schulsprecherin zu werden, scheiterte sie. Ihre Freundin Betsy Ebeling half ihr als «Wahlkampfmanagerin» in der Kampagne, die nach dem Modell der großen Politik organisiert war. Jahrzehnte später erklärte sie die Niederlage ihrer Freundin damit, dass der Schulsprecherposten damals noch einem Jungen vorbehalten gewesen sei.

Frühe Ambitionen

Hillary ging wie selbstverständlich davon aus, dass ihren ehrgeizigen Zielen nichts im Weg stand, schon gar nicht ihr Geschlecht. Zuhause stärkte ihr die Mutter den Rücken. Dorothy Rodham hoffte für ihre Tochter auf eine große Zukunft. Während der Schulzeit träumte sie von Hillary als dem ersten weiblichen Mitglied des Supreme Court, des Obersten Gerichts der USA. Im Jahr 1981 ernannte Präsident Ronald Reagan mit der in Texas geborenen Richterin Sandra Day O'Connor die erste Frau am Obersten Gericht. Sie bekam die Zustimmung von den meisten Republikanern und Demokraten sowie die enthusiastische Unterstützung der Frauenorganisation National Organization for Women. Dorothy Rodham bestärkte ihre Tochter darin, dass sie als Mädchen dieselben Rechte und Freiheiten habe wie ein Junge. Und sie erzählte ihr Mut machende Geschichten, etwa die, dass sie nach dem Mount-Everest-Bezwinger Edmund Hillary benannt sei. Die Tochter machte sich die Anekdote zu eigen und erzählte sie, als sie als First Lady auf einer Asienreise Sir Edmund traf. Erst im Jahr 2006 ist ihr aufgegangen, dass es eine Familienlegende gewesen ist. Denn in ihrem Geburtsjahr 1947 war ihr «Namensgeber» noch ein unbekannter Bienenzüchter in Neuseeland. Den höchsten Berg der Erde bezwang er erst, als Hillary bereits fünfeinhalb Jahre alt war.

In ihrem Drang nach oben griff Hillary als Teenager buchstäblich nach den Sternen. Zunächst hatte sie Lehrerin und dann Atomphysikerin werden wollen. Aber im April 1961 umrundete Juri Gagarin die Erde, einen Monat später schickten die USA Alan Shepard in den

Weltraum, und im Februar des Folgejahres gelang John Glenn als erstem US-Astronauten die Erdumrundung. Hillary und ihr Bruder Hugh spielten im Keller ihres Hauses in Park Ridge die Reise zum Mars. Das ganze Land fieberte mit den Helden im Weltall, und Präsident Kennedy sprach von der neuen *frontier* – in Anlehnung an das ständig weiter nach Westen vorgeschobene Grenzland in der US-amerikanischen Expansionsphase. Hillary wollte selbst dazugehören und schickte einen Brief an die Raumfahrtagentur NASA, um zu fragen, wo sie sich für die Ausbildung zur Astronautin bewerben könne. Die NASA antwortete ihr, dass sie keine Mädchen haben wolle. Für die erfolgsgewohnte 13-Jährige war es ein schwerer Dämpfer. Sie war davon ausgegangen, dass ihr alle Türen offen standen. Nun wurde sie zum ersten Mal wegen ihres Geschlechts abgelehnt.

Während der Kriegsjahre waren berufstätige Frauen in den USA als Heldinnen gefeiert worden, doch mit der Rückkehr der Männer änderte sich die Lage radikal, und im Jahr 1961 waren Frauen aus der Mittelschicht längst wieder an Heim und Herd zurückgedrängt. Aus den Heldinnen wurden *homemaker*. 1963 veröffentlichte Betty Friedan ihren wegweisenden Bestseller *The Feminine Mystique* (dt. *Der Weiblichkeitswahn*) über die patriarchalische Rollenverteilung, und langsam formierte sich in dieser Zeit die neue Frauenbewegung. Als Jahre später auch Hillary das Frauenthema für sich entdeckte, beschrieb sie den NASA-Brief als ihre erste Begegnung mit der «gläsernen Decke», die Mädchen und Frauen den Aufstieg nach oben versperrt. Später, als sie längst im Zentrum der Macht angekommen war, machte sie daraus ein Schlüsselerlebnis. Allerdings zeigt Hillarys NASA-Erfahrung nicht nur, wie hart eine Karriere für Frauen aus der Babyboomer-Generation gewesen ist, sondern zugleich, wie sehr die USA sich seit den frühen Sechzigerjahren verändert haben. Auch die NASA korrigierte ihre Position. Die nur dreieinhalb Jahre nach Hillary geborene Sally Kristen Ride trat 1983 ihren ersten Raumflug an – 20 Jahre nach der ersten sowjetischen Kosmonautin Walentina Tereschkowa.

Auf den ersten Blick wirkte Hillary wie ein Mädchen, dem sein Aussehen gleichgültig ist. Sie trug ihr dunkelblondes, glattes Haar meist in einem Pferdeschwanz und ihre Schuhe, bis sie durchgelaufen waren. Niemals schminkte sie sich, und auf Partys war sie auch ihrer eigenen Wahrnehmung nach das am wenigsten herausgeputzte Mädchen, nicht zuletzt wegen ihres notorisch geizigen Vaters, der kaum Geld für Kleider herausrückte. Doch Hillary pflegte ihr Erscheinungsbild mehr, als sie zugab. Als ein Friseur ihr einen Haarschnitt verpasst hatte, der ihr nicht gefiel, traute sie sich tagelang nicht auf die Straße. Und als sie für das Amt der Schulsprecherin kandidierte, verzichtete sie darauf, die Brille zu tragen, die sie seit dem zehnten Lebensjahr brauchte. So kurzsichtig, wie sie war, konnte sie ohne die Unterstützung ihrer Wahlkampfmanagerin Betsy, die neben ihr stand, kaum jemanden erkennen.

Hillary war ein hübsches Mädchen. Jungen bezeichneten sie in ihrem Teenager-Jargon als «nicht schlecht für eine so kluge», erzählt ihr Klassenkamerad John Peavoy. An der Maine High School gab es Mädchen, die ihre Lehrer baten, ihre guten Noten nicht am schwarzen Brett auszuhängen, um keine Jungen zu verschrecken. Dergleichen lag Hillary fern. Sie machte sich nicht klein, sprach mit Jungen von gleich zu gleich und ließ ihr Gegenüber spüren, dass sie sich selbst ernst nahm. «Sie war stark, selbstsicher, reizvoll und ziemlich anmutig», erinnert sich Bob Stenson an seine Mitschülerin. Der erste Junge, mit dem Hillary auf einen Schulball ging, war Rick Ricketts, mit dem sie schon in der Vorschulzeit auf einer Mauer in ihrer Straße gesessen hatte. Beim Tanzen redete sie ununterbrochen über Schulpolitik. Den meisten Klassenkameraden fiel auf, dass Hillary nicht flirtete. In einem Highschool-Jahrbuch ist von ihr als «künftiger Nonne» und «Sister Frigidaire» die Rede.

Die Jahrbücher spiegeln Hillarys Aktionismus. Sie ist eine der meistfotografierten Schülerinnen und auf vielen Bildern die einzige, die selbstbewusst in die Kamera schaut. Sie gehörte nicht zu den beliebtesten Schülern, dafür war sie zu strebsam, zu ungeduldig mit langsameren Schülern und zu verschlossen. Sie sprach fast nie über sich selbst oder ihre Familie und lud nur wenige Freunde zu sich nach Hause ein. Die meisten ihrer Klassenkameraden wussten nicht einmal, womit ihr Vater sein Geld verdiente. Aber Hillarys Mitschüler waren davon überzeugt, dass aus ihr «etwas wird». Bei der jährlichen Abstimmung darüber, wer den größten Erfolg in späteren Leben haben werde, belegte sie wie selbstverständlich den ersten Platz.

Das Leid der anderen

Dass Religion auch politisch sein kann, begriff Hillary, als im Jahr 1961 ein neuer Jugendpastor in ihre Gemeinde kam. Der 26-jährige Don Jones fuhr in einem knallroten Chevrolet-Impala-Cabriolet vor. Er verstand sich als «linker Realist» und brachte Ideen mit in diese Vorstadt, die seit dem Ende der McCarthy-Ära unter jungen Intellektuellen in den USA die Runde machten und in Park Ridge mindestens so viel Aufsehen erregten wie sein Straßenkreuzer. Don Jones nannte seine Jugendgruppe «Universität des Lebens» und versuchte den 20 Teenagern zusätzlich zum üblichen Freizeitprogramm wie Wandern und Schwimmen Denkanstöße zu geben. Er zeigte ihnen Filme von Truffaut und anderen französischen Avantgardisten, ließ sie Dichter der *Beat Generation* lesen und besprach mit ihnen Texte von Bob Dylan, darunter das Antikriegslied «A Hard Rain's A-Gonna Fall».

Die 14-jährige Hillary war begeistert. Schon bald kam sie in Don Jones' Büro in der Methodistenkirche und lieh sich von ihm Bücher – Texte über Sünde und Gnade, geschrieben von Philosophen und Theologen wie Dietrich Bonhoeffer, Søren Kierkegaard, Paul Tillich und Reinhold Niebuhr. Sie verschlang alles, was er ihr gab, und manche dieser Autoren begleiten sie bis heute. Nur ein Buch, das Don Jones ihr schenkte, sprach sie bei der ersten Lektüre überhaupt nicht an: J. D. Salingers *Fänger im Roggen*. Sie nahm es später mit ins Wellesley College, las es dort 17-jährig erneut und schrieb Don Jones, dass sie nun verstehe, warum er es ihr geschenkt habe. Der Jugendpastor eckte schon bald in der konservativen Gemeinde an und verließ Park Ridge nach nur zwei Jahren wieder, doch Hillary blieb mit ihm bis zu seinem Tod in Kontakt. Er wurde einer ihrer engsten Vertrauten und Berater, mit dem sie ihren politischen Weg und ihre Ideen besprach.

Höhepunkte der Jugendarbeit von Don Jones in Park Ridge waren die Ausflüge in die Innenstadt von Chicago. Es war eine fremde, exotische Welt für die Teenager, auch wenn viele ihrer Eltern dort aufgewachsen waren. Zu einer Begegnung seiner weißen Vorstadtjugendlichen mit schwarzen Innenstadtjugendlichen auf der South Side von Chicago, wo auch Hillarys Mutter ihre ersten Jahre verbracht hatte, brachte Don Jones eine Reproduktion von Picassos *Guernica* mit. Den Vorstädtern fiel zu dem Gemälde nur wenig ein, die Innenstädter hingegen assoziierten sofort eigene Erlebnisse von Gewalt und Zerstörung. So erzählte ein junges Mädchen von ihrem Onkel, der erschossen worden war, weil er an der falschen Stelle geparkt hatte. Ein andermal organisierte Don Jones eine Begegnung mit dem Chicagoer *community organizer* Saul Alinsky, einem rebellischen Mann, der darüber nachdachte, was die Menschen am unteren Rand der Gesellschaft – mehrheitlich Afroamerikaner – tun könnten, um ihre Position zu verbessern.

Am 15. April 1962 nahm Don Jones seine Jugendlichen mit in die Orchestra Hall in Chicagos Innenstadt, wo Martin Luther King an diesem Abend über diejenigen sprach, die die Revolution verschlafen. Für den Prediger war es ein Motiv, mit dem er sich bis zu seinem gewaltsamen Tod im April 1968 intensiv beschäftigte. Für Hillary wurde der Abend zu einer Offenbarung. Das Mädchen aus der weißen Vorstadt kannte die Schilder mit der Aufschrift «No Dogs, No Negroes, No Mexicans» («Keine Hunde, keine Neger, keine Mexikaner») nicht. Und es wusste nicht, dass im Süden ihres Landes schwarze Jugendliche ihres Alters für sie verbotene Lokale betraten und sich auf für sie verbotene Sitzplätze in Bussen setzten, um gegen die Rassentrennung zu protestieren. In seinem Vortrag lieferte Martin Luther King auch Erklärungen für diese Ignoranz im Land. Eine davon waren die *expressways,* die das Leben von schwarzen und weißen US-Amerikanern so voneinander trennten, dass die einen nichts von den anderen wussten. Er benutzte ein biblisches Bild, das Hillary bereits aus der Kirche kannte: den

Mann, der zur Hölle verdammt ist, weil er das Leid der anderen nicht sieht.

Nach der Rede nahm Don Jones seine Jugendlichen mit hinter die Bühne und stellte sie Dr. King namentlich vor. Der schüttelte jedem die Hand. Hillary hat dem Abend mit den Jahren immer größere Bedeutung beigemessen. In ihrem Rückblick bekam er den Stellenwert, den die Begegnung ihres Mannes als Teenager mit John F. Kennedy hatte. Doch im Unterschied zu ihrem Besuch hinter der Bühne der Orchestra Hall gibt es in Bill Clintons Fall Aufnahmen, die ihn mit dem Präsidenten zeigen.

Die methodistische Kirche, der die Mehrheit der Bewohner von Park Ridge angehörte, ist die drittgrößte Glaubensgemeinschaft der USA – nach den Katholiken und den Baptisten – und eine von mehr als 200 protestantischen Gemeinschaften, die ganz überwiegend weiterhin nach Hautfarben getrennt beten. Die religiöse Vielfalt im Land steht im Kontrast zur politischen Dichotomie. Während sich neben den beiden großen Parteien nie eine Alternative etablieren konnte, scheint der Hunger nach religiösen Gemeinschaften weiterhin unstillbar. Anfang der Sechzigerjahre bekannten sich fast zwei Drittel der US-Amerikaner zu einer Religion. Zu Anfang des neuen Jahrtausends waren es immer noch mehr als 60 Prozent, in der Zwischenzeit sind weitere religiöse Neugründungen hinzugekommen. In keinem anderen Industrieland ist Religion so wichtig wie hier, und kein anderes westliches Land verknüpft seine Geschichte und Politik so stark mit Religion und religiösen Freiheiten.

Die Rodhams nahmen ihren Glauben ernst. Die Kinder knieten abends neben ihrem Bett und beteten, und die Familie war in ihrer Gemeinde in Park Ridge aktiv und besuchte die strengen Gottesdienste. Die Mutter unterrichtete in der Sonntagsschule, Hillary war Messdienerin, nahm an verschiedenen Jugendgruppen teil und hütete in der Erntesaison gelegentlich die Kinder von Wanderarbeitern in den benachbarten Obstplantagen. Sie hat ihrer Glaubensgemeinschaft bis heute die Treue gehalten. Davon hat sie sich auch durch ihren Mann nicht abhalten lassen, der ein Southern Baptist war und ist. Fast immer hat sie ein religiöses Buch dabei, geht oft in die Kirche, besucht Gebetskreise und hält Vorträge in Sonntagsschulen. Oft flicht sie auch in ihre öffentlichen Reden einen Satz von John Wesley ein, der die methodistische Gemeinschaft im 18. Jahrhundert in England gegründet hat, etwa seine Forderung: «Gutes zu tun in jeder möglichen Art und jedem möglichen Grad».

Hillarys zweiter Mentor in Park Ridge war ihr Geschichtslehrer Paul Carlson. Er gehörte derselben Glaubensgemeinschaft an wie Don Jones, aber die beiden Männer vertraten entgegengesetzte politische Standpunkte. Der Geschichtslehrer hielt Martin Luther King für einen gefährlichen Hetzer und beschwerte sich bei der Kirchenleitung, als er erfuhr, dass Don Jones die Jugendlichen zu einer Veranstaltung des charismatischen Predigers mitgenommen hatte. Er warf dem Pastor vor, in den Jugendlichen Schuldgefühle auszulösen und ihnen einzureden, die weiße Mittelschicht sei verantwortlich für die Lage der Afroamerikaner. Als ihre Auseinandersetzung über die Jugendarbeit eskalierte, verließ Don Jones die Vorstadt im Mittleren Westen und wechselte an die methodistische Drew-Universität in New Jersey.

Der Geschichtslehrer war so antikommunistisch wie Hillarys Vater, und die Kommunistenjagd der McCarthy-Ära ging für ihn nie wirklich zu Ende. Noch in den Neunzigerjahren lobte er in einem Interview die Arbeit des HUAC. Er hielt große Stücke auf Hillary und war überzeugt, dass sie politisch zu seinem Lager gehörte. Die gängige Unterscheidung zwischen den sogenannten Falken, die in der Außenpolitik militärische Lösungen bevorzugen, und den Tauben, die stärker auf diplomatische Lösungen setzen, evozierend, erinnert er sich: «Sie war ein Falke, sie unterstützte Tschiang Kai Check.»

«Wir kämpften um ihre Seele und ihren Geist», beschrieb es hingegen Don Jones. Anders als der Geschichtslehrer machte er sich keine Illusionen über seinen Einfluss auf die junge Hillary. Schon in den frühen Sechzigerjahren erlebte er sie als unersättlich in ihrer Wissbegier, sehr intelligent und von einer in ihrer Familie und der methodistischen Kirche aufgesogenen Fortschrittsgewissheit getragen: «Die Methodisten in Park Ridge hatten einen fast sentimentalen Glauben an den Fortschritt und an die Menschen», erinnert er sich, «Hillary wuchs in diesem Umfeld auf, und sie hatte so viele Erfolge, dass sie die Sechzigerjahre überstand, ohne die Hoffnung zu verlieren.»

Hillary selbst hat den Gegensatz zwischen diesen beiden ungleichen Männern nicht wahrgenommen. «Ich mochte sie beide und sah weder damals noch heute einen großen Gegensatz in ihren Meinungen», schrieb sie Jahrzehnte später. Diese Bereitschaft, Gegensätzliches für vereinbar zu halten, mag ein Resultat ihrer familiären Erfahrung gewesen sein, in der ein offen republikanischer Vater und eine versteckt demokratische Mutter gemeinsam unter einem Dach lebten. Zugleich ist sie ein früher Hinweis auf Hillarys späteren Spagat zwischen Konservativen und Fortschrittlichen, den sie in jedem neuen Wahlkampf und in jedem neuen Amt vollführte. In den Sechzigerjahren in Park Ridge hielt sie es vorerst mit dem Geschichtslehrer und mit ihrem Vater. Sie trat der Republikanischen Partei bei und zog 1964 mit Strohhut und Schärpe in den Wahlkampf für deren Präsidentschaftskandidaten Barry Goldwater. Dieser Präsidentschaftskandidat schlug vor, «kleine» Atombomben über Vietnam abzuwerfen, den Wohlfahrtsstaat abzubauen und gegen die Gewerkschaften und die Sowjetunion zu kämpfen. Goldwater unterlag dem Demokraten Lyndon B. Johnson, aber er blieb ein wichtiger Vordenker der «konservativen Revolution», die 16 Jahre später in der Wahl von Ronald Reagan gipfelte. In Park Ridge erhielt er 1964 die meisten Stimmen, und die von Hillary und anderen *Goldwater girls* aufgestellten Werbeschilder mit der Aufschrift «AUH2O-64», die seinen Namen in eine chemische Formel übersetzten, blieben so lange in den Vorgärten stehen, bis sie völlig verblasst waren.

AUFBRUCH IN DIE ELITE:
DAS COLLEGE GIRL IN WELLESLEY

In Kniestrümpfen und mit einer dicken Hornbrille kam die 17-jährige Hillary im Herbst 1965 in dem Collegestädtchen Wellesley knapp 30 Kilometer westlich von Boston an. Im Koffer hatte sie ihre politische Bibel *Conscience of a Conservative* (Das Gewissen eines Konservativen), das Programm des republikanischen Präsidentschaftskandidaten Barry Goldwater, für den sie im Jahr zuvor als Schülerin Wahlkampf gemacht hatte. Auf der 1550 Kilometer langen Autofahrt von Chicago zum Elite-College an der Ostküste sinnierte die angehende Studentin über ihr neues Leben weit weg von Park Ridge und dem strengen Vater, dem sie es trotz aller Anstrengungen nie hatte recht machen können. Sie betrachtete das College als Gelegenheit, herauszufinden, wer sie sein wollte. In einem Brief an den Schulfreund John Peavoy berichtete sie ein paar Monate später, welche Lebensentwürfe sie bereits ausprobiert und verworfen habe: «abgehobene Akademikerin, betroffener Pseudo-Hippie, Erziehungs- und Bildungsreformerin und zurückgezogene Einfachheit».

Sie verließ das College vier Jahre später als angehende Demokratin, keine ungewöhnliche Entwicklung in den späten Sechzigerjahren. Eine ganze Generation wandte sich angewidert von der Politik der US-Regierung ab. In den Großstädten tobten Rassenunruhen, der Krieg in Vietnam eskalierte und jeden Tag brachten Militärtransporter Särge und schwer verletzte US-Soldaten zurück in die Heimat. 1968, in dem für die USA tödlichsten Kriegsjahr, kamen täglich 45 US-Soldaten in Vietnam ums Leben. Mit den Protesten gegen diesen Krieg, den Forderungen nach mehr Demokratie – angefangen bei der Regierung in Washington bis hinein in jede Universität – und der schwarzen Bürgerrechtsbewegung gingen in den USA mit einiger Verspätung die Fünfzigerjahre zu Ende. Die Protestbewegung verlief in den USA parallel zu jener, die gleichzeitig an europäischen Universitäten stattfand, auch wenn mit den Themen Krieg und Rassismus andere Fragen im Zentrum standen als in Deutschland oder in Frankreich.

Für eine Mittelwestlerin aus einer Mittelschichtfamilie war es Mitte der Sechzigerjahre untypisch, auf eine der elitären Bildungseinrichtungen an der Ostküste zu gehen, wo die Kinder der mächtigen Elite des Landes studieren. Fast alle ihre Mitschüler besuchten ein College in der Nähe ihrer Eltern. Doch mehrere Lehrerinnen hatten die gute Schülerin dazu gedrängt, sich bei den Spitzen-Colleges zu bewerben, und die Entscheidung für Wellesley war ein klares Zeichen für Hillarys Ehrgeiz. Sie hätte ein gemischtes College wählen können, stattdessen bewarb sie sich an zwei der *Seven Sisters,* wie die damals noch sieben Elitehochschulen nur für Mädchen genannt werden. Sowohl das Smith College als auch Wellesley nahmen sie an. Am Ende fiel die Wahl der Rodhams auf das konservative Wellesley, das, so hoffte der Vater, von den Beatniks verschont bleiben würde. Für die Ausbildung ihrer Tochter griffen die Rodhams tief in die Tasche: 1965 kostete ein Jahr in Wellesley 2800 Dollar, das entsprach einem Drittel des Jahreseinkommens einer durchschnittlichen amerikanischen Familie, auch für Hugh Rodham keine Kleinigkeit.

Kulturschock

Manche Mitstudentinnen in Wellesley rümpften die Nase, als sie der Vorstädterin auf dem Campus begegneten. Sie sei eine «typische Mittelwestlerin» gewesen, erinnert sich eine New Yorkerin, «bodenständig», «pummelig», «eher unattraktiv» und «ohne jedes Modebewusstsein». Auch einer Kommilitonin aus New Jersey fiel auf, dass Hillary sich kaum schminkte und nicht im Geringsten kokett war. Sie versuchte erst gar nicht, sich äußerlich anzupassen, sondern kultivierte eine sorgfältig durchdachte Form der Nachlässigkeit: Sackförmige Jeanskleider, der mit einem Gummiband zusammengehaltene Pferdeschwanz und Rollkragenpullis gehörten zu diesem Image und auch, dass sie andere Studentinnen, die viel Zeit auf ihr Äußeres verwandten, verächtlich «Debütantinnen» nannte. Ihrem Schulfreund John Peavoy schrieb sie: «Ich sehe unmöglich aus. Und es ist mir völlig egal.» Das konnte sie sich leisten, weil etwas an ihr auch den Snobs unter den Mitstudentinnen imponierte: ihre Intelligenz. Wer ihr begegnete, begriff sofort, dass sie ihre Umgebung blitzschnell erfasste und die Welt mit ihrem Kopf erobern wollte.

Dennoch war der Anfang in Wellesley für das *Goldwater girl* aus Park Ridge ein Kulturschock. Gewohnt, Klassenbeste zu sein, war sie nun von lauter begabten Mädchen umgeben, von denen einige eine Weltläufigkeit mitbrachten, die Hillary unbekannt war. Sie hatte noch nie in einem Hotel übernachtet und war nur einmal mit der Familie im benachbarten Kanada gewesen. Manche ihrer Kommilitoninnen hingegen hatten in Europa teure Internate besucht, beherrschten fließend fremde Sprachen und fuhren ausländische Autos. Auch im Unterricht stieß die junge Studentin erstmals an ihre Grenzen. Von einem Französischlehrer musste sie sich sagen lassen, «Mademoiselle, Ihre Begabung liegt woanders», und sie hatte Mühe, in Physik, Mathematik und Geologie mitzukommen. Deshalb verabschiedete sie sich bald von der Vorstellung, Ärztin oder Naturwissenschaftlerin zu werden.

Einen Monat nach ihrer Ankunft in Wellesley wollte Hillary aufgeben, weil sie sich den Anforderungen nicht gewachsen fühlte. Kleinlaut gestand sie ihren Eltern am Telefon, sie sei nicht intelligent genug und wolle zurück nach Chicago. Der Vater stimmte sofort zu, doch die Mutter bestärkte die Tochter durchzuhalten. Hillary, die Vatertochter, hörte in diesem Schlüsselmoment des Erwachsenwerdens auf die Mutter. Diese hatte sich zwar nach außen ihrem konservativen Gatten untergeordnet, aber im Innern an ihren Überzeugungen festgehalten. Vor allem hatte sie darum gekämpft, ihrer Tochter die Bildung zu ermöglichen, die ihr selbst verwehrt worden war. In Wellesley bewegte Hillary sich immer mehr auf die Mutter zu und entfernte sich zunehmend von der Welt ihres Vaters. Als sie schließlich auch mit seiner Partei, den Republikanern, brach, kühlte die Beziehung zwischen Tochter und Vater ab und Briefe wurden selten. Bei den wenigen Begegnungen kam es nun immer öfter zu lauten Diskussionen über den Vietnamkrieg oder über BH-verbrennende Feministinnen und die Beatniks. Sie gerieten aneinander, aber zu einem Eklat oder zum Abbruch der Beziehung zwischen den beiden kam es nicht. Und als Hillary sich Jahre später mit dem jungen Demokraten Bill Clinton zusammentat, war ihr republikanischer Vater wie selbstverständlich zur Stelle, um seinen angehenden Schwiegersohn im Wahlkampf zu unterstützen.

Im Kopf konservativ, im Herzen links

Auch in Wellesley blieb Hillary mit ihrem Jugendpastor Don Jones in Kontakt. Sie schickte ihm Briefe, in denen sie existenzielle Fragen von der Theologie bis zum politischen Engagement erörterte. Oft klang sie darin älter, als sie war. 1966, ein Jahr nach ihrer Ankunft im College, fragte sie ihn: «Ist es möglich, mit dem Kopf konservativ und mit dem Herzen links zu sein?» Damit formulierte die 18-Jährige eines ihrer Lebensthemen.

Der Campus von Wellesley war eine sorgfältig abgeschirmte Welt für 2300 Studentinnen. Jedes Wohnhaus hatte eine «Hausmutter», die über die – meist unter 21- und damit noch nicht volljährigen – Mädchen wachte. Es gab *high teas* wie im alten England und besondere Durchsagen, die männlichen Besuch ankündigten. Mädchen, die an der Pforte auftauchten, wurden als *guests* bezeichnet, Jungen dagegen als *callers*. In den Zimmern waren Letztere nur an Sonntagnachmittagen von zwei bis halb sechs zugelassen, und währenddessen galt die «Zwei-Fuß-Regel»: Die Zimmertür hatte offen zu stehen und mindestens zwei Füße mussten den Boden berühren. Abendliche Ausflüge –

etwa zu Partys im 25 Kilometer entfernten Boston – waren genehmigungspflichtig, und spätestens um ein Uhr mussten die Studentinnen zurück sein. Andere Mädchen empörten sich über diese «albernen Regeln», nicht aber Hillary, die mehr als ein Vierteljahrhundert später über diese geschlossene weibliche Gesellschaft schreibt: «Das Fehlen männlicher Studenten verschaffte uns viel Freiraum und schuf eine Art Sicherheitszone, in der wir von Montag bis Freitagnachmittag darauf verzichten konnten, einen ‹Anschein› zu erwecken – und zwar in jedem Sinne des Wortes. Wir konzentrierten uns auf unsere Studien und mussten uns keine Gedanken über unser Aussehen machen.»

Auch die höheren Töchter in Wellesley experimentierten: Gelegentlich machte ein Joint die Runde, manche Frauen nahmen die Pille und einige probierten freien Sex und wechselnde Beziehungen aus. Hillary blieb zurückhaltender als die meisten. Sie hörte Elvis und die Beatles, ging gelegentlich aus und war eine gute Tänzerin. Aber sie schlug nicht über die Stränge. Sie rebellierte nicht einmal gegen die engen Grenzen, die ihre Eltern ihr aus der Ferne gesteckt hatten. So durfte sie weder außerhalb des College übernachten noch ihren Schulfreund John Peavoy in New York treffen. In Briefen mockierte Hillary sich über die «Park-Ridge-Eltern-Situation», doch sie akzeptierte die Regeln. Und sie blieb drei Jahre lang mit ein und demselben Jungen zusammen, Geoffrey Shields, den sie bei einem *mixer* im ersten Collegejahr kennengelernt hatte, einer der regelmäßig vom College arrangierten Partys mit standesgemäßen Jungen von anderen Eliteuniversitäten der Umgebung. Geoffrey, der in Harvard Jura studierte, kam aus einem Nachbarvorort von Chicago, nur ein paar Busstationen von Hillarys Elternhaus entfernt. Die beiden sahen sich fast jedes Wochenende, machten gemeinsame Ausflüge und diskutierten viel über Politik.

Ihre Energie steckte Hillary in den Marsch durch die College-Institutionen. Schon in Park Ridge war sie eine junge Republikanerin gewesen. Kaum in Wellesley angekommen, wurde sie Mitglied des dortigen republikanischen Clubs und schon im zweiten Jahr dessen Chefin. Im dritten Jahr verließ sie den engen Rahmen der Parteipolitik und kandidierte für die Gesamtvertretung der Wellesley-Studentinnen. Von

Februar 1968 bis zu ihrem Examen war sie Präsidentin der Studentinnenvertretung und saß einmal pro Woche mit der Präsidentin des College zusammen, um über studentische Belange zu sprechen. Der Wahl vorausgegangen war Hillarys erster Präsidentschaftswahlkampf in eigener Sache, den sie wie ein Politprofi aufgezogen hatte: Drei Wochen lang hatte sie an Zimmertüren geklopft, sich vorgestellt, Hände geschüttelt, Kommilitoninnen nach ihrem Befinden und ihren Problemen am College befragt und herauszufinden versucht, was sie verändern wollten. Schließlich hatte sie mit zwei Konkurrentinnen debattiert und ihr Redetalent bewiesen. Sie war die einzige Republikanerin und die konservativste der drei Kandidatinnen. Ihr Ziel waren kleine Reformen, während die beiden anderen größere Pläne hatten. Das galt insbesondere für Francille Rusan, eine von nur sechs Afroamerikanerinnen unter den 400 Studentinnen in Hillarys Jahrgang. Die sechs waren mit hohen Erwartungen nach Wellesley gekommen. Der Bundesstaat Massachusetts war im 19. Jahrhundert eine Hochburg der Abolitionisten gewesen, die sich für die Abschaffung der Sklaverei engagiert hatten. In den Sechzigerjahren des 20. Jahrhunderts standen die liberalen weißen Politiker aus Massachusetts erneut auf der richtigen Seite der Geschichte, als sie die Forderungen der schwarzen Bürgerrechtsbewegung unterstützten. Doch im College stießen die schwarzen Mädchen auf den ihnen nur zu vertrauten alten Rassismus: Die Schlafräume waren nach Hautfarben getrennt, schwarze Dozenten gab es nicht, und die afroamerikanische Geschichte kam im Lehrplan nicht vor. Um diese Verhältnisse zu ändern, hatten schwarze Studentinnen – darunter Francille Rusan – in Wellesley 1966 die Gruppe Ethos gegründet.

Nach ihrem Wahlsieg setzte Hillary ihre Charmeoffensive fort. Sie dankte ihren Kommilitoninnen und verschickte Danksagungen an Professoren, die sie unterstützt hatten. Einem Schulfreund schrieb sie: «Ich genieße Wahlgewinne als spürbaren Ausdruck von Respekt und Zuneigung.» Spätestens ab diesem Zeitpunkt waren ihre Mitstudentinnen überzeugt, dass sie das Zeug zu Führungspositionen in Washington habe, vielleicht sogar zur Präsidentin. Sie war jetzt der Star ihres Jahrgangs. Und sie war durch und durch politisch. An Sonntagnachmit-

Wahlkampf in Wellesley: Hillary Rodham mit Nonna Noto (links)
und Francille Rusan (rechts)

tagen, wenn sie Treffen im Gemeinschaftsraum des neugotischen Back-
steingebäudes Stone-Davis organisierte, an denen auch Studenten der
umliegenden Eliteuniversitäten teilnahmen, ging es fast immer um
Politik. Oft waren die männlichen Studenten aus Harvard bei diesen
Treffen in der Überzahl. «Hillary war von Jungen umgeben», erinnert
sich eine Kommilitonin, «aber sie flirtete nicht mit ihnen, sondern betrachtete sie als Ideengeber.»

Im Gegensatz zu vielen Gleichaltrigen, die sich enttäuscht von dem
«alten System» und den «alten Parteien» abwandten und nach Alternati-
ven Ausschau hielten, suchte Hillary ihren Platz im Innern des Systems.
Offen war nur die Frage, in welcher Partei. Noch war sie Republikanerin, aber sie hatte bereits einen Fuß im Lager der Demokraten. Beim
high tea erzählte Hillary einer ein Jahr älteren Studentin, mit der sie an
diesem Tag zum ersten Mal sprach, dass sie First Lady werden wolle.
Nicht, dass sie sich nicht vorstellen könnte, selbst Präsidentin zu sein,

aber sie hielt eine Frau an der Spitze im 20. Jahrhundert in den USA nicht für möglich. Typisch Hillary: Während die Gleichaltrigen von Utopien sprachen, verfolgte sie Ziele, die sie für erreichbar hielt. Mit ihrer Schulfreundin Betsy Ebeling sprach sie im selben Jahr darüber, was sie tun würden, falls es eine Revolution geben sollte. Das Fazit der beiden: «Wir werden niemals mitmachen.»

Statt auf die Revolution setzte Hillary auf Veränderungen, denen alle Seiten zustimmen können, und auf «freundliche Proteste». So stand sie etwa auf der Wiese vor der Bibliothek des College und kritisierte die Einteilung des Studienjahrs in Trimester statt Semester: Dadurch werde zu viel Unterrichtsstoff in zu kurze Zeiteinheiten gestopft, die Studentinnen müssten ununterbrochen für Prüfungen büffeln und die Bibliothek sei permanent überfüllt.

Von zwei politischen Positionen ihrer republikanischen Freunde allerdings hatte Hillary sich gleich zu Anfang ihrer Zeit in Wellesley verabschiedet: der Rassentrennung und dem Vietnamkrieg. Dem Politikwissenschaft unterrichtenden Steve London fiel Hillary auf als «eine der wenigen Studentinnen, die ein reales Interesse an den Rassenbeziehungen haben». Auf diesem Feld war sie auch in der Praxis neugierig und experimentierfreudig. Als sie zusammen mit einer schwarzen Studentin in den Gottesdienst ging, spürte sie nicht nur die argwöhnischen Blicke der anderen in der ganz überwiegend weißen Kleinstadt, sondern gestand ihrem Mentor Don Jones in einem Brief, dass sie selbst nur wenige Monate zuvor beim Anblick eines weißen Mädchens, das ein schwarzes Mädchen mit in die Kirche bringt, gedacht hätte: «Sie will etwas beweisen.» Ihre Eltern in Park Ridge, denen sie von diesem Kirchbesuch erzählte, zeigten genau diese Reaktion und unterstellten ihr, sie habe sich vor allem interessant machen wollen.

Auch Hillarys Umdenken bezüglich des Vietnamkriegs fällt mit dem Studienbeginn zusammen. Sie lernte Jungen kennen, die überlegten, wie sie einer Kriegsdienstverpflichtung entgehen könnten, und andere, die sich freiwillig melden wollten. Den letzten Ausschlag gab ein Ferienjob bei Anthony d'Amato, einem ehemaligen Wellesley-Dozenten, der das College wegen seiner Kritik am Vietnamkrieg hatte verlassen müssen und nun an einem Buch über den Krieg arbeitete. Er diskutierte mit ihr nicht nur über Kriegsverbrechen und Menschenrechtsverletzungen in Vietnam, sondern kritisierte den Krieg aus einer moderaten republikanischen Position heraus. Nach dem Ende ihres Sommerjobs hatte Hillary nicht nur ihre Position gegen den Vietnamkrieg konsolidiert, sondern sie begann auch, sich für moderate Republikaner zu interessieren.

1968

1968 war ein Jahr sozialer Unruhen, politischer Morde und einer folgenschweren Präsidentschaftswahl. Es begann mit der überraschenden nordvietnamesischen Tet-Offensive, die 543 US-amerikanische Soldaten das Leben kostete und die ohnehin große Antikriegsstimmung an der Heimatfront stärkte. Doch der demokratische Präsident Lyndon B. Johnson bemühte sich nicht um die Beendigung des Krieges, sondern stockte die Zahl der Soldaten weiter auf. Wenige Monate später erreichte sie mit 549 500 GIs den Höchststand des gesamten Krieges. Im Herbst 1968 trugen dann zwei schwarze Athleten den Protest gegen die Rassendiskriminierung auf ein Siegertreppchen der Olympischen Spiele in Mexiko Stadt. Als die Nationalhymne ertönte, erhoben Tommie Smith und John Carlos ihre in schwarze Handschuhe gekleideten Fäuste und blickten auf den Boden. «Wenn ich gewinne, bin ich ein Amerikaner. Wenn ich einen Fehler mache, bin ich ein Negro», begründete Smith die Aktion: «wir sind schwarz und stolz darauf.» Wenige Tage später wurden beide aus dem «Team USA» ausgeschlossen.

Hillary wechselte in diesem Jahr immer wieder zwischen den politischen Lagern hin und her: Direkt nach dem erfolgreichen Ende ihres College-Wahlkampfs stieg sie in die Kampagne für Senator Eugene McCarthy aus Minnesota ein. Der Demokrat McCarthy – nicht zu verwechseln mit dem Kommunistenjäger Joseph McCarthy aus Wisconsin – war in den demokratischen Vorwahlen mit einer zentralen Forderung angetreten: den Krieg zu stoppen. Zum ersten Mal engagierte Hillary sich für einen Demokraten – sie sah in McCarthys Kandidatur die Möglichkeit, die Antikriegsbewegung von der Straße ins Weiße Haus zu tragen. Immer wieder fuhr sie in den Nachbarbundesstaat New Hampshire, der damals die ersten Vorwahlen ausrichtete, und verteilte gemeinsam mit altgedienten Demokraten und jungen Hippies, die sich die Haare und Bärte hatten stutzen lassen, Flugblätter. *Get clean for Gene* lautete der inoffizielle Kampagnenslogan, denn McCarthy hatte seine Unterstützer aufgefordert, sich ordentlich zurechtzumachen, bevor sie an Haustüren klopften.

McCarthys Botschaft traf den Nerv der Parteibasis. Der Außenseiter erhielt in New Hampshire beinahe 42 Prozent der Stimmen und rückte dem Amtsinhaber Lyndon B. Johnson, für den 48 Prozent gestimmt hatten, bedrohlich nahe. Unter dem Eindruck dieses Wahlergebnisses zog Johnson sich noch im selben Monat, Ende März 1968, aus dem Wahlkampf zurück. Dass ein Kriegsgegner den amtierenden Präsidenten verdrängte, war eine Sensation und ermunterte einen zweiten demokratischen Kriegsgegner, in den Wahlkampf einzusteigen: Robert Kennedy, den Bruder des ermordeten John F. Kennedy. Auch bei den Republikanern wurde nun laut über Ausstiegsmöglichkeiten aus dem Vietnamkrieg nachgedacht. Doch am Ende setzten sich in beiden Parteien Kandidaten durch, die bereit waren, den Krieg fortzusetzen und sogar noch zu intensivieren – auch wenn sie im Wahlkampf ein Kriegsende in Aussicht gestellt hatten.

Knapp viereinhalb Jahre nach dem Attentat auf John F. Kennedy erschütterte am 4. April 1968 erneut ein politischer Mord die USA. In Memphis wurde der 39-jährige Bürgerrechtler Martin Luther King erschossen. Quer durch die USA brachen über Nacht in fast hundert Städten Unruhen aus. Ganze Straßenzüge gingen in Flammen auf, Häuser wurden zerstört und Geschäfte geplündert. Zahlreiche Universitäten wurden vom nächsten Morgen an bestreikt. Als sie die Nachricht hörte, brach Hillary in Tränen aus und schrie «Ich ertrage es nicht mehr». Am nächsten Morgen trug sie ein schwarzes Armband und fuhr zu einer Demonstration nach Boston.

Nach der Ermordung Martin Luther Kings wurde Hillarys Ton schärfer. Sie unterstützte nun offen ihre afroamerikanischen Kommilitoninnen, die von der Verwaltung des College sofortige Veränderungen verlangten. Die Mitglieder von Ethos drohten sogar mit einem Hungerstreik. Daraufhin berief die Collegeleitung eine Vollversammlung in der Kapelle ein, die in ein chaotisches Schreigefecht ausartete. Die frischgewählte Studentinnenvertreterin Hillary brach deshalb die Veranstaltung ab. Die Zeit unmittelbar nach dem Mord war die einzige Phase im bewegten Jahr 1968, in der auch in Wellesley Proteste drohten, die den Lehrbetrieb behindert hätten. Hillary sorgte dafür, dass es nicht dazu kam. In ihrer Autobiographie schreibt sie, sie habe sich um «Entspannung» bemüht und die «Auseinandersetzung in konstruktive Bahnen» gelenkt. Erst einen Monat nach dem Mord, als sich die erste Empörung gelegt hatte, fand in Wellesley ein in langen Diskussionen zwischen Studentinnen und Lehrkörper sorgfältig vorbereiteter zweitägiger Streik statt.

Doch die Serie politischer Morde ging weiter. Am 6. Juni erlag Senator Robert Kennedy in Los Angeles den tödlichen Schussverletzungen, die ein Attentäter ihm in der Nacht vom 4. auf den 5. Juni zugefügt hatte, unmittelbar nach der Feier seines Vorwahlsiegs in Kalifornien. Hillary war zu diesem Zeitpunkt wieder ins republikanische Lager eingetaucht. Sie machte ein Praktikum in der US-Hauptstadt im Büro des republikanischen Abgeordneten Melvin Laird, einem ausgesprochenen Kriegsbefürworter, der ein Jahr später Verteidigungsminister von Nixon wurde. Wellesley schickt jedes Jahr seine zehn besten Studentinnen der Politikwissenschaft nach Washington. Professor Alan Schechter hatte ihr zu dem Praktikum geraten: Es werde ihr helfen, ihre eigene Position zu finden. «Sehr hell, sehr aggressiv und nicht besonders republikanisch»: Das war der Eindruck den Hillary auf den Betreuer des Praktikantenprogramms im Kongress Ed Feulner machte. Sie verfasste einen Text über die Finanzierung des Vietnamkriegs, den Melvin Laird als «sehr sorgfältig und gut recherchiert» lobte, und ließ sich mit prominenten republikanischen Abgeordneten fotografieren. Ein Bild, auf dem sie mit dem späteren republikanischen Präsidenten

Gerald Ford zu sehen ist, stand bis zum Tod ihres Vaters in dessen Schlafzimmer. Drei Jahrzehnte später würdigte Hillary als First Lady den alt gewordenen republikanischen Kongressabgeordneten Laird in einem Interview mit den Worten: «Es ist wichtig für eine Demokratie, dass Menschen, die im öffentlichen Leben stehen, sich selbst auf eine Art benehmen, die für Vertrauen und Glaubwürdigkeit bei ihren Wählern sorgt.» Ironischerweise sickerten vier Tage nach dieser Lobrede auf ihren einstigen Praktikumsbetreuer erste Gerüchte über das Verhältnis ihres Gatten mit einer Praktikantin durch.

Als Sprecherin der Wellesley-Studentinnen im Kongress nahm Hillary ihre Aufgabe wie üblich sehr ernst. Als Leslie Friedman, die in Vassar, einem weiteren Seven-Sisters-College, studierte, ein Treffen der beiden Praktikantinnengruppen vorschlug, antwortete Hillary scharf: «Wir sind nicht nach Washington gekommen, um unsere Zeit beim Tee mit albernen *College girls* zu verbringen.» In der Hauptstadt lernte sie einen jungen Mann kennen, der ebenfalls ein Praktikum im Kongress absolvierte. Wie schon Hillarys erster Freund besuchte David Rupert eine Eliteuniversität – in seinem Fall Georgetown –, und auch er studierte Jura. Doch dieses Mal schien, anders als bei der vorherigen Beziehung, Leidenschaft im Spiel zu sein. Auch David war ein junger Republikaner auf dem Absprung. Bei ihrem ersten Rendezvous fragte er, wie sie an das Praktikum gekommen sei. Sie sei die Präsidentin des republikanischen Clubs in Wellesley gewesen, erwiderte sie. «Das klingt wie eine Chamäleon-Nummer, um den Job zu bekommen», stellte er fest, «Du bist entweder eine konservative Demokratin oder eine Rockefeller-Republikanerin.»

Damit hatte er den Nagel auf den Kopf getroffen. Wenige Monate nachdem Hillary für Eugene McCarthy Flugblätter verteilt hatte, unterstützte sie wieder einen republikanischen Präsidentschaftskandidaten. Nicht Richard Nixon, den Favoriten ihres Vaters, der ihr zu rassistisch war, sondern den moderaten New Yorker Gouverneur Nelson Rockefeller, einen Nachfahren des Ölmagnaten John D. Rockefeller, der sich schon 1960 und 1964 um die Kandidatur bemüht hatte. Hillary sah in ihm einen «progressiven Republikaner» und reiste im Anschluss an ihr Praktikum im Kongress in seinem Schlepptau nach Miami zum ersten Parteikongress ihres Lebens. Obwohl sie ahnte, dass ihr Kandidat keine Chance hatte, war sie empört, als Nixon gewann und zum republikanischen Präsidentschaftskandidaten gekürt wurde.

Von Miami fuhr sie direkt weiter nach Chicago, wo in der letzten Augustwoche der demokratische Nominierungsparteitag stattfand. Mit Eugene McCarthy und dem ermordeten Robert Kennedy hatten die linken Kriegsgegner die Vorwahlen dominiert, die allerdings damals nur in 15 der 50 Bundesstaaten stattfanden. 60 Prozent der Delegierten hatte der Parteiapparat bestimmt, und diese 60 Prozent votierten in Chicago geschlossen für den Vizepräsidenten Hubert Humphrey, der bei den Vorwahlen gar nicht angetreten war und die Kriegspolitik von Präsident Lyndon B. Johnson in Südostasien fortsetzen wollte. Die Parteiführung brachte sogar den Kompromissantrag zu Fall, der einen vorübergehenden Bombenstopp und eine Wiederaufnahme der Friedensverhandlungen vorschlug. Was in dem hermetisch von der Öffentlichkeit abgeschirmten Internationalen Amphitheater passierte, die Machenschaften und Tricks, mit denen die demokratische Parteispitze die Linken und Kriegsgegner ausbootete, um ihren Kandidaten, den Vizepräsidenten Hubert Humphrey, durchzusetzen, erfuhr Hillary aus dem Fernsehen. Sie und ihre Freundin Betsy Ebeling beobachteten als Zaungäste im Grant Park in Chicagos Innenstadt aus sicherer Entfernung die Protestdemonstrationen.

Auf den Straßen demonstrierten Tausende Kriegsgegner gegen den Vietnamkrieg, die Politik der Regierung und das Establishment der Demokratischen Partei. Chicagos demokratischer Bürgermeister Richard Daley hatte ein Aufgebot von 23 000 Polizisten bestellt, um den Parteitag zu sichern. Hinter Absperrgittern erlebten Hillary und ihre Freundin Betsy mit, wie der zunächst happeningartig vorgebrachte Protest in Ausschreitungen und dann in bürgerkriegsähnliche Zustände umschlug. Hemmungslos prügelten die Sicherheitskräfte auf die Demonstranten ein. Betsy sah, wie Polizisten Demonstranten «den Schädel zertrümmerten». Auch Hillary war entsetzt über den brutalen Polizeieinsatz, doch zugleich fehlte ihr jedes Verständnis für die Demonstranten. Sie konnte weder die Wut nachvollziehen, mit der diese den knüppelnden Polizisten entgegenriefen «Kill-Kill-Kill» und sie als Schweine beschimpften, noch verstand sie die Ironie der Yippies, wie sich die Mitglieder des Aktionsbündnisses Youth International Party nannten. Aus Enttäuschung über die Demokratische Partei hatten sie einen eigenen Präsidentschaftskandidaten nominiert: das Schwein Pigasus, das sie auf der Demonstration in Chicago mitführten, bis die Polizei das Tier verhaftete. Später fand eine Untersuchung im Auftrag der US-Regierung heraus, dass die Ausschreitungen von Chicago auch ein Resultat von Polizeiprovokationen gewesen waren.

Anders als viele Altersgenossen im Jahr 1968 sah Hillary in Wahlen und institutioneller Politik den «einzigen Weg, um dauerhafte Veränderungen herbeizuführen». Aber am Ende des Sommers begann sie, sich theoretisch mit radikalen Ideen auseinanderzusetzen. Ihre Abschlussarbeit in Politikwissenschaft schrieb sie über den Chicagoer *community organizer* Saul Alinsky, den sie dank ihres Jugendpastors bereits vor Jahren einmal erlebt hatte. Er hatte ein Modell für die Gemeinwesenarbeit in großstädtischen Ghettos und Betrieben entworfen und es an verschiedenen Orten erfolgreich ausprobiert – etwa in einem schwarzen Elendsviertel in Chicago oder während eines Arbeitskampfs in einer Kodak-Fabrik in Rochester, New York. Alinsky war bekannt dafür, dass er unorthodoxe Wege beschritt. Bei Kodak schlug er vor, während eines klassischen Konzerts ein *Fart-in* – ein Furz-Happening – abzuhalten. Protestierende Studenten, linke Christen und Gewerkschafter beriefen sich auf ihn, und auch ein gewisser Barack Obama ließ sich 20 Jahre später bei seiner Nachbarschaftsarbeit in Chicago von Alinskys Lehren inspirieren. Als Alan Schechter im Herbst erfuhr, über wen Hillary ihre Abschlussarbeit schreiben wollte, verstand er das auch als eine Entscheidung für die Demokraten: «Die Themenwahl bedeutete, dass sie sich für die Probleme von armen Leuten interessiert, daran haben Republikaner traditionell kein Interesse.»

Hillary gab ihrer 92 Seiten langen Arbeit, den Dichter T. S. Eliot zitierend, den Titel «There is only the Fight – the Alinsky Model» (Es gibt nur den Kampf – das Alinsky-Modell). Die 21-Jährige traf den

60-Jährigen im Winter 1968/69 mehrfach. Sie bezeichnete ihn als charmant, doch sein Modell nannte sie unrealistisch, anachronistisch und nicht effizient, weil es sich auf kleine, räumlich begrenzte Konflikte beschränke. In ihrer Arbeit distanzierte sie sich auch von Alinskys Einschätzung, dass es unmöglich sei, das System von innen zu ändern. Gegen sein Postulat, wonach die Betroffenen sich selbst engagieren, ihre Ziele definieren und kämpfen müssen, betrachtete Hillary es gerade als die Aufgabe von Politikern, stellvertretend für ihre Wähler zu kämpfen. Dieser Überzeugung blieb sie später in ihrem politischen Leben treu. Noch ihr Slogan im Vorwahlkampf um die demokratische Präsidentschaftsnominierung 2016 rekurriert auf diese Idee von Politik: «Ich kämpfe für Euch.»

Auch Alinsky war beeindruckt von der intelligenten und selbstbewussten jungen Frau. Während eines der Gespräche bot er ihr an, nach dem Collegeabschluss bei ihm zu arbeiten. Doch Hillary hatte sich bereits entschieden, Jura zu studieren, um – so ihre Begründung – «wirkungsvoller für soziale Veränderung» zu arbeiten. Als der *community organizer* widersprach, Juristen würden die Welt nicht verändern, konterte Hillary: «Das sehe ich anders. Da gibt es reale Möglichkeiten.»

Ihre Arbeit ist in einem für Qualifikationsschriften typischen politikwissenschaftlichen Jargon verfasst, mit seitenlangen Fußnoten versehen und im Ton äußerst moderat. Die Autorin leistet sich lediglich zum Auftakt einen kleinen feministischen Seitenhieb auf eine weit verbreitete männliche Floskel: «Ich habe zwar keine ‹liebende Frau›, der ich dafür danken könnte, dass sie die Kinder fernhält, während ich schreibe. Aber ich habe viele Freunde.» Sie erhielt ein A+ – wie üblich die beste Note. Jahrzehnte später wurde diese Examensarbeit zu einem Politikum. Aus Angst vor Vorwürfen, die First Lady sei einst eine Parteigängerin des inzwischen verstorbenen Saul Alinsky gewesen, den nun auch einige Demokraten im Umfeld der Clinton-Administration als zu radikal einstuften, bat das Weiße Haus Wellesley, die Arbeit unter Verschluss zu nehmen. Das College fügte sich und schuf eigens für diesen Fall eine neue Regel, wonach Abschlussarbeiten von Präsidenten und First Ladies für die Dauer der Amtszeit nicht einsehbar sind. In

Washington schossen die Spekulationen um eine angebliche Faszination, die der linke Bürgerrechtler auf die junge Hillary ausgeübt habe, umso mehr ins Kraut.

The Class of 69

In Reaktion auf die Studentenproteste veränderten Universitäten im Jahr 1969 reihenweise ihre Regeln. Neue Lehrpläne wurden verfasst, die Tore auch für Frauen und Angehörige der verschiedenen Minderheiten weiter geöffnet und den Studenten größere Mitspracherechte eingeräumt. So auch in Wellesley. Das Elite-College entschloss sich zu den radikalsten Veränderungen in seiner 94-jährigen Geschichte: Es führte Semester anstatt der Trimester ein, ließ in Studium und Lehre mehr Afroamerikaner zu und gab seinen Studentinnen einen größeren privaten Freiraum. Hillary und ihre Kommilitoninnen der *class of 69,* des Abschlussjahrgangs 69, verließen eine andere Einrichtung, als sie vier Jahre zuvor betreten hatten. Und auch ihre individuellen Lebensläufe verliefen anders als die von Generationen von Wellesley-Absolventinnen vor ihnen. Das College hatte schon zuvor Stars hervorgebracht – etwa Madeleine Albright, die dort zehn Jahre vor Hillary Examen gemacht hat und unter Bill Clinton die erste Frau an der Spitze des Außenministeriums wurde. Doch der Abschlussjahrgang 69 war der erste, in dem eine Karriere nicht mehr die Ausnahme, sondern die Regel war. Viele Kommilitoninnen von Hillary durchbrachen die «gläserne Decke» und gelangten in Führungspositionen in Wirtschaft und Politik. Auch im privaten Bereich änderte sich viel: Die Frauen der *class of 69* bekamen weniger Kinder und ließen sich häufiger scheiden als jede vorausgegangene Wellesley-Generation. Mehr als 47 Jahre später ist diese *class of 69* über die ganze Welt verstreut. Viele der Frauen sind bereits im Ruhestand, andere auf dem Weg dahin. In den Neunzigerjahren hat Hillary ihren Wellesley-Jahrgang mehrfach ins Weiße Haus eingeladen, und bisher hat sie bei jedem Wahlkampf auf diese Frauen zählen können. Sie haben Unterstützerkomitees gegründet, für die Kampagne gespendet oder Geld gesammelt. 2016 schütteln manche von ihnen den Kopf darüber, dass Hillary immer noch so «getrieben» ist, aber keine sagt das öffentlich. Und wenn Hillary angegriffen wird, stellen sie alle sich schützend vor sie.

In den Monaten vor ihrem Examen setzten diese Studentinnen durch, dass bei der feierlichen Zeugnisübergabe auch eine von ihnen zu Wort kam. Den *commencement speeches,* die aus diesem Anlass von angesehenen Ehemaligen oder anderen Prominenten gehalten werden, wurde in Wellesley wie an zahlreichen anderen Universitäten im Land die Rede einer Absolventin an die Seite gestellt. Auch diese Premiere war ein Eingehen auf die Forderungen der Studentenbewegung. Die Wahl der Rednerin fiel wie selbstverständlich auf Hillary Rodham. Es war ihr bis dahin größter Auftritt. Wochenlang bereitete sie sich darauf vor und sammelte bei ihren Kommilitoninnen Ideen. Doch als es so weit war und sie vor mehr als 2000 Zuhörern – Absolventinnen, deren Angehörige, Studentinnen und Dozenten – am Mikrophon stand, trug sie über weite Strecken nicht den vorbereiteten Text vor, sondern antwortete unmittelbar auf ihren Vorredner, den Republikaner Edward Brooke. Der erste afroamerikanische Senator der Vereinigten Staaten, kritisierte in seiner Festrede den «Protestzwang» der Epoche. Drei Jahre zuvor hatte Hillary noch Flugblätter für Brooke verteilt. Jetzt belehrte sie ihn darüber, dass ihre Generation zwar «noch nicht in Macht- und Führungspositionen» sei, aber dennoch die «Pflicht zu Kritik und zu konstruktivem Protest» habe. Als Gründe für die Protestpflicht nannte sie die Armut in den USA, den Krieg in Übersee, die Rolle der Frauen und die Bürgerrechte. Ihr für eine Examensfeier ungewöhnlich scharfer Ton empörte manche Eltern, aber die Studentinnen waren begeistert und spendeten Hillary, so erinnern sich Teilnehmerinnen, sieben Minuten lang Beifall.

Mit dieser Rede schaffte die Absolventin es zum ersten Mal in die nationale Presse. Das «Life Magazine» brachte einen großen Bericht über ausgewählte studentische Redner, darunter auch Hillary, und würdigte damit dieses neue Element der Graduiertenfeier, die in den Vereinigten Staaten zu den Ritualen des Erwachsenwerdens gehört. Hillarys Rede war im Vergleich zu anderen moderat, doch sie zeugte von großem Selbstbewusstsein und davon, wie sehr die junge Frau sich in den Jahren in Wellesley verändert hatte. Aus einer Republikanerin war eine angehende Demokratin geworden, die den Mut hatte, sich mit Autoritäten anzulegen. Sie würzte ihre Rede mit ein bisschen Konsum- und Kapitalismuskritik und zeigte zugleich den Patriotismus, der zu solchen Anlässen in den USA erwartet wird. «Wenn das Experiment des menschlichen Lebens in diesem Land und in diesem Zeitalter nicht funktioniert», sagte die 21-Jährige, «dann wird es nirgends funktionieren.» Ihr Vater, der allein gekommen war, saß im Publikum. Wieder einmal zollte er seiner Tochter keine besondere Anerkennung, sondern reiste gleich nach der Zeremonie zurück nach Chicago. Aus Krankheitsgründen hatte Hillarys Mutter diesem großen Tag ihrer Tochter fernbleiben müssen, die ein Vierteljahrhundert später schrieb: «In vielerlei Hinsicht gehörte dieser Augenblick ihr ebenso wie mir.»

IVY LEAGUE:
DIE JURASTUDENTIN IN YALE

Im Herbst 1969 nahm Hillary Rodham in New Haven, 130 Kilometer nördlich von New York, an der Universität Yale ihr Jurastudium auf. Wie eine Bestätigung des Rufs, der ihr dank des Artikels im «Life Magazine» vorauseilte, wirkt eine Szene aus dem April des folgenden Jahres: Hillary auf einem Tisch stehend inmitten aufgebrachter Studenten. Der Anlass dieser Versammlung war ein in der Universitätsstadt angesetzter Mordprozess gegen mehrere führende Mitglieder der militanten schwarzen Bürgerrechtsorganisation Black Panther Party. Die Anklage warf ihnen vor, den angeblichen Polizeispitzel Alex Rackley gefoltert und ermordet zu haben. In der Stadt zirkulierten Flugblätter, die zu «direkten Aktionen» gegen Polizei und Justiz aufforderten. Brandstifter hatten bereits in einer Bibliothek der Universität Feuer gelegt, und ein Teilnehmer der Versammlung hatte den «abgefuckten Pazifisten» im Saal mit Gewalt gedroht. Sprecher verschiedener politischer Gruppen überboten sich mit radikalen Vorschlägen, doch niemand schaffte es, sich durchzusetzen. Inmitten dieser aufgeheizten Stimmung war die auf dem Tisch stehende 22-jährige Jurastudentin in Flanellhemd und Jeans-Schlaghosen der ruhende Pol im Saal, der mit einer Mischung aus Autorität und Gelassenheit dafür sorgte, dass die Versammlung ohne Eklat zu Ende ging.

Vor ihrer Ankunft in New Haven hatte Hillary mehrere richtungsweisende Entscheidungen gefällt. Die Partei ihres Vaters hatte sie hinter sich gelassen, ihre Unentschiedenheit in Bezug auf den Vietnamkrieg beendet, und auch die Fragen «Wer bin ich?» und «Wer will ich sein?»

schienen geklärt. Sie strebte nun eine politische Karriere an und hatte sich deshalb entschieden, Jura zu studieren. Schwer hatte sie sich lediglich mit der Auswahl der Universität getan. Sowohl Yale als auch Harvard hatten ihre Bewerbung angenommen. Beide gehören zum kleinen Kreis der acht sogenannten Ivy-League-Universitäten, die ihre Studenten für künftige Führungspositionen in Wirtschaft und Politik ausbilden. In Yale unter dem fortschrittlichen Präsidenten Kingman Brewster, der im Hinblick auf den Black-Panther-Prozess öffentlich seine Skepsis bekundet hatte, ob schwarze Revolutionäre in den Vereinigten Staaten mit einem fairen Verfahren würden rechnen können, und einem Studentenpfarrer, der offen gegen den Vietnamkrieg eintrat, hatte die Studentenbewegung wesentlich stärker Fuß gefasst. Doch nicht das gab den Ausschlag, sondern männlicher Dünkel: Ein Freund nahm Hillary zu einer Party in Harvard mit und stellte sie einem Professor vor, dem er erzählte, sie sei noch unentschieden zwischen Harvard und der etwa 200 Kilometer südlich gelegenen Konkurrenzuniversität. Als der Professor entgegnete, Harvard habe erstens keine Konkurrenz und zweitens keinen Bedarf an weiteren Frauen, war die Entscheidung für Yale gefallen.

Befreite Zone

27 Frauen und 208 Männer nahmen im Herbst 1969 in Yale das Jurastudium auf. Im Vergleich zu früheren Semestern war das ein gewaltiger Fortschritt und nicht zuletzt eine Folge der Protestbewegungen der Vorjahre. Die Universität war eine Hochburg der Gegenkultur, zwei linke Gruppen waren besonders stark: die Gegner des Krieges, den Präsident Nixon inzwischen von Vietnam auf die Nachbarländer Kambodscha und Laos ausgedehnt hatte, und die Kritiker des FBI von J. Edgar Hoover, das sich auf die Infiltration von schwarzen Bürgerrechtsgruppen verlegt hatte: von den Black Muslims bis zu den Black Panthers. Diese hatten erst kurz zuvor ihren Hauptsitz nach New Haven verlegt,

in der liberalen Universitätsstadt in Connecticut fühlten sie sich besser aufgehoben als in Kalifornien.

Mitten auf dem Campus in Yale befand sich eine «befreite Zone», eine Zeltstadt, in der Black Panthers über ihre Bewaffnung diskutierten und junge Leute aus der weißen Mittelschicht Pro und Contra der Anschläge der Untergrundgruppe Weathermen auf Rekrutierungsstellen der Streitkräfte und auf Gefängnisse erwogen. In einem der Zelte hatte Charles Garry Unterschlupf gefunden, der Anwalt des Black-Panther-Chefs Bobby Seale. Am Ende des Prozesses in New Haven wurden mehrere Black Panthers wegen Mordes verurteilt, doch Seale wurde von der Mitverantwortung an dem Verbrechen freigesprochen. Allerdings nahm die Glaubwürdigkeit seiner Organisation bei jungen Leuten durch den Mord schweren Schaden. Viele Jahre später behaupteten republikanische Kritiker, Hillary hätte in Yale die Black Panther Party unterstützt, ein Vorwurf, der jeder Grundlage entbehrt. Zwar suchte und pflegte die junge Studentin Kontakte nach allen Seiten, und während des Prozesses in New Haven saßen sie und ihre Kommilitonen im Gerichtssaal, um Verletzungen von Bürgerrechten zu dokumentieren, aber sie glaubte nicht an radikale Veränderungen und schon gar nicht an bewaffneten Widerstand. Alle Gruppen, die sich außerparlamentarischer Aktionsformen bedienten, waren ihr suspekt. Selbst im Zusammenhang mit dem Student Nonviolent Coordinating Committee (SNCC) benutzte sie in einem Brief an Don Jones das Wort «Extremismus». Diese schwarze Bürgerrechtsgruppe war in den Sechzigerjahren federführend an den *Freedom Rides* durch den segregierten Süden und den organisierten Restaurantbesuchen von Afroamerikanern in Gaststätten, die für Schwarze gesperrt waren, beteiligt. Weil einige von ihnen nach jahrelangen friedlichen Protesten den Glauben an die Wirksamkeit des zivilen Widerstands verloren hatten, diskutierten ihre Mitglieder in den frühen Siebzigerjahren über eine Bewaffnung. In den Augen von Greg Craig, der Mitte der Sechzigerjahre als Vietnamkriegsgegner in Harvard hervorgetreten war, bevor er nach Yale kam, war Hillary damals eine «Mainstream-Amerikanerin. Eine politisch bewusste und scharfsinnige Person, die noch an die amerikanischen

Institutionen glaubte.» In Seminaren sprach sie die besondere Lage von Frauen an, immer wieder kritisierte sie den Vietnamkrieg und nahm nun auch an Antikriegsdemonstrationen und Teach-ins teil.

Realistische Projekte

Schnell kam Hillary in Kontakt mit den Redaktionen der juristischen Zeitschriften ihrer Fakultät. Diese wissenschaftlichen Journale, die jede große juristische Fakultät einer US-amerikanischen Universität unterhält, werden allein von studentischen Redakteuren geleitet. Gleich im Gründungsjahr 1970 trat Hillary in die Redaktion der «Yale Review of Law and Social Action» ein, die sich als linke Alternative zu den etablierten rechtswissenschaftlichen Journalen wie dem «Yale Law Journal» und der «Harward Law Review» verstand und auch Aufsätze zu Themen wie «Repression und Freiheit auf dem Campus» und «Juristen und Revolution» veröffentlichte. Im Redaktionsteam suchte sie nicht nach großen Ideen, sondern nach machbaren, realistischen Projekten. Einen Aufsatz des Autorenduos James Blumstein und James Phelan, die eine gezielte Wanderungsbewegung von Linken in einen Bundesstaat der USA vorschlugen, um dort ein «soziales Experiment» zu starten, bezeichnete Hillary als Hirnwichserei. An dieser harschen – wenngleich später oft eleganter formulierten – Kritik an linken Utopien hat sie bis heute festgehalten. Blumstein und Phelan erwogen die Umsetzung ihres Projekts in verschiedenen dünn besiedelten Bundesstaaten, ohne sich für einen zu entscheiden. Ein Jahr später griff ein «Playboy»-Artikel die Idee auf und regte an, das linke Utopia im kleinen nordöstlich gelegenen Bundesstaat Vermont auszuprobieren, der ohnehin einen hohen Hippie-Anteil hatte.

Eine andere Organisation kam in Yale von sich aus auf die neue Studentin zu. Sie war noch nicht durch feministische Aktivitäten aufgefallen, aber die League of Women Voters hatte bereits ihr Potenzial erkannt und lud sie im Oktober 1969 zu einem Vortrag nach Colorado ein. Es ging um die Herabsetzung des Wahlalters von 21 auf 18 Jahre, und Hillary benutzte das damals unter Studenten gängige Argument: «Wer alt genug ist, mit der Waffe zu kämpfen, soll auch wählen dürfen.» Die Organisatorinnen des Abends, zwei bis drei Mal so alt wie die Vortragende, waren begeistert von der jungen Frau und luden sie noch oft ein. Über diese Gruppierung lernte Hillary zudem eine Frau kennen, die schon bald ihre Mentorin wurde, die 18 Jahre ältere schwarze Bürgerrechtlerin und Juristin Marian Wright Edelman, die 1963 in Yale ihr Jurastudium beendet hatte. In den folgenden Jahren arbeitete Hillary immer wieder für Edelmans 1973 gegründeten Children's Defense Fund und entdeckte für sich das politische Arbeitsfeld der Rechte von Kindern – insbesondere von schwarzen und armen Kindern –, ein Thema, das sie geprägt hat.

Die erste Untersuchung, die Hillary für Edelman durchführte, beschäftigte sich mit der Lage von Kindern landwirtschaftlicher Saisonarbeiter. Sie stellte fest, dass viele von ihnen nicht in die Schule gingen, weil die Schulwege zu lang waren und es keinen Schulbus gab, weil sie arbeiten mussten oder weil die örtlichen Schulen in Privatschulen umgewandelt worden waren, um die meist dunkelhäutigen Landarbeiterkinder auszuschließen. Später besuchte Hillary für Edelman minderjährige Gefängnisinsassen in Virginia und Florida, ging der Lage von Kindern in sozial schwachen Quartieren in Boston nach und arbeitete im Yale Child Study Center in New Haven, wo minderjährige Opfer von Misshandlungen betreut werden. Für den Children's Defense Fund reiste sie auch nach Alabama, gab sich dort als Mutter von schulpflichtigen Kindern aus und tat so, als suche sie eine Schule, in der weiße Kinder unter sich bleiben. Sie sollte herausfinden, ob die Schulen sich an die staatliche Verpflichtung zur Integration hielten, die seit einem Entscheid des Obersten Gerichts von 1954 galt. Nach diesem Urteil waren zahlreiche Schulen in private «Akademien» umgewandelt worden, die Schulgebühren nahmen, was in dem örtlichen Kontext automatisch die Kinder aus afroamerikanischen Familien ausschloss. Die Recherche ergab, dass «Akademien» in zahlreichen Städten quer durch die Südstaaten weiterhin Steuervorteile und öffentliche Mittel in Anspruch nahmen, obwohl sie sich der Integration verweigerten. Nach Schätzungen gingen mindestens eine halbe Million weiße Kinder zwischen 1964 und 1975 auf solche Schulen. Die Regierung von Präsident Nixon nahm den Bericht des Children's Defense Fund zur Kenntnis, aber ließ die ethnisch getrennten Schulen unbehelligt weiter gewähren.

Ein Wikinger aus Arkansas

Ein Jahr nach Hillary nahm im Herbst 1970 ein junger Mann in Yale sein Jurastudium auf, der mit 24 Jahren bereits überzeugt davon war, dass er eines Tages Präsident der USA sein werde. William Jefferson Clinton, genannt Bill, war eine auffallende Erscheinung, groß, mit dichtem, fast schulterlangem Haar und einem rötlich schimmernden Bart. Er spielte Saxophon, erzählte gern und hatte eine seltene Leichtigkeit im Umgang mit anderen. Junge Frauen flogen auf ihn. Bill hatte einen konkreten Plan. Das Ziel war das Weiße Haus, aber zunächst wollte er Gouverneur in seinem Heimatstaat Arkansas werden, der fast keinem seiner Kommilitonen einen Besuch wert schien. Anders als sie, die New York und Washington im Auge hatten, strebte er zunächst in die tiefe Provinz. Er schwärmte, wann immer sich ein Publikum dafür fand, in breitem Südstaatenamerikanisch von den besten Wassermelonen der Welt aus seinem Geburtsort Hope.

Mehrere seiner Collegefreunde waren nach Vietnam in den Krieg geschickt worden, einige von ihnen dort gefallen. Er selbst war um seine Einberufung dank eines Rhodes-Stipendiums für Oxford und einiger Tricks herumgekommen. Stattdessen arbeitete er in Washington im Büro von Senator J. William Fulbright, einem der wenigen Spitzen-Demokraten, die öffentlich gegen den Vietnamkrieg eintraten. In England hatte er oft an Antikriegsdemonstrationen teilgenommen, und auch in Yale gehörte er wieder zu den aktiven Kriegsgegnern. Clinton war ein brillanter Student, doch an den akademischen Ehren, nach denen die meisten seiner Kommilitonen strebten, war er nicht interessiert.

Das Angebot etwa, für das angesehene «Yale Law Journal» zu schreiben, lehnte er ab. Seine Begründung: «Das hilft mir in Arkansas nicht.» Zunächst hatte er sogar erwogen, in seinem Heimatstaat zu studieren, sich dann aber anders entschieden, weil er glaubte, in Yale mehr nützliche Kontakte knüpfen zu können.

Hillary fiel Bill im Seminar von Thomas Emerson über bürgerliche Freiheiten auf. Der liberale Rechtsgelehrte hatte als junger Anwalt im Jahr 1931 zum Stab der Verteidiger gehört, die vor dem Obersten Gerichtshof die Aufhebung der Todesurteile gegen die sogenannten Scottsboro Boys erstritten, neun der Vergewaltigung angeklagte schwarze Jugendliche aus Alabama. Und 1965, wieder vor dem Supreme Court, hatte er die Aufhebung des in Connecticut geltenden Verbots des Verkaufs von Verhütungsmitteln erwirkt. Nach einem Jahrzehnt in Regierungsfunktionen in Washington war Emerson 1946 als Professor an seine Alma Mater zurückgekehrt. Als Bill begann, um die Kommilitonin, die ihm durch kluge Wortmeldungen aufgefallen war, herumzustreichen, ohne sie anzusprechen, holte sie Informationen über ihn ein und wartete ab. Angeblich sprachen die beiden erstmals im Frühjahr 1971 in der Bibliothek der juristischen Fakultät miteinander. Es war Hillary, die den ersten Schritt tat. Sie saßen an weit voneinander entfernten Arbeitsplätzen, als sie sich erhob und den langen Raum bis zu ihm durchquerte: «Wenn wir uns so anstarren, sollten wir wenigstens unsere Namen wissen», will sie gesagt haben: «Ich bin Hillary Rodham.» Und dem erfahrenen Verführer Bill will so viel Direktheit die Sprache verschlagen haben. «Ich konnte mich nicht einmal mehr an meinen eigenen Namen erinnern», erzählte er später. Kurz darauf gesellte er sich zu ihr in die Warteschlange zur Anmeldung für die nächsten Seminare. Als sie an die Reihe kamen und er gefragt wurde, warum er schon wieder da sei, wo er sich doch bereits am Morgen eingetragen habe, brach Hillary in lautes Lachen aus. Ein andermal, als er sie anrief und an ihrer Stimme hörte, dass sie erkältet war, brachte er ihr Orangensaft und Hühnersuppe vorbei.

Ihr erstes Rendezvous wollten die beiden in einer Ausstellung des abstrakten Expressionisten Mark Rothko verbringen. Wegen eines

Streiks der Beschäftigten war das Museum geschlossen, doch darin sah Bill kein Hindernis. Er und auch Hillary hatten zwar eine Unterstützungserklärung für die streikenden Arbeiter unterzeichnet, aber Bill redete so lange auf einen Streikposten ein, bis der die beiden hereinließ, was Hillary schwer beeindruckte: «Ich habe an dem Tag erstmals seine Überzeugungskraft im Einsatz erlebt.» Das Paar schlenderte durch das menschenleere Museum. Im Hof setzte Hillary sich auf den Schoß einer Frauenskulptur von Henry Moore, und Bill legte seinen Kopf auf ihre Schulter. Hillary nannte ihn ob seiner Größe, der langen Haare und des Bartes einen «Wikinger aus Arkansas». Doch einige Charakterzüge der beiden lagen quer zu den stereotypen Männer- und Frauenrollen: Sie war die offensive, zielstrebige und scharfzüngige, er der umgängliche, verführerische, charmante, dessen filigrane Hände sie «an einen Pianisten oder Chirurgen» erinnerten. Umgekehrt nahm Bill zwar ihre körperliche Erscheinung wahr: «Sie hatte dichtes dunkelblondes Haar, trug eine Brille und nicht die Spur von Make-up.» Aber beeindruckt war er vor allem von ihrem Intellekt: «Sie strahlte eine Stärke und eine Selbstbeherrschung aus, wie ich es erst bei wenigen Menschen erlebt hatte.» Im Gegensatz zu seinen zahlreichen anderen Flammen zeigte sie ihm, dass sie nicht auf ihn angewiesen war, und anstatt ihn anzuhimmeln, machte sie sich über seine langatmigen Südstaatengeschichten lustig. «Komm zur Sache, Clinton» oder: «Spuck es aus, Bill», fiel sie ihm gelegentlich ins Wort. Dass er sich nicht von ihrem Selbstbewusstsein und ihrer Eloquenz einschüchtern ließ, gefiel ihr: «Er ist der Erste, der keine Angst vor mir hat», erzählte sie Freunden, und auf Einwände, er sei laut und oberflächlich, antwortete sie, dass er vielschichtiger sei, als auf den ersten Blick zu erkennen.

Kurz nach der ersten Begegnung mit Bill Clinton trennte Hillary sich von ihrem Freund David Rupert. Die Beziehung war bereits abgeflaut, seit er den Kriegsdienst verweigert hatte und wegen des Zivildiensts nach Vermont umgezogen war. Für Hillarys auf Karriere gepolte Kommilitonen in Yale hatte Rupert nur Spott übrig. Auch er war ein sehr politischer Mensch, aber anders als seine Freundin interessierten ihn seit seinen Praktikumserfahrungen in Washington vor allem

Bewegungen an der Basis, nicht die Berufspolitik, geschweige denn, Präsident zu werden. Einer Journalistin erzählte er später, dass er schon vor der Trennung das Gefühl gehabt habe, er sei Hillary nicht ehrgeizig genug.

Für den Sommer 1971 hatte Hillary sich ein Praktikum bei Treuhaft, Walker und Bernstein in Oakland, Kalifornien, besorgt, einer der bekanntesten linken Anwaltskanzleien der USA, die Studenten der Free-Speech-Bewegung in Berkeley, Vietnamkriegsverweigerer und Black-Panther-Mitglieder verteidigte. Auch die schwarze Bürgerrechtlerin Angela Davis war unter ihren Klienten. Den Gründer der Kanzlei Robert Treuhaft hatte das HUAC als «einen der gefährlichsten subversiven Anwälte» des Landes eingestuft. Während Kommilitonen ihre Praktika in Wirtschaftskanzleien an der Ostküste absolvierten, hatte Hillary sich für politisch engagierte Anwälte entschieden. In ihren Memoiren allerdings machte sie diesen Praktikumsplatz zu «einer kleinen Kanzlei in Oakland» und berichtete von einem politisch unverfänglichen Sorgerechtsfall, um den sie sich dort gekümmert habe.

Bill, der ursprünglich den Sommer als Wahlkampfhelfer des Präsidentschaftsbewerbers George McGovern hatte verbringen wollen, folgte Hillary nach Kalifornien. Als sie ihn fragte, warum er seine Pläne geändert hatte, sprach er von Liebe. Und bald darauf sagte der 24-Jährige der 23-Jährigen, er sei sicher, dass er sich mit ihr nie langweilen werde. Er wolle mit ihr alt werden. Im Herbst zurück in Yale zogen die beiden in eine gemeinsame Wohnung an der Edgewood Avenue in New Haven. Bill stellte Hillary seiner Mutter vor, als diese zu Besuch in Connecticut war, und Hillary nahm ihn mit in das Ferienhaus am Winola-See in Pennsylvania, wo ihre Eltern Urlaub machten. Dorothy Rodham mochte Bill auf Anhieb, und es gelang dem langhaarigen Hippie sogar, den mürrischen Hugh Rodham um den Finger zu wickeln. Während eines späteren Besuchs des jungen Paares in Chicago gab die Mutter einer Schulfreundin Hillary den Rat: «Lass den nicht laufen! Er ist der erste, der dich zum Lachen bringt.»

Das Potenzial der beiden wurde deutlich, als Hillary und Bill im Frühjahr 1973 in Yale gemeinsam als Ankläger in einem *mock trial*, einer kunstgerecht in Szene gesetzten Prozesssimulation, auftraten, wie ihn die Universität alljährlich organisiert. Es ging um einen Polizisten in Kentucky, der einen Hippie erschlagen hatte. Hillary attackierte scharf, Bill zeigte Verständnis für alle Seiten. Dick Morris, von 1978 bis 1996 einer von Bill Clintons Beratern und Spindoktoren, bevor er sein Kritiker wurde, beobachtete dieses Muster immer wieder: «Sie hat eine Aggressivität und Stärke, die ihm fehlt. Sie hat einen Killerinstinkt.»

Wahlkampf für einen Idealisten

Im Sommer 1972 gaben die beiden ihren Freunden in der Demokratischen Partei eine Kostprobe ihrer unterschiedlichen Talente. Beide verbrachten den Sommer in Texas, er als Wahlkampfkoordinator für den linken Präsidentschaftskandidaten George McGovern, sie, um Wähler zu registrieren. Der charmante Südstaatler und mitreißende Redner galt in der Partei schon lange als politischer Hoffnungsträger, Hillary beeindruckte dagegen durch ihr selbstbewusstes Auftreten, ihre Disziplin und ihren Mut. Das fiel vor allem Frauen auf, etwa der knapp 30 Jahre älteren Sara Ehrman aus Washington, auch sie als Wahlkämpferin für McGovern in Texas, die bei dieser Gelegenheit sowohl Bill als auch Hillary kennen lernte und die Yale-Studentin schon bald *The Intrepid,* die Unerschrockene, nannte. Hillary wagte sich in die berüchtigtsten Quartiere, um die Wählerlisten zu vervollständigen. Auch die McGovern-Unterstützerin Betsey Wright, die für die Demokratische Partei auf der Suche nach weiblichen Talenten war, beobachtete das junge Paar in Texas sehr genau. «Beide teilen leidenschaftlich die Überzeugung, dass sie dazu bestimmt sind, etwas in der Welt zu bewegen», stellte sie fest und war überzeugt, in Hillary eine echte politische Begabung entdeckt zu haben.

Der Wahlkampf für George McGovern sollte nach dem Willen der Parteilinken eine Revanche für 1968 werden. Stattdessen führte er zu einem der schwersten Wahldebakel der Demokratischen Partei und überschattete jahrzehntelang jeden neuen Versuch, die Demokraten nach links zu bewegen. 1968 hatte das Establishment der Partei die Kriegskritiker auf dem Chicagoer Parteitag ausgetrickst und Vizepräsidenten Hubert Humphrey zum Präsidentschaftskandidaten gemacht, der die Wahl knapp gegen Richard Nixon verlor. In seinen ersten vier Jahren im Weißen Haus hatte Nixon die Bombardements auf Vietnams Nachbarländer ausgedehnt und im Inland damit begonnen, seine politischen Gegner mit kriminellen Methoden auszuhorchen. Doch von Letzterem wusste die Öffentlichkeit noch nichts, als er 1972 erneut kandidierte. Für die Linke machte McGovern, ein Senator aus South Dakota, einen moralischen Wahlkampf. Er versprach das Ende des Vietnamkriegs, eine Amnestie für die jungen Männer, die vor dem Kriegsdienst ins Ausland geflüchtet waren, und eine Reduzierung der Militärausgaben um 37 Prozent. Er wandte sich auch gegen die von Nixon angestrebte Wiedereinführung der Todesstrafe, verlangte die Legalisierung von Schwangerschaftsabbrüchen und die Zulassung weicher Drogen.

Nach einer landesweiten Graswurzelkampagne, die schon 23 Monate vor den eigentlichen Wahlen im November 1972 begonnen hatte, wurde McGovern auf dem chaotisch verlaufenden Nominierungsparteitag der Demokraten Mitte Juli 1972 in Miami Beach zwar mehrheitlich gewählt. Doch bereits wenige Wochen später war den Yale-Studenten Hillary und Bill bewusst, dass sie auf verlorenem Posten kämpften. Der Vietnamkrieg war in der öffentlichen Wahrnehmung in den Hintergrund getreten, Nixon machte Wahlkampf mit seinem Besuch in China, den das ganze Land als historisches Ereignis mitverfolgt hatte, und McGovern hatte die Unterstützung weiter Teile der konservativen Demokraten in den Südstaaten verloren. Seine Gegner nannten ihn den Kandidaten von «Acid, Amnesty and Abortion», LSD, Amnestie und Abtreibung. Es endete für die Demokraten in einem Debakel: McGovern gewann lediglich in Massachusetts und dem Hauptstadtdistrikt, und Nixon wurde mit dem triumphalen Ergebnis von 61 Prozent wiedergewählt.

Kinderrechte und Spaghetti

Mit der Rückkehr von Texas nach Yale ging Hillarys Studienzeit dem Ende entgegen. Bill hatte noch ein weiteres Studienjahr vor sich und wollte dann in seine Heimat zurückkehren. Hillary sah für sich in der tiefen Provinz keine Perspektiven. Aber an der Beziehung mit ihrem Wikinger aus Arkansas hielt sie fest und blieb seinetwegen nach dem Examen noch an der Universität, wo sie am Yale Child Study Center zu Kinderrechten forschte. Gäste, die zum Essen in die Edgewood Avenue kamen – wo es fast immer Spaghetti gab –, erlebten ein Paar, das leidenschaftlich diskutierte und stritt. Meist über Politik, manchmal auch über Arkansas. In Yale wimmelte es von Studenten, die in die Politik wollten, aber Bill sei der Einzige gewesen, bei dem man sicher sein konnte, dass er diesen Weg beschreiten werde, erinnert Hillary sich in ihren Memoiren. Diese Überzeugung, dass er seinen politischen Weg machen werde, trug dazu bei, dass Hillary ihre eigene politische Karriere für viele Jahre zurückstellte und sich auf Bill Clintons Fortkommen konzentrierte.

Nachdem auch er seinen Doctor Juris in der Tasche hatte, reisten sie zusammen nach Europa. Bill, der zwei Jahre in Oxford studiert hatte, zeigte ihr England. Am Ennerdale Water im Lake District hielt er zum ersten Mal um ihre Hand an. «Ich war furchtbar verliebt in ihn», bekannte sie später, aber sie sagte: «Nein, nicht jetzt.» Nach dem Urlaub trennten sich ihre Wege: Sie blieb an der Ostküste und arbeitete für Marian Wright Edelmans Kinderschutzstiftung in Boston, er ging zurück nach Arkansas und begann an der Universität von Fayetteville als Assistenzprofessor Jura zu unterrichten. Beide waren unsicher, wie es mit ihnen weitergehen sollte, denn Hillary wollte eine eigene Karriere verfolgen und Bill wollte ihr dabei nicht im Weg stehen. Er fragte sie sogar, ob es vielleicht besser wäre, getrennte Wege zu gehen, doch gleichzeitig bereitete er in Arkansas eine gemeinsame Zukunft vor. Unter anderem bat er seinen Chef, Hillary ebenfalls eine Stelle an der juristischen Fakultät anzubieten.

Liebespaar in Yale:
Bill Clinton und Hillary
Rodham lernen sich 1971
in einem Seminar über
Bürgerrechte kennen

Der erste Job in Washington

Doch im Januar 1974 kam ein anderes Angebot. Der Rechtsanwalt John
Doar, von 1964 bis 1967 Leiter der Abteilung für Bürgerrechte im
US-Justizministerium, suchte Juristen, die für den Justizausschuss des
Repräsentantenhauses ein Amtsenthebungsverfahren gegen Präsident
Nixon vorbereiteten. Bill und Hillary waren ihm als Ankläger bei dem
mock trial in Yale aufgefallen. Zuerst fragte er Bill Clinton, der ablehnte,
weil er bereits für einen Sitz im Repräsentantenhaus kandidierte. Dann
rief Doar Hillary Rodham an, die begeistert zusagte. Denn neben der
interessanten Arbeit mitten im politischen Geschehen in Washington
hatte sie die Hoffnung, auch Bill würde nach gewonnener Wahl im November 1974 als Abgeordneter in die Hauptstadt kommen.

Wenige Monate nach der triumphalen Wiederwahl von Nixon erfuhren seine Landsleute, dass ihr Präsident aus dem Oval Office heraus Verbrechen organisiert hatte. «Watergate» entpuppte sich als der größte politische Skandal des 20. Jahrhunderts in den USA und wurde zum Synonym für die Verderbtheit und Korruption im Washington. Nixon klammerte sich an sein Amt, erst als er verstand, dass seine Amtsenthebung und eine Anklage wegen Behinderung der Justiz, Machtmissbrauchs und Missachtung des Kongresses nicht mehr zu vermeiden war, trat er im August 1974 zurück.

Der Einbruch, der dem Skandal seinen Namen gab, hatte schon im Juni 1972 in Washington stattgefunden. Kurz vor Beginn der heißen Phase des Präsidentschaftswahlkampfs waren fünf Männer in die Parteizentrale der Demokraten in dem Gebäudekomplex am Potomac eingedrungen, der den Namen Watergate trägt, und auf frischer Tat von der von einem Wachmann verständigten Polizei festgenommen worden, als sie Wanzen in den Büros installierten. Obwohl ihr Anführer, der ehemalige CIA-Agent James McCord, zum damaligen Zeitpunkt der Sicherheitschef des «Komitees für die Wiederwahl des Präsidenten» war, ging die Strategie des Weißen Hauses zunächst auf, jede Frage nach einer Verbindung zur Tat als Wahlkampfmanöver der Demokratischen Partei zu denunzieren. Als die Ermittlungen der Justiz sowie die Recherchen von Bob Woodward und Carl Bernstein, zwei Reportern der «Washington Post», zu Tage brachten, dass die Einbrecher den Auftrag unmittelbar aus dem Weißen Haus erhalten hatten und aus dem Fonds für die Wiederwahl des Präsidenten bezahlt worden waren, hatte Nixon seinen demokratischen Herausforderer bereits mit überwältigender Mehrheit geschlagen. Aus dem Oval Office heraus versuchte der Präsident, die Spuren zu verwischen und weitere Ermittlungen zu verhindern. Unter anderem schlug er vor, der Geheimdienst CIA solle die Ermittlungsbehörde FBI davon überzeugen, dass die nationale Sicherheit in Gefahr sei. Letztlich brachte Nixon sich selbst zu Fall, denn er hatte in seinem Büro ein System installieren lassen, das alle Gespräche aufnahm. Die Existenz dieser Abhöranlage wurde erst im Zuge der Watergate-Ermittlungen bekannt: Nixons Bürochef Alexander Butterfield erwähnte sie eher beiläufig gegenüber Vertretern des den Fall untersuchenden Senatskomitees und leitete damit das zähe Ringen zwischen dem Sonderermittler und dem Präsidenten um die Herausgabe der Bänder ein, das mit Nixons Sturz endete.

Hillary Rodham war eine der Ersten, die die *Nixon White House Tapes* abhörten, um auf diesem Weg herauszufinden, was der Präsident gewusst und von seinem Amtssitz aus angeordnet hatte und welche seiner Mitarbeiter seine Komplizen waren. Zu ihren Aufgaben gehörte es auch, in der politischen Geschichte der USA und Großbritanniens nach Präzedenzfällen zu suchen, um mögliche Wege zur Amtsenthebung aufzuzeigen. Sie war eine von 44 Juristen – und eine von nur drei Frauen –, die in Sachen Watergate für den Rechtsausschuss des Repräsentantenhauses arbeiteten. Es war erst das zweite Mal in der Geschichte der USA, dass einem Präsidenten das *impeachment* drohte. Zum ersten Mal war dieses Verfahren 1868 vom Repräsentantenhaus wegen Missachtung des Kongresses gegen den Demokraten Andrew Johnson eingeleitet worden, der dem ermordeten Abraham Lincoln nachgefolgt war. Hintergrund des Konflikts war die Obstruktionspolitik des Präsidenten gegen die Einführung umfassender Bürgerrechte für die ehemaligen Sklaven. Das Amtsenthebungsverfahren scheiterte knapp.

Doar hatte die Absolventen der Eliteuniversitäten, um deren Mitarbeit er sich bemühte, vor Arbeitszeiten rund um die Uhr und schlechter Bezahlung gewarnt. Die meisten sagten dennoch enthusiastisch zu – einige nahmen sogar unbezahlten Urlaub von gut dotierten Stellen. Der moderate Republikaner verlangte von seinen Mitarbeitern Sachlichkeit, Unparteilichkeit, totale Verschwiegenheit und dass sie Nixon – ganz egal, welcher Taten sie ihn überführen sollten – respektvoll «The President» nannten. Damit sie nicht abgehört werden konnten, durften sie auf Weisung ihres Chefs keine dienstlichen Gespräche in der Nähe von Fenstern führen und mussten ihren Müll spurlos entsorgen, auch das Führen eines Tagebuchs und Gespräche über ihre Arbeit, insbesondere mit Journalisten, waren untersagt. Hillary arbeitete in einem fensterlosen Raum im Congressional Hotel in Capitol Hill, dem Regierungsviertel von Washington. Sie verbrachte bis zu 20 Stunden am Tag in diesem Büro, Kopfhörer über den Ohren und ein ums andere Mal eine bestimmte Stelle des Tonbands abspielend, bis sie jedes Wort verstand. Das brisanteste Tonband gab das Weiße Haus erst im April 1974 preis, als das Oberste Gericht es dazu verpflichtete. Auf diesem «Band der Bänder» ist Nixon zu hören, wie er sich seine eigenen früheren Telefonate anhört und versucht, seinem Vorgehen eine neue Interpretation zu geben. Er will den Anschein erwecken, er hätte sich an die Gesetze und die Verfassung gehalten. «Es war eine Generalprobe für die Vertuschung», schreibt Hillary später. Doar und Bernard Nussbaum, ihr direkter Vorgesetzter, waren beeindruckt von ihren Qualitäten: Sie arbeitete diskret, hartnäckig und unermüdlich. Der Kollege, der das fensterlose Büro mit ihr teilte, erzählte später, alle Beteiligten hätten ihre Arbeit im Ausschuss ernst genommen, aber für Hillary sei es «die wichtigste Sache der Welt» gewesen. Ohne Nixon, den Präsidenten ihres Vaters, wäre sie möglicherweise Republikanerin geblieben, schreibt Hillary Jahrzehnte später: «Nixon zementierte den Aufstieg der konservativen über die moderate Ideologie in der Republikanischen Partei. Manchmal denke ich, dass nicht ich die Partei verlassen habe, sondern dass sie mich verlassen hat.»

Am 8. August 1974 verkündete der des Machtmissbrauchs überführte Präsident für den folgenden Tag seinen Rücktritt und kam damit der bevorstehenden Amtsenthebung zuvor. Bevor der Expräsident am 9. August in den Hubschrauber stieg, hielt er Zeige- und Mittelfinger zum Victory-Zeichen vor die Kameras. Schon Anfang September verfügte sein Nachfolger – und ehemaliger Vizepräsident – Gerald Ford Nixons «vollständige, freie und absolute Begnadigung». Während 69 andere – darunter mehrere hochrangige Mitarbeiter des Weißen Hauses – infolge der Watergate-Affäre wegen Machtmissbrauchs und Vertuschung angeklagt und mehr als ein Dutzend von ihnen zu Gefängnisstrafen verurteilt wurden, musste sich der Expräsident niemals vor einem Gericht verantworten. Viele im Land waren empört über diese Ungleichbehandlung, aber die Juristin, die Monate damit verbracht hatte, Beweise zu sammeln und die Anklagepunkte gegen ihn zu formulieren, hält die Entscheidung auch im Rückblick für richtig: «Sie war besser für das Land.»

Vermutlich schwang auch Respekt mit für einen Politiker, der sich über Jahrzehnte im politischen Spitzenpersonal der Republikaner einen soliden Ruf als Intrigant und Kriegspolitiker erworben hatte und es dennoch schaffte, sich 1972 unter dem Slogan «Nixon jetzt» den Wählern anzubieten, als stünde er für Erneuerung. Nixon war der erste Präsident der Vereinigten Staaten, dessen Arbeitsweise und Umgang mit Medien und Justiz die junge Juristin genau studierte. Die Beschäftigung mit ihm und seinem Politikstil war ihre Einführung in die Hauptstadtpolitik. Daran erinnern auch die beiden «Washington Post»-Reporter, die in den Siebzigerjahren den Watergate-Skandal an die Öffentlichkeit brachten und 2016 Parallelen in den verdeckten Vorgehen von Nixon und Hillary sehen. Woodward geht so weit, ihren privaten E-Mail-Server als Außenministerin mit den Tonbändern zu vergleichen, die den Präsidenten zu Fall brachten.

Als First Lady im Weißen Haus und später als Außenministerin begegnete auch sie den Medien und der Justiz mit Misstrauen und ging, wenn sie – oder ihr Mann – kritisiert wurde, eher zur Attacke über, als öffentlich Fehler einzugestehen. Immer wieder hat auch sie Informationen so lange zurückgehalten, dass sie in den Verdacht geriet, etwas Verbotenes getan zu haben. Es gibt zudem bis heute ein Bindeglied zwischen Nixon und Hillary: Henry Kissinger, der Nixon als Nationaler Sicherheitsberater und als Außenminister diente und in dessen sämtliche Machenschaften eingeweiht war – vom Bombenkrieg gegen Vietnam, Laos und Kambodscha über die Watergate-Affäre bis hin zur Rolle der USA beim Militärputsch gegen Salvador Allende in Chile. Während Linke in den und außerhalb der USA Kissinger als mutmaßlichen Kriegsverbrecher betrachten, der vor Gericht gehört, hat sich Hillary als Außenministerin Rat von ihm geholt und nennt ihn einen Freund.

GROSSER FISCH IM KLEINEN TEICH:
POWERFRAU IN ARKANSAS

«Geh da nicht hin», flehten Freundinnen Hillary an, als die 26-Jährige ihnen im August 1974 eröffnete, sie wolle nach Arkansas ziehen. Der zwischen Missouri und Louisiana gelegene Staat schien Lichtjahre entfernt von den weltoffenen Städten an der Ostküste. In Arkansas leben weniger als drei Millionen Menschen, aber umso mehr Kühe, Schweine und Geflügel. Die Protestbewegung der Sechzigerjahre hatte dort keine Spuren hinterlassen. Junge Männer mit Bart und Frauen in Hosen wurden auch Mitte der Siebzigerjahre mit misstrauischen Blicken und Bemerkungen bedacht. Es war (und ist bis heute) Redneck-Land, wo arme, rückwärtsgewandte Weiße den Ton angeben und die Rassentrennung nur auf dem Papier beendet ist. Ganz oben rangierte der kleine Staat hingegen in den Negativstatistiken: als der zweitärmste Gliedstaat mit dem zweitniedrigsten Schulniveau und einer besonders schlechten Gesundheitsversorgung. Ein Stück Dritte Welt im Süden der USA.

Mit Nixons Rücktritt war Hillarys Arbeit für den Rechtsausschuss des Abgeordnetenhauses in Washington abrupt zu Ende gegangen. In den Monaten dort hatte sie neue Kontakte geknüpft und weitere Empfehlungen gesammelt, so dass als Fortsetzung eine Arbeit für eine große Anwaltskanzlei in New York oder Boston oder in einer Regierungsbehörde in Washington nahezuliegen schien. Auch in der Demokratischen Partei war die junge Juristin im Gespräch: Eigens ihretwegen siedelte die Texanerin Betsey Wright nach Washington über, um Hillarys politische Karriere zu organisieren. Doch sie war entschlossen, Arkansas zumindest auszuprobieren. Ihre einzige Begründung lautete «Bill». Mit ihm war sie seit vier Jahren zusammen und trotz der 1900 Kilometer, die zwischen Fayetteville und Washington liegen, in ständigem Kontakt. Den ersten Wahlkampf ihres Freundes in eigener Sache verfolgte sie aus der Ferne so genau wie möglich und mischte sich über das Telefon in die Kampagnenplanung ein. Sie hielt es für möglich, dass der 27-Jährige den seit 1966 im Repräsentantenhaus vertretenen Republikaner John Paul Hammerschmidt aus dem Amt drängen könnte. Nixons Niedergang, so ihre Hoffnung, werde auch das Aus für republikanische Kongressabgeordnete in der Provinz bedeuten.

In Washington war Hillary bei ihrer neuen Freundin Sara Ehrman untergekommen, einer in der Hauptstadt gut vernetzten Demokratin, deren Sohn gerade ausgezogen war. Mehrere Monate lang setzte Ehrman die junge Anwältin morgens am Capitol Hill ab. Sie wunderte sich ein bisschen, dass ihr Gast während der neun oder zehn Monate in ihrem Haus nie das Bett machte, aber sie sagte nichts. Doch als Hillary ihr nach Nixons Rücktritt ankündigte, nach Arkansas umzuziehen, hielt sie mit ihrer Meinung nicht hinter den Berg. Arkansas klang in ihren Ohren wie beruflicher Selbstmord. Hillary hatte in Washington ein Fahrrad gekauft, von dem sie nicht wusste, wie sie es nach Arkansas bringen sollte. Ehrman bot ihr an, sie mit dem Auto nach Fayetteville zu fahren – mit dem Hintergedanken, so Zeit zu gewinnen, um die junge Freundin von einer Fehlentscheidung abzuhalten. Eine Woche nach Nixons Rücktritt starteten die beiden Frauen zusammen mit dem aus Arkansas stammenden Freund Alan Stone in den Süden. Auf der langen Fahrt redete Ehrman auf Hillary ein: «Warum um Himmelswillen gehst Du an einen Ort, wo es nicht einmal französisches Brot gibt?», fragte sie und verlängerte die Fahrt durch Umwege und Stopps an Nationaldenkmälern, etwa in Monticello, der in Virginia gelegenen Plantage des dritten US-Präsidenten Thomas Jefferson. Je tiefer sie in den Süden der USA kamen, desto beklommener fühlte Ehrman sich. Als sie in Fayetteville ankamen, hallten die Schreie von Schweinen durch die Straßen. Es war Samstag, der Tag an dem die Razorbacks, das Team der Universität von Arkansas, Football spielen. Der Schweineschrei ist der Schlachtruf der Fans und das verwilderte

Schwein ihr Maskottchen. Aber auch dieser Empfang schreckte Hillary nicht ab, Ehrman und Stone fuhren ohne sie zurück nach Washington. Ganz so spontan, wie es einigen Freunden schien, war die Entscheidung nicht gefallen. Hillary hatte sie monatelang vorbereitet. Zwar hatte sie die Augen verdreht, sobald die Rede auf Arkansas kam, doch zugleich Rat eingeholt, etwa bei Terry Kirkpatrick, die mit ihr für den Rechtsausschuss des Abgeordnetenhauses arbeitete, und aus Little Rock, der Hauptstadt von Arkansas, stammt. Sie warnte die Kollegin, dass dieser Staat ein hartes Pflaster für Frauen sei, die Karriere machen wollen: «Du musst 300-prozentige Leistung bringen.» Aber sie stellte ihr zugleich in Aussicht, dass sie dort viel Unterstützung und Sympathie erfahren werde, falls sie gut ankomme. «Es ist einfach, ein großer Fisch in einem kleinen Teich zu sein», fasste Kirkpatrick den Unterschied zwischen Arkansas und den Metropolen an der Küste zusammen. Zu Hillarys diskreten Vorbereitungen gehörte auch, dass sie schon im Juni 1973 in Little Rock an der *bar examination,* der Zulassungsprüfung für Anwälte, teilgenommen hatte. Im folgenden Monat unterzog sie sich dem Anwaltsexamen auch in Washington, denn die Zulassung gilt nur für den Bundesstaat, in dem sie abgelegt wird. Doch anders als in Little Rock fiel sie in der Hauptstadt durch. Es ist nicht ungewöhnlich, dass Juristen mehrere Anläufe für die Zulassung brauchen, John F. Kennedy schaffte es in New York erst beim dritten Versuch, und auch Michelle Obama fiel in Illinois einmal durch. Aber für die erfolgsgewohnte, ehrgeizige Überfliegerin war es das erste Misslingen in ihrem Berufsleben. Die Kränkung saß so tief, dass sie selbst engen Freunden jahrzehntelang nichts davon verriet. Erst in ihrer Autobiographie im Jahr 2003 erwähnte sie die vermasselte Prüfung und gab ihr eine geradezu schicksalhafte Bedeutung. «Ich dachte», schreibt sie, «dass der Erfolg bei der Prüfung in Arkansas und das Scheitern in Washington mir etwas sagen wollten.» «Ich bin meinem Herzen gefolgt», lautet denn auch bis heute ihre Begründung für die Entscheidung für Arkansas. Aber als Hillary Rodham in den amerikanischen Süden zog, hatte sie die begründete Hoffnung, mit einem frischgebackenen Kongressabgeordneten an ihrer Seite schon bald wieder nach Washington zurückzukehren.

Familienbande

Während Hillary noch in Washington weilte, war im Frühling 1974 ein Cadillac mit Chicagoer Kennzeichen vor Bill Clintons Wahlkampfbüro vorgefahren, dem der humpelnde Hugh Rodham und Hillarys jüngerer Bruder Tony entstiegen. Bill kannte die Rodham-Männer von verschiedenen Besuchen, aber ihre Ankunft in Fayetteville war eine Überraschung. «Hillary schickt uns», sagte Hugh Rodham zu einem der Wahlkampfhelfer und erklärte, dass auch er und sein Sohn helfen wollten. Er war immer noch ein hartgesottener Republikaner, aber vor allen Dingen war er ein Familienmensch, der den Freund seiner Tochter bereits als Angehörigen betrachtete. In den nächsten Tagen legten Vater und Sohn viele Kilometer auf den kleinen Straßen in der gebirgigen Umgebung von Fayetteville zurück und stellten Werbeposter für den Jungpolitiker auf. Doch die Mitarbeiter waren überzeugt, dass die Rodhams neben der Wahlkampfhilfe einen weiteren, nicht ausgesprochenen Auftrag hatten: Sie sollten ein Auge auf die Frauen in Bills Umgebung werfen.

Der Kandidat verhielt sich in Fayetteville wie ein Single. Besonders der Kontakt zu einer 21 Jahre jungen Frau scheint deutlich über einen Flirt hinausgegangen zu sein. Nach Hillarys Ankunft kam Mary Lee Fray, der Frau von Bills Kampagnenchef Paul Fray, die undankbare Aufgabe zu, das *College girl* vor ihr zu verstecken. Hillary tat erst so, als würde sie das Treiben nicht bemerken, aber am Wahlabend ließ sie ihrer Wut schließlich freien Lauf. Zusammen mit Bill, dem Kampagnenchef und dessen Frau wartete sie auf die Ergebnisse. Als die ersten Resultate einliefen und sich die Niederlage abzeichnete, eröffnete Hillary die Feindseligkeiten. Sie hatte Fray schon in der Endphase des Wahlkampfs kritisiert, als er vorschlug, Spendengelder von der

Milchindustrie anzunehmen und damit die Stimmen in einem besonders konservativen Wahlkreis zu kaufen. Am Wahlabend machte sie ihn für sämtliche Fehler der Kampagne verantwortlich und warf ihm und seiner Frau zudem vor, Bettgefährtinnen für Bill gesucht zu haben, während sie in Washington war. «Hillary kämpfte – politisch und in Liebesdingen – um ihren Mann», kommentierte Mary Lee Fray diesen Ausbruch später. Den Hauptverantwortlichen allerdings, ihren Freund Bill, verschonte Hillary, soweit bekannt – als wäre er weder für seine Wahlniederlage noch für sein Sexualleben selbst verantwortlich.

Hier zeigte sich erstmals ein Muster, das sich fortan durch Hillarys Leben zog: andere für Handlungen oder Versäumnisse von Bill Clinton haftbar zu machen. Seine Affären waren für niemanden ein Geheimnis. Manchmal gingen Mitarbeiter von ihm dazwischen, wenn er offensichtlich flirtete. Hillary ignorierte die Frauengeschichten, bis Wegschauen nicht mehr möglich war. Dann ging sie in die Offensive, attackierte aber nicht ihn, sondern Dritte, insbesondere die anderen Frauen. Sie warf ihnen üble Nachrede oder Leichtlebigkeit, Lügen oder politische Hintergedanken oder gleich alles zusammen vor. Ihren Mann hingegen nahm sie in Schutz. Darüber, was in ihrem Innern vorging, sprach sie fast nie. Selbst Freunden gegenüber erwähnte sie nur selten Schwierigkeiten in ihrer Beziehung. Es scheint, als habe Hillary spätestens bei ihrer Ankunft in Fayetteville im Spätsommer 1974 entschieden, Bill Clintons Affären in Kauf zu nehmen. Das Rätselraten über die Frage, warum sie bei ihm blieb und warum sie ihm immer wieder aus dem Schlamassel heraushalf, in den er sich hineinmanövriert hatte, überließ sie den anderen. Ihre Beziehung, befand sie, gehe keinen Außenstehenden etwas an.

In Arkansas bereitete Hillary zunächst vor allem eine Frau Probleme: Bill Clintons Mutter. Schon die mehrere Jahre zurückliegende erste Begegnung der beiden Frauen war nicht reibungslos verlaufen. Virginia hatte sich eine andere Schwiegertochter erhofft, eine Südstaatlerin, die sich für ihren Mann schön macht und ihr Leben seinen Plänen unterordnet. Die selbstbewusste, forsche Akademikerin aus dem Norden, die in Schlabberkleidern und mit offenem Haar herumlief, passte ihr nicht. Zudem befanden sie und Bill Clintons zehn Jahre jüngerer Halbbruder Roger, Hillary würde Bill bevormunden. Gegenüber ihrem Sohn sagte Virginia: «Ich wünschte, ich könnte ihr zumindest beibringen, sich zu schminken.» Er entgegnete, dass er weder eine Schönheitskönigin noch eine Sexbombe suche: «Es ist entweder Hillary oder gar keine.» Diese ihrerseits machte Bills Mutter kein einziges Zugeständnis. Sie putzte sich nicht für Treffen mit ihr heraus, überging sie bei privaten Einladungen und zeigte ihr selbst dann noch die kalte Schulter, als die Ältere begriffen hatte, dass Hillary in Arkansas und im Leben ihres Sohnes bleiben werde, und ihr die Freundschaft anbot.

Die beiden Familien hätten kaum unterschiedlicher sein können. Die Rodhams waren, wie im Mittleren Westen üblich, introvertiert, die Clintons überbordend. Die Rodhams lebten finanziell abgesichert, die Clintons jonglierten ständig am Abgrund. Bei den Rodhams machte der Vater das Gesetz und alle anderen ordneten sich unter. Das galt auch für Hillary, solange sie unter seinem Dach in Park Ridge lebte. Arbeit, Leistung und Disziplin rangierten auf der Werteskala ganz oben, und der Vater suggerierte seinen Kindern, dass Zuneigung eine mögliche Belohnung für Erfolg sei, auch wenn er das Versprechen nicht einlöste. Bei den Clintons war die meist alleinerziehende Mutter der Fixpunkt. Virginia Cassidy Blythe Clinton Dwire Kelley heiratete in ihrem Leben fünf Mal – darunter zwei Mal denselben Mann, den Alkoholiker und Schläger Roger Clinton, dessen Familiennamen auch Bill mit 14 Jahren annahm. Virginia führte ein chaotisches, von permanenter Veränderung geprägtes Leben. Als sie zum zweiten Mal heiratete, zog sie nach Hot Springs. Das Städtchen mit seinen Kasinos und Nachtclubs gilt als «Klein-Manhattan» von Arkansas. Virginia arbeitete dort als freiberufliche Krankenschwester, ihre liebsten Kundinnen waren «Maxine's girls», Prostituierte, die bar bezahlten. Sie trug dickes Make-up, schillernde Kleider und flirtete immerzu. Ihren Söhnen Bill und Roger brachte sie bei, ihren Schmerz «in ein Kästchen zu sperren». Vieles in Virginias Leben war geheimnisumwittert, sogar für sie selbst. So erfuhr sie erst mit einem halben Jahrhundert Verspätung von Journalisten der «Washington Post», dass ihr erster Mann noch verheiratet war, als sie ihn 1943 ehelichte. Bill lernte diesen Mann nie persönlich kennen: William Jefferson Blythe kam im Mai 1946 bei einem Autounfall ums Leben. 1993 rechneten Journalisten nach, dass er möglicherweise gar nicht der Vater des Präsidenten war, denn er kam erst sieben Monate vor dessen Geburt aus dem Zweiten Weltkrieg zurück.

Bereits vor ihrer Ankunft in Fayetteville hatte Hillary dank der Vermittlung ihres Freundes dort eine Dozentinnenstelle an der juristischen Fakultät gefunden, an der auch er unterrichtete. Sie stieg umgehend in den Wahlkampf für ihn ein. Anders aber als in New Haven wohnten die beiden nicht zusammen, sondern Hillary mietete ein Haus, in dem ihre beiden Brüder sowie Freunde von außerhalb häufige Besucher waren. In Fayetteville war es noch nicht üblich, dass ein unverheiratetes Paar eine gemeinsame Wohnung hatte, schon gar nicht für einen Politiker. Arkansas gehört zum konservativen *Bible Belt* (Bibelgürtel), wo Gott und die Familie die obersten Werte sind und die religiösen Würdenträger das letzte Wort haben. In Arkansas gehen die Menschen zwar in verschiedene Kirchen, aber fast alle beten. Für Hillary war das eine der vielen großen Veränderungen. Im Studium und danach hatte sie an dem oft theologisch anmutenden Briefwechsel mit ihrem methodistischen Jugendpastor aus Chicago festgehalten, aber äußerlich war sie auf Distanz zur Kirche gegangen und hatte seltener Gottesdienste besucht. David Rupert, ihr Freund in der ersten Zeit in Yale, hielt Hillary für eine Agnostikerin. An der Ostküste lag das im Trend, aber in Arkansas tickten die Uhren anders.

Im Mai 1975, ein Jahr nach ihrem Umzug, machte Hillary eine Rundreise an frühere Lebensstationen nach Chicago, Boston, New York und Washington. Es war das Jahr, in dem der Vietnamkrieg zu Ende ging, als die nordvietnamesischen Truppen den Süden des Landes überrannten. Die USA hatten ihre Kampftruppen bereits im April 1973 aus Vietnam abgezogen, im April 1975 mussten sie auch ihre Botschaft in Saigon fluchtartig verlassen. Hillary machte einen letzten Versuch herauszufinden, wo und wie sie leben wollte. Sie sprach mit Freunden über ihre berufliche und private Zukunft. Ihre wichtigste Frage lautete: Soll ich heiraten? In Fayetteville, wo Bill bereits seinen nächsten Wahlkampf vorbereitete, und in den Familien Rodham und Clinton wuchs der soziale Druck auf die beiden. In Hillarys feministischen Kreisen an der Ostküste hingegen war Heiraten unpopulär. Während ihrer Abwesenheit kaufte Bill ein kleines Haus in Fayetteville, von dem seine Freundin im Vorbeifahren geschwärmt hatte. Und er traf seinen alten Freund James McDougal und dessen Freundin Susan. Das Gespräch der drei kreiste um dasselbe Thema wie Hillarys Gespräche an der Ostküste. Bill schwärmte von ihr, aber sprach auch davon, wie unterschiedlich sie beide seien. Der Freund riet ihm zur Ehe. «Es ist nicht wichtig, dass Du eine Person heiratest, die Dir ähnelt», sagte er. «Was Du brauchst, ist eine solide Person, die Dich unterstützt.» Als Bill seine Freundin vom Flughafen abholte, überraschte er sie mit einem neuen Heiratsantrag und einem zusätzlichen Trumpf in der Hand. Er gab die Geschichte später oft zum Besten. Sie handelt von seinem jungenhaften Charme, ihren feministischen Prinzipien und einem Haus, das er ihr mit den Worten präsentiert hatte: «Du solltest mich jetzt heiraten, weil ich nicht allein darin wohnen kann.»

Am 11. Oktober 1975 heirateten die beiden in dem kleinen Dreißigerjahre-Haus am California Drive. In den Tagen zuvor strichen Hillary und ihre Mutter die Wände und stellten ein paar Möbel auf. Aber die Einrichtung war so spärlich, dass Bills Mutter es vorzog, in einem Hotel statt bei ihrem Sohn zu übernachten. Hillary zeigte wieder einmal, wie gleichgültig ihr Äußerlichkeiten waren. Ein Hochzeitskleid hatte sie nicht besorgt. Erst am Tag vor dem Ereignis ging sie auf Drängen ihrer Mutter in die Innenstadt und kaufte ein Kleid von der Stange. Etwas anderes war ihr hingegen sehr wichtig: ihr Name. Sie entschied, Hillary Rodham zu bleiben. Sie war bereit, auf die Nähe zu ihren Freunden und ihrer Familie zu verzichten und ihre eigene politische Karriere hintanzustellen, aber an ihrem Mädchennamen hielt sie fest. «Ich bin immer noch ich», lautete ihre Begründung. Am Vorabend der Trauung ging Bill zu seiner Mutter ins Hotel, um ihr die schlechte Nachricht zu überbringen. Ihrer eigenen Mutter teilte Hillary es selbst mit. Dorothy Rodham hatte ihrer Tochter von klein auf beigebracht, sich durchzusetzen, aber auch sie reagierte verständnislos. Unbeeindruckt von der Namensentscheidung ihrer Tochter adressierte sie ihre Briefe fortan an «Mr. und Mrs. Bill Clinton». 200 Freunde und Verwandte waren geladen. In den Berichten der Lokalzeitungen über die Hochzeit des Jungpolitikers war die Entscheidung der Braut, ihren Namen zu behalten, die eigentliche Sensation. Und Bill Clintons Mitarbeiter Paul Fray prophezeite dem Bräutigam: «Hillary wird dein Waterloo werden.»

Eine Hochzeitsreise hatte das junge Paar nicht geplant, aber Hillarys Mutter ließ das nicht durchgehen. Dorothy Rodham buchte in Erinnerung an ihren heimlichen Schwarm John F. Kennedy, über dessen mondäne Hochzeitsreise mit Jackie nach Acapulco sie in Frauenzeitschriften gelesen hatte, einen Aufenthalt in ebendiesem Hotel – allerdings nicht nur für Hillary und Bill, sondern auch für sich, ihren Mann und die beiden Rodham-Söhne: statt Flitterwochen ein Familienausflug. Bills Mutter und sein Halbbruder Roger waren nicht eingeladen.

Der Weg in die politische Mitte

Nach den Watergate-Enthüllungen hatte es eine Weile so ausgesehen, als könnte Bill Clinton es tatsächlich schaffen, dem republikanischen Mandatsträger seinen Sitz abzunehmen. Dann hatte Hammerschmidt zum altbewährten Mittel der Roten Angst gegriffen, seinen Herausforderer als «radikalen Linken, der vom Geld der Gewerkschaften abhängig» sei, attackiert und wieder die Oberhand gewonnen. Doch Bills Abschneiden mit mehr als 48 Prozent in einem Wahlkreis, in dem niemand einem Demokraten die geringste Chance gegeben hatte, machte Parteifreunde überall im Land auf ihn aufmerksam. Er war mit einer ungewohnten Allianz aus Gewerkschaften, Intellektuellen und Exkommilitonen angetreten, hatte die Macht der großen Konzerne und die korrupten Machenschaften in Washington thematisiert und sich als ein talentierter Wahlkämpfer entpuppt, der auch konservative Wähler ansprechen konnte.

Nachdem er sich von seiner Wahlniederlage erholt hatte, zogen er und Hillary die politischen Lehren. Nach ihrer Kampagne für den Präsidentschaftskandidaten McGovern im Jahr 1972 war Bills Versuch, einen Sitz im Repräsentantenhaus zu erobern, das zweite Mal, dass sie gemeinsam Wahlkampf links von der Mitte gemacht und verloren hatten. Aus diesen Niederlagen zogen sie den Schluss, dass sich Mehrheiten in den USA nur in der Mitte finden lassen, und sind dieser Ansicht bis heute treu geblieben. Nachdem sie im Einklang mit ihrer Generation Ende der Sechzigerjahre versucht hatten, die Demokraten nach links zu bewegen, versuchten sie von nun an, ihre Partei in die entgegengesetzte Richtung zu drängen. Dafür prägten sie die Begriffe «Neue Demokraten» und «Dritter Weg» und kappten ihre engen Bande zu den Gewerkschaften. Nie wieder trat einer von ihnen mit den Gewerkschaften als alleinigem oder wichtigstem politischen Verbündeten und Hauptgeldgeber an. Stattdessen verbreiterten sie ihre Basis, suchten Geld und Unterstützer sowohl rechts als auch links und motteten ihr linkes Programm ein. Nach der Wahlniederlage im Nordwesten von Arkansas im Jahr 1974 änderten Bill Clinton und Hillary Rodham ihren politischen Kurs.

Die Wahlniederlage zerschlug auch die Aussicht des Paares auf eine rasche Rückkehr in die US-Hauptstadt. Hillary und Bill richteten sich darauf ein, länger in Arkansas zu bleiben. Die Assistenzprofessorin stürzte sich in die Arbeit an der Universität, wo sie Strafrecht und Strafprozessordnung unterrichtete. Sie verlangte viel von ihren Studenten und benotete streng – ganz im Unterschied zu ihrem Mann, der in dem Ruf stand, gute Noten zu verteilen. Daneben arbeitete sie weiter für die Verteidigung von Kinder- und Frauenrechten, womit sie sich bereits einen Namen gemacht hatte. Gegen den Widerstand von örtlichen Honoratioren und Anwälten gründete Hillary in Fayetteville 1975 die erste kostenlose Rechtsberatung in Arkansas und wurde selbst die erste Leiterin dieser Legal Aid Clinic. Hunderte von Bedürftigen, die sich keinen Anwalt leisten konnten, nahmen die Beratungsstelle in Anspruch, darunter auch zahlreiche Insassen von Gefängnissen. Kaum war die Legal Aid Clinic ins Laufen gekommen, schob Hillary die nächste Initiative an: eine Hotline für Vergewaltigungsopfer. In den Großstädten an der Ost- und Westküste existierten solche Notrufe bereits, aber im religiösen Süden war sexuelle Gewalt Mitte der Siebzigerjahre noch ein Tabuthema. Nur Georgia und Tennessee richteten fast gleichzeitig mit Arkansas solche Hotlines ein. 1975 brachte ihre ehrenamtliche Tätigkeit die junge Anwältin in einen Gewissenskonflikt. Sie wurde zur Pflichtverteidigerin eines Mannes bestimmt, der ein zwölfjähriges Mädchen vergewaltigt hatte. Hillary versuchte zuerst, den Fall loszuwerden. Als ihr das nicht gelang, verteidigte sie den Vergewaltiger nach allen Regeln ihres Handwerks. Dabei brachte sie das junge Opfer in solchen Misskredit, dass der Täter mit nur einem Jahr Gefängnis davonkam. Jahrzehnte später bezichtigte das Vergewaltigungsopfer, nun eine 52-jährige Frau, die einstige Pflichtverteidigerin, sie «durch die Hölle» getrieben zu haben. Das Interview erschien nicht zufällig zu dem Zeitpunkt, als Hillary sich anschickte, zum zweiten Mal als Präsidentschaftskandidatin anzutreten.

Ende 1975 war Bill Clinton gedanklich bereits im nächsten Wahlkampf – dieses Mal wollte er Justizminister in Arkansas werden, was ihm, da er ohne republikanischen Gegenkandidaten antrat, ohne große Anstrengung gelang. Zugleich engagierten er und seine Frau sich für Jimmy Carter, in dem sie den nächsten Präsidenten der USA ausgemacht hatten. Bill koordinierte Carters Kampagne in Arkansas, Hillary ging für den Erdnussfarmer 1976 als Kopf der *field organizers* in den Bundesstaat Indiana. Als Jimmy Carter Präsident wurde, war Hillary 29 Jahre alt und verfügte, zweieinhalb Jahre nachdem sie die Amtsenthebung eines Präsidenten mit vorbereitet hatte, über einen direkten Draht ins Weiße Haus. Carter machte die Juristin zu einer Beraterin der in der Hauptstadt ansässigen Legal Services Corporation (LSC), einem 1974 vom Kongress eingerichteten Prozesskostenhilfefonds für Bedürftige, der de facto Behördencharakter hat. Hillary hatte nun mehrfach im Jahr in Washington zu tun und übernahm schon nach wenigen Monaten die Leitung der LSC. «Ich bin wieder einmal FW», sagte sie dazu und meinte damit *first woman* – die erste Frau.

Lockruf des Geldes

Little Rock, die Hauptstadt von Arkansas, ist ein überschaubarer Ort mit weniger als 200 000 Einwohnern, die weiße und die schwarze Bevölkerung leben in getrennten Stadtteilen, die Honoratioren gehen in *Country Clubs,* und wer einmal Zugang zu dem kleinen Kreis der örtlichen Anwälte, Politiker und Unternehmer gefunden hat, dem stehen dort alle Türen offen.

Hillary hatte erwogen, in der drei Stunden nordwestlich gelegenen liberalen Universitätsstadt Fayetteville zu bleiben, als Bill Clinton 1976 Justizminister von Arkansas wurde, aber sie entschied sich gegen das Pendeln und gegen eine neuerliche Fernbeziehung. Einer der Gründe war ihr Kinderwunsch, ein anderer, dass es so aussah, als könnte der Aufenthalt in Little Rock länger dauern. Ihr Mann, gerade erst 30, wurde bereits als künftiger Gouverneur von Arkansas gehandelt.

Mit dem Umzug vollzog Hillary eine erstaunliche Kehrtwende in ihrer Karriere. Zwei Jahre zuvor war sie als sozial engagierte Linke in Fayetteville angekommen, die sich für die Rechte von Gefängnisinsassen, missbrauchten Kindern und vergewaltigten Frauen engagierte. In Little Rock hätte sie all das fortsetzen und auch an der örtlichen Universität unterrichten können. Stattdessen stieg sie in die konservativste und älteste Anwaltskanzlei westlich des Mississippi ein. In der Kanzlei Rose liefen die Fäden der wirtschaftlichen Macht im Bundesstaat zusammen. Zu den Kunden zählten Mitte der Siebzigerjahre der Einzelhandelskonzern Wal-Mart, der auf Rinder-, Schweine-, und Hühnerfleisch spezialisierte Nahrungsmittelhersteller Tyson Foods sowie viele Banken und sämtliche größeren Medienunternehmen von Arkansas. Vince Foster, ein Jugendfreund von Bill Clinton, der ebenfalls Jura studiert und direkt nach dem Examen bei Rose angefangen hatte, führte Hillary ein. Da sich das Justizministerium in Little Rock und die Anwälte von Rose vor Gericht häufig gegenüberstehen, holte die Kanzlei sicherheitshalber die Zustimmung der Anwaltsvereinigung ein, bevor sie die Gattin des Justizministers einstellte. Als das Plazet vorlag, war für Hillary die Frage nach Interessenkonflikten zwischen ihrer juristischen Arbeit und der Tätigkeit ihres Mannes erledigt. Erst Jahre später, als ein Wechsel ins Weiße Haus in greifbare Nähe rückte, entschied sie sich, auf ihren Anteil an Einnahmen zu verzichten, die aus den Verfahren von Rose gegen die Regierung des Bundesstaats stammten.

Der Umzug nach Little Rock verbesserte auch die finanzielle Lage des jungen Paares. Ihre Einkünfte lagen zwar immer noch weit hinter den Jahresgehältern vieler ihrer Kommilitonen aus Yale zurück, aber mit einem Einstiegsgehalt von 14 800 Dollar im ersten Jahr und fast 39 000 ab 1979, als sie zur gleichberechtigten Partnerin in der Kanzlei aufstieg, machte Hillary einen großen Sprung nach oben. Später kamen üppige Nebeneinkünfte aus Aufsichtsratsmandaten hinzu. Schon nach wenigen Monaten in Little Rock hatte sie ihren Gatten finanziell überflügelt, und dabei blieb es in den folgenden 16 Jahren bis zum Einzug ins Weiße Haus: Bill Clinton machte Politik und Hillary verdiente – mit Abstand mehr – Geld. Erst viel später, als Hillary Politikerin wurde – zunächst im Senat und dann an der Spitze des Außenministeriums –, während ihr Mann in der Privatwirtschaft Millionen für die Familienstiftung der Clintons sammelte und weltweit hochdotierte Vorträge hielt, kehrte sich dieses Einkommensverhältnis um.

Acht Jahre bevor sie bei Rose anfing, hatte Hillary in ihrer Absolventinnenrede in Wellesley «Gewinnsucht» und «unternehmerische Habgier» gegeißelt. Jetzt arbeitete sie für jene, die sie damals kritisiert hatte, und zeigte keinerlei Skrupel. Nur in Sonntagsreden – bei Auftritten vor Studenten und vor religiösem Publikum, später auch in Wahlkämpfen – griff sie zu ihren alten moralischen Appellen und holte zur Kritik am Profitdenken aus. Der Spagat zwischen Systemkritik und der Arbeit für das System ist ihr in Fleisch und Blut übergegangen, sie selbst aber nimmt diesen Widerspruch nicht wahr.

1987 erlebte Hillarys alter Freund Don Jones diesen Spagat aus der Nähe: Der sozial engagierte Theologe war immer noch Dozent an der Drew-Universität in New Jersey und lud die Durchreisende zu einem Vortrag in sein Seminar ein. Das Thema war unternehmerische Ethik.

Vor Don Jones und seinen Studenten kritisierte die Gastrednerin die «Exzesse des Yuppie-Materialismus» und den «Hyperindividualismus» und machte «die amerikanischen Konzerne» dafür verantwortlich, «das öffentliche Interesse, die Demokratie, die Familie und die moralischen und spirituellen Werte auszuhöhlen». Anschließend reiste sie weiter zum multinationalen Pharmakonzern Johnson & Johnson, den sie als Anwältin von Rose vertrat und der für die Kosten ihres Fluges nach New Jersey aufkam. «Sie denkt meist wie eine Anwältin», sagte Don Jones dazu. Die Widersprüche zwischen öffentlich verkündeten moralischen Imperativen und eigenem Handeln begleiten Hillary Clintons gesamte Karriere.

Wie fast alle Führungsetagen im Arkansas der Siebzigerjahre war auch die Kanzlei Rose ein Männerbetrieb mit Herrenwitzen beim *three-martini lunch,* einem alkoholintensiven Geschäftsessen. Die Yale-Absolventin war die erste Frau, die als Anwältin in der Kanzlei arbeitete, und sie war höher qualifiziert als die meisten ihrer männlichen Kollegen. Während ihres Vorstellungsgesprächs legte der Chef von Rose die Füße auf den Tisch, blies der Kandidatin seinen Zigarrenrauch ins Gesicht und nannte sie *little lady.* Verheiratete Mittelschichtsfrauen im Arkansas der Siebzigerjahre blieben üblicherweise zuhause, kochten und kümmerten sich um Mann und Kinder.

Auch nachdem Hillary sich einen Namen als harte Kämpferin in den Gerichtssälen gemacht hatte und zur Partnerin bei Rose aufgestiegen war, stand sie unter besonderer Beobachtung. Dabei mischten sich alte Südstaatler-Ressentiments gegen besserwisserische Landsleute aus dem Norden mit schierem Sexismus. Und längst nicht alle, die hinter ihrem Rücken tuschelten, waren Männer. Diese Hillary Rodham sei zu unfrisiert, ihre Schuhe zu flach, ihre Kleider zu weit. Mal war sie eine «Emanze», mal eine «Yankee», manchmal auch beides und außerdem eine «Lesbe». Als sie sich mit ihrem Kollegen Vince Foster anfreundete, kamen umgehend Gerüchte über ein außereheliches Verhältnis in Umlauf. Hillary ignorierte die Tuscheleien, und wenn sie doch einmal darüber sprach, klagte sie nicht. Sie verstand sich nicht als Opfer – weder privat noch beruflich. Aber sie studierte sorgfältig die geschlechtsspezifischen Verhaltensregeln. Bei Gelegenheit sollte sie daraus Waffen machen, die sie zu ihren eigenen Gunsten einsetzte.

1978 suchte Hillary in Little Rock nach zusätzlichen Einkünften. Der Anwalt James Blair, der für den größten Arbeitgeber in Arkansas, den Fleischkonzern Tyson Foods arbeitete, führte sie in ein Risikogeschäft ein, das auch dort im Süden Ende der Siebzigerjahre in Mode kam: Futures an der Rohstoffbörse. Dabei setzen die Spekulanten auf die Schwankungen der Rohstoffpreise. Der Börsenneuling stieg in das Geschäft mit Rinder-Futures ein und entpuppte sich als ein Naturtalent: Ohne jede Erfahrung in der Landwirtschaft und im Finanzgeschäft machte sie binnen neun Monaten aus ihrem Einsatz von 1000 Dollar die stolze Summe von 99 537 Dollar. «Ich hatte einfach Glück», schrieb sie im Rückblick und erzählte, dass ihr die Finanzerziehung des Vaters sowie die Lektüre des «Wall Street Journal» geholfen habe. Doch später in Washington kamen die Futures und ihr hoher Gewinn wie ein Bumerang auf sie zurück. Politische Gegner sprachen von Insidergeschäften und äußerten den Verdacht, dass der Spekulationsgewinn tatsächlich ein kleines Geschenk eines Großkonzerns an die Gattin des Justizministers gewesen ist, der sich anschickte, Gouverneur zu werden. Juristisch konnte Hillary in dieser Hinsicht nie etwas nachgewiesen werden, aber erstmals geriet sie damals in den Verdacht, Vorteile und Sonderrechte in Anspruch zu nehmen, die ihr nicht zustehen. Kolumnisten spotteten noch Jahre später genüsslich über das Rinderwunder.

Parallel zu diesen Termingeschäften stiegen die Clintons in ein Immobiliengeschäft ein, wieder mit der Aussicht auf schnellen Gewinn. James McDougal, ein Freund Bills seit dem gemeinsamen Wahlkampf für den demokratischen Senator von Arkansas, William Fulbright, im Jahr 1968, schlug den beiden vor, gemeinsam ein Stück Land am Weißen Fluss in den Ozark-Bergen zu kaufen, um es anschließend zu parzellieren, mit Ferienhäusern zu bebauen und mit Gewinn abzusetzen. Die beiden Paare gründeten gemeinsam die Whitewater-Entwicklungsgesellschaft mit auf dem Papier vier gleichen Anteilen. Whitewater wurde zum Fiasko, denn die erwarteten Käufer aus Detroit und Chicago blieben aus, vor allem aber hatte McDougal sich inzwischen auch anderweitig verspekuliert. 1979 hatte er in Little Rock eine Spar- und Darlehenskasse erworben und dort von Anfang an kreative Buchhaltung betrieben. Nach der Lockerung der strengen Auflagen für Sparkassen durch die Reagan-Regierung Anfang der Achtzigerjahre geriet die kleine Bank wegen fauler Kredite vollkommen in Schieflage und machte schließlich Bankrott. Auch die Whitewater-Affäre holte die Clintons im Weißen Haus ein.

Als Hillary diese Investitionen tätigte, war sie bereits eine erfolgreiche und jedenfalls für die Verhältnisse von Arkansas gut bezahlte Anwältin, doch sie begründete ihr Vorgehen später damit, dass sie damals finanziell für die Familie verantwortlich gewesen sei und nicht habe wissen können, ob ihr Mann den nächsten Wahlkampf politisch überleben werde. Ende der Neunzigerjahre hat die Justiz auch ihre Ermittlungen wegen Whitewater ohne Ergebnis eingestellt, doch der politische Schaden hält bis heute an. Hillary habe in Arkansas ihren moralischen Kompass verloren, heißt es, und sie habe ein Anspruchsdenken entwickelt, als gälten für sie besondere Regeln. In ihrer weiteren Karriere hat sie in finanziellen Dingen immer wieder diesen Mangel an Sensibilität an den Tag gelegt.

Das rassistische Erbe

Im November 1978 wurde Bill Clinton zum Gouverneur von Arkansas gewählt. Vier Jahre nach seinem Studienabschluss hatte der 32-Jährige den höchsten politischen Posten seines Heimatstaats erobert. Die Amtseinführung war ein rauschendes Fest mit Gästen aus allen gesellschaftlichen Schichten, darunter schwarze Musiker aus Hot Springs und linke Intellektuelle aus Harvard und Yale, von denen einige bald für ihn zu arbeiten begannen und den Spitznamen «die Bärtigen» bekamen. Clinton selbst wurde als *the kid* verspottet und in einer Serie von Karikaturen als Baby in einem Kinderwagen gezeigt. Er zog als junger Modernisierer in die Gouverneursresidenz ein, doch zugleich demonstrierte er schon bei seiner Amtseinführung Kontinuität an der Spitze. Spät am Abend erschien auch der umstrittene Exgouverneur Orval Faubus auf der Feier, der von 1955 bis 1967 Arkansas regiert hatte.

Die rassistische Provokation, mit der Gouverneur Faubus weltweit Schlagzeilen gemacht hatte, lag 21 Jahre zurück und hatte ihm auf Jahre hinaus seine Wiederwahl als Gouverneur gesichert. Zu Beginn des neuen Schuljahrs waren im September 1957 neun schwarze Schüler an die Little Rock Central High School gekommen. Sie beriefen sich darauf, dass das Oberste Gericht in Washington die Rassentrennung an den Schulen aufgehoben hatte. Doch vor der Schule empfing ein weißer Mob die schwarzen Jugendlichen mit Schreien, Spucken und Rempeleien. Gouverneur Faubus sah «Gefahr für die öffentliche Sicherheit» und schickte 1000 Nationalgardisten. Die Uniformierten drängten nicht den rassistischen Mob zurück, sondern versperrten den schwarzen Jugendlichen den Zugang zum Unterricht. Erst nachdem Präsident Eisenhower seinerseits Soldaten der Bundesregierung nach Little Rock schickte, um die Jugendlichen durch einen Seiteneingang in die Schule zu eskortieren, konnten sie ihr Recht wahrnehmen. Die *Little Rock Nine* setzten ein Fanal für die Bürgerrechtsbewegung in den USA, doch in Little Rock selbst war ihre «Integration» nur von kurzer Dauer. Kaum waren die Soldaten der Bundesregierung abgezogen, ließ Faubus sämtliche öffentlichen Schulen der Stadt schließen, um gemeinsamen Unterricht für schwarze und weiße Kinder zu verhindern. Das Schuljahr 1958/59 wurde ein verlorenes Jahr für Tausende ausgesperrte Schüler. Selbst als sich die Schultore wieder öffneten, gingen die Schikanen beim Transport schwarzer Schulkinder und die Widerstände in den Klassenräumen weiter. Noch 1968 musste die schwarze Schülerin Maxine Allen an Little Rock Central High ihre Englischarbeiten auf dem Lehrerpult ablegen, während ihre weißen Mitschüler sie der Lehrerin direkt in die Hand gaben. Bevor die Lehrerin die Arbeiten von Maxine in ihre Tasche steckte, zog sie Handschuhe an. Erst 1972, als Washington mit dem Entzug sämtlicher Bundesmittel drohte, ging auch an den Schulen in Arkansas die Rassentrennung zu Ende.

Die in einer weißen Vorstadt aufgewachsene Gouverneursgattin erlebte in ihrer neuen Heimat erstmals im Alltag den offenen Rassismus der Südstaaten. Vorher hatte sie sich damit vor allem theoretisch und gelegentlich auch bei einer politischen Aktion befasst. Aber im Arkansas der Siebzigerjahre waren die *race relations,* also die Beziehungen der verschiedenen Rassen, insbesondere die zwischen Weißen und Schwarzen, unübersehbar spannungsgeladen und kompliziert – und sind es bis heute geblieben. Die Erinnerung an Sklaverei und Segregation war noch frisch. Nach der Niederlage der Konföderierten im Bürgerkrieg war die Sklaverei zwar 1865 abgeschafft worden, doch die Liberalisierung hielt nur so lange, wie die Nordstaatler sie vor Ort überwachten. Nach dem Ende der *reconstruction,* der Wiederaufbauphase nach dem Bürgerkrieg, und dem Abzug der Besatzer aus dem Norden gewann im Süden wieder die alte weiße Elite die Oberhand und führte neue rassistische Regeln ein. Dazu gehörte das De-facto-Wahlverbot für Afroamerikaner: Nur wer lesen und schreiben konnte, durfte wählen, womit die meisten Exsklaven ausgeschlossen waren. Und dazu gehörten die nach Hautfarben getrennten Wohnbezirke, Transportmittel, Brunnen, Schulen und Kinos. Quer durch die alten Sklavenhalterstaaten der USA drängten solche sogenannten Jim-Crow-Gesetze – benannt nach der im ausgehenden 19. Jahrhundert unter Weißen populären Bühnenkarikatur «Jim, die Krähe», der stereotypen Darstellung eines selbstgenügsam tanzenden und singenden minderbemittelten Schwarzen – die schwarze Bevölkerung für Jahrzehnte zurück in die Rechtlosigkeit.

Bill Clinton ist mit Afroamerikanern aufgewachsen. Er hat seine ersten Lebensjahre in dem von Baumwollplantagen umgebenen Städtchen Hope verbracht und selbst erlebt, dass weiße Kinder von Schulbussen abgeholt wurden, während schwarze Kinder, wenn überhaupt, in ärmlich ausgestattete *black schools* gingen. Aber bei Bills Großvater, in dessen Lebensmittelladen der Junge oft half, galt die Regel, dass alle Kunden gleich sind und unabhängig von der Hautfarbe gleich behandelt werden. Für den künftigen Präsidenten war das der Anfang einer lebenslangen Beziehung zu Afroamerikanern, die anders und vertrauter ist als die der meisten weißen Südstaatler seiner Generation. Später, als er zu seiner Mutter nach Hot Springs zog, machte Bill Musik mit schwarzen Jugendlichen und verzichtete darauf, das Mundstück des Saxophons zu sterilisieren, wenn er sein Instrument tauschte. Er spielte «schwarze» Musik, hatte schwarze Freunde und ging in schwarze Kirchen. Als er 1993 ins Weiße Haus einzog, nannte ihn die Schriftstellerin Toni Morrison den «ersten schwarzen Präsidenten» der USA. Diese Ehrenbezeichnung, die sich bis zur Wahl von Barack Obama im Jahr 2008 hielt, nutzt nicht nur Bill Clinton, sondern auch seiner Frau bis heute. Hillary zeigte in Arkansas, dass sie leicht auf Afroamerikaner zugehen kann. Das mag damit zusammenhängen, dass sie nicht mit den Vorurteilen und Ängsten von Weißen im tiefen Süden aufgewachsen ist, aber sicherlich hat sie ihren Mann auch sorgfältig beobachtet und von ihm gelernt. Es fiel auf, dass sie sich herzlicher und wärmer gegenüber Afroamerikanern verhielt als die meisten weißen Frauen aus den Südstaaten. Und es brachte ihr lang anhaltende Sympathien. Die in Arkansas geborene afroamerikanische Schriftstellerin Maya Angelou begründete Jahre später ihre Unterstützung für Hillarys erste Präsidentschaftskandidatur gegen den schwarzen Kontrahenten Obama mit ihren Beobachtungen in Little Rock: «Ich dachte, dieses weiße Mädchen würde Teenachmittage organisieren und mit anderen weißen Frauen ausgehen. Aber sie tat das Gegenteil. Sie beschäftigte sich mit Gesundheitsthemen, mit den Schulen und sogar mit den Gefängnissen.»

Nun war Hillary, die schon oft *first woman* gewesen war, zum ersten Mal First Lady. Aber als die Freundin Susan McDougal ihr nach der Wahl von Bill ein Kompliment machen wollte mit den Worten: «Deine Eltern müssen aber stolz auf dich sein, weil du mit einem Gouverneur verheiratet bist», reagierte Hillary schroff: «Meine Eltern wissen nicht mal, wo Arkansas liegt. Sie dachten, dass ich in Washington bleiben und dort aus eigener Kraft etwas Wunderbares vollbringen würde.»

Die Gouverneursresidenz an der Center Street ist umgeben von einem parkartigen Garten, den Eingang zieren acht imposante weiße Säulen. Dort wohnten die Clintons nun mietfrei und mit reichlich Personal auf Staatskosten, das für sie kochte, putzte und den Garten pflegte. Rund ein Dutzend Beschäftigte in der Residenz waren Strafgefangene. Wie viele andere Südstaaten hält auch Arkansas bis heute an Gefangenenarbeit in der Gouverneursresidenz, in Regierungsgebäuden und manchmal auch in Schulen fest. Begründet wird das damit, dass diese Arbeitskräfte billig sind. Und bei den Gefangenen selbst ist die Arbeit in der Residenz beliebt, denn durch den persönlichen Kontakt zum Gouverneur kommen sie häufiger als andere in den Genuss von Begnadigungen. Hillary berichtete später von ihrer anfänglichen Beklommenheit, als ihr klar wurde, dass sie morgens in ihrer Küche einen verurteilten Mörder traf. Aber sie entschied, an der Tradition festzuhalten. Sie und ihr Mann sorgten dafür, dass sich die Gefangenen strikt an die Regeln hielten. Wer das nicht tat, wurde ins Gefängnis zurückgeschickt. Mit den Jahren stellte Hillary fest, dass es «weit weniger Disziplinprobleme mit verurteilten Mördern gibt als mit Leuten, die wegen Eigentumsdelikten ins Gefängnis kamen».

Arkansas hatte schon in den Siebzigerjahren eine im Verhältnis zu seiner Bevölkerung besonders hohe Zahl von Gefängnisinsassen, mehr als 2500 Menschen waren es bei Clintons Amtsantritt. In der Folge stieg diese Zahl noch rasanter als in den meisten anderen Bundesstaaten: Im Jahr 2014 saßen in Arkansas 18 700 Menschen hinter Gittern, und das bei stagnierender Bevölkerungszahl und zurückgehender Verbrechensrate. Junge afroamerikanische Männer stellen 35 Prozent der Gefängnisinsassen, obwohl der Anteil der Afroamerikaner an der Gesamtbevölkerung nur 13 Prozent beträgt. Einer der Gründe für das exponenzielle Wachstum der Gefängnisbevölkerung ist die Strafrechtsreform der Neunzigerjahre, für die Präsident Bill Clinton verantwortlich zeichnete. Doch in der Zwischenzeit hat sich die Wählerbasis der Demokratischen Partei verändert. Die weißen Wähler in den Südstaaten, die Bill Clinton noch umwarb und gewann, sind längst mehrheitlich ins Lager der Republikaner übergewechselt. Stattdessen sind die afroamerikanischen Wähler für jeden Demokraten, der Präsident werden will, zum Zünglein an der Waage geworden.

Nach dem Bürgerkrieg stand die Mehrheit der Afroamerikaner auf der Seite der Republikaner, der Partei von Präsident Abraham Lincoln, der die Sklaverei abgeschafft hatte. Dieser Trend hielt bis in die Dreißigerjahre des Zwanzigsten Jahrhunderts an, als die Sozialpolitik der Demokraten eine allmähliche Wende einleitete. Mitte der Sechzigerjahre, als Lyndon B. Johnson die beiden wegweisenden Gesetze zur Abschaffung der Rassentrennung – den *Civil Rights Act* aus dem Jahr 1964 und den *Voting Rights Act* von 1965 – unterzeichnete, wechselten die afroamerikanischen Wähler fast geschlossen auf die Seite der Demokraten. Die mutige Entscheidung Johnsons war der innenpolitische Höhepunkt seiner Amtszeit, zugleich besiegelte er damit die Abwanderung konservativer weißer Wähler aus dem Süden, die traditionell demokratisch gewählt hatten. Nixon holte diese Südstaatendemokraten und Vertreter der Rassentrennung mit seiner aggressiven *Southern Strategy* in das Lager der Republikaner.

Als sie nach Arkansas kamen, lehnten Hillary und Bill die Todesstrafe ab. Aber nachdem er 1980 abgewählt worden war, revidierte er auch diese Position – und sie sagte öffentlich nichts mehr dazu. Als die beiden erneut in die Gouverneursresidenz einzogen, fand Bill Clinton die Todesstrafe nicht mehr unmoralisch und unterschrieb zahlreiche Todesurteile. In einem Krisenmoment seiner Präsidentschaftsbewerbung im Januar 1992 unterbrach er sogar seinen Wahlkampf, um der Hinrichtung des geistig behinderten Ricky Ray Rector in Arkansas persönlich beizuwohnen. Hillary brach ihr Schweigen zu diesem Thema erst im März 2016. Bei einer Wahlkampfveranstaltung fragte der gerade erst entlassene Ricky Jackson, der als Unschuldiger 39 Jahre im Gefängnis gesessen hatte, davon mehrere Jahre im Todestrakt, die Kandidatin, wie sie die Todesstrafe rechtfertigen könne. Hillary wand sich ein wenig und zeigte Mitgefühl für sein Leiden hinter Gittern, doch für terroristische Verbrechen hält sie an der Todesstrafe fest.

In dem kleinen Bundesstaat sprach sich schnell herum, dass in der Gouverneursresidenz nun zwei Anwälte lebten und dass die neue First Lady anders war als alle vorausgegangenen Gouverneursgattinnen. Sie verfolgte eine eigene Karriere, ihr Mann suchte ihren Rat auch in politischen Fragen, und er pries ihre beruflichen Fähigkeiten in aller Öffentlichkeit. Sie wurde ein Rollenmodell und Vorbild für Frauen in Arkansas, die versuchten, Arbeit und Familie zu vereinbaren. Das gilt für weiße wie für schwarze Frauen, auch für die schon erwähnte Maxine Allen, die in den Siebzigerjahren eine *womanist* war: So nennen sich afroamerikanische Frauenrechtlerinnen, um sich von den Feministinnen abzusetzen, die mehrheitlich weiße Mittelschichtsfrauen aus privilegierten Verhältnissen sind und häufig wenig Verständnis aufbringen für die Probleme und Nöte der afroamerikanischen Frauen. In ihrem Alltag stieß Maxine Allen an ähnliche Grenzen wie Hillary. «Wenn die First Lady vorlebt, dass eine Frau arbeiten und eine Familie haben kann, öffnet das Türen für alle anderen Frauen», sagt sie vier Jahrzehnte später. Auch Maxine Allen ist inzwischen in eine Männerdomäne aufgestiegen. Sie ist die erste Frau in der United Methodist Church in Arkansas, die zur Priesterin geweiht wurde.

Hillarys Stil war von der Jugendrevolte der späten Sechzigerjahre geprägt. Mit ihrem Selbstbewusstsein, ihrem direkten Ton, ihren politischen Aktivitäten und ihrem schmucklosen Äußeren wäre sie an der Ostküste nicht weiter aufgefallen – in Arkansas schon. Hier galt vielerorts noch die alte Männerregel aus den Ozark-Bergen: «Wir halten sie barfüßig, ignorant und schwanger.» Die afroamerikanische Bürgerrechtlerin Annie Abrams erlebte Hillary in Little Rock als «ein Gegengewicht zum fortdauernden männlichen Chauvinismus». Für die weiße Lehrerin Jan McMullin repräsentierte Hillary Mitte der Siebzigerjahre «die nächste Generation von Frauen» und ein «wunderbares Rollenmodell». Auch außerhalb von Arkansas galt Hillary nun als Expertin für die Lage von Kindern und Frauen in einem der rückständigsten Bundesstaaten und wurde zu Vorträgen im ganzen Land eingeladen.

Mrs. Bill Clinton

Im Februar 1980 wurde Hillary zum ersten und einzigen Mal Mutter. Während der Schwangerschaft setzte sie ihre Arbeit in Arkansas und ihre Reisen fort, noch im achten Monat flog sie zu einer Konferenz nach New York. Sie plante eine natürliche Geburt nach der Lamaze-Methode, doch am 27. Februar 1980 war ein Kaiserschnitt nötig. Chelsea kam als *first daughter* in Arkansas zur Welt, als Teenager war sie dann *first daughter* im Weißen Haus. Als Mitdreißigerin und zweifache Mutter könnte sie im Januar 2017 zum zweiten Mal *first daughter* im Weißen Haus werden. Die Öffentlichkeit lernte sie erst als junge Erwachsene wirklich kennen, denn die Eltern schirmten ihre Tochter ab, so gut es ging. Sie sollte eine normale Kindheit fern des Rampenlichts haben.

Neun Monate nach der Geburt seiner Tochter, am 4. November 1980, musste sich Bill Clinton zur Wiederwahl stellen und verlor gegen den Republikaner Frank White. In Arkansas betrug die Amtszeit von Gouverneuren damals zwei Jahre, erst 1986 verlängerte die Legislative in Little Rock sie auf vier Jahre. An dem Tag, als er in Little Rock verlor, gewann in Washington Reagan das Weiße Haus. Doch neben der großen republikanischen Welle, die über die USA schwappte, gab es eine Reihe von hausgemachten Gründen für die Niederlage. Die mächtige Holzlobby rächte sich, weil Clinton versucht hatte, die Kahlschlagrodungen des Waldes im Zentrum von Arkansas zu stoppen. Einkommensschwache Wähler verweigerten ihm die Stimme, weil er seine Reformen mit erhöhten Autogebühren finanziert hatte. Die Republikaner machten ihn dafür verantwortlich, dass die US-Regierung vorübergehend Tausende von kubanischen Flüchtlingen in Fort Chaffee ganz im Westen von Arkansas einquartierte. Und schließlich hatte die Opposition eine Schmutzkampagne gegen die nonkonformistische Hillary Rodham organisiert. «Meine Frau ist Mrs. Frank White», hatte der republikanische Kontrahent bei jedem Wahlkampfauftritt gesagt.

Als seine Niederlage feststand, tauchte Bill Clinton ab. Er war nun der jüngste Exgouverneur der Vereinigten Staaten und fürchtete, mit seinen nur 34 Jahren bereits am Ende seiner politischen Karriere angekommen zu sein. An Stelle des Gouverneurs sprach am Abend der Wahlniederlage Hillary in der Hotelsuite, wo die Siegesfeier hätte stattfinden sollen. Es war das erste Mal, dass sie öffentlich den Kopf für ihren Mann hinhielt. Auf dem weiteren Weg der beiden sollte daraus eine Gewohnheit werden. Doch hinter verschlossenen Türen warf auch sie ihrem Mann ähnliche Dinge vor wie sein siegreicher Kontrahent: dass er sich von Präsident Carter die Kubaner habe aufdrängen lassen, dass der Rhythmus seiner Reformen als Gouverneur zu atemlos gewesen sei und dass er auf die falschen Berater gehört habe. Die Zeit nach dem Auszug aus der Gouverneursresidenz, als sie in ein Haus im Stadtteil Hillcrest zogen, bezeichnete Hillary später als «dunkle Monate».

Die Frau, die einen Schritt hinter Bill Clinton stand, als er am 27. Februar 1982 ankündigte, sich erneut um das Amt des Gouverneurs von Arkansas zu bewerben, war kaum wiederzuerkennen. Ihr Haar war mehrere Nuancen blonder, nur noch schulterlang und sorgfältig in Wellen geföhnt, sie trug ein eng anliegendes Jäckchen, die riesige Brille war Kontaktlinsen gewichen und ihr Gesicht dezent geschminkt. Im Arm hielt sie die zweijährige Tochter Chelsea. Nachdem ihr Gatte geredet hatte, trat sie selbst ans Mikrofon und stellte sich mit einem neuen Namen vor: «Ich bin von jetzt an Mrs. Bill Clinton», verkündete sie dem verdutzten Publikum in einem ebenfalls neuen leichten Südstaatenakzent, «und ich werde den Wahlkampf meines Mannes unterstützen. Sie werden den Namen Mrs. Bill Clinton so oft hören, dass Sie ihn leid sein werden.» Die Frage eines der Journalisten im Raum, ob sie die Namensänderung amtlich gemacht habe, blieb unbeantwortet. Tatsächlich ließ Hillary den neuen Namen erst Monate später eintragen, und zwar als «Hillary Rodham Clinton», also indem sie ihren Mädchennamen zum Mittelnamen machte.

Fortan machte sich Hillary sorgfältig zurecht. Heute existiert das hässliche Entlein nur noch als ferne Erinnerung in Schwarzweißbildern. Die ältere Hillary ist bei jedem Auftritt so geschminkt, gekleidet und frisiert, als ginge sie zum Fünfuhrtee. Auf ihrem Gesicht liegt eine

Bill Clinton is a practicing lawyer who has taught law at the University of Arkansas at Fayetteville and at the University of Arkansas at Little Rock, where he taught criminal justice to students and law enforcement officers. In 1976 he was elected Arkansas attorney general and two years later, he was elected governor.

Clinton was born in Hope, Arkansas and grew up in Hot Springs, where he attended the public schools. He, his wife Hillary and their two-year old daughter, Chelsea, reside in Little Rock. He is a member of the Immanuel Baptist Church.

Bill Clinton will work to create more jobs, keep the jobs we have and help Arkansans train for better jobs. But he can't do these things without your help. He needs your support, your contributions and your vote.
Put Bill Clinton in the Governor's Office.
Vote for Bill Clinton, Governor For Arkansas.

Paid for by the Clinton For Governor Committee.
Jimmie Red Jones, Chairman, George Kell, Treasurer.

Comeback Kid: Bill, Hillary und Chelsea Clinton auf dem Weg zurück in die Gouverneursresidenz in Little Rock

Puderschicht, die kaum eine Falte erkennen lässt, und ihr Haar ist immer noch so blond wie 1982 in Little Rock. In der Zwischenzeit hat sie Dutzende von Haarlängen und Frisuren ausprobiert. Als Endsechzigerin trägt sie gelegentlich Kleider, die so schrille Farben haben, dass alles um sie herum verblasst, und auf ihrer Twitter-Seite stellt sie sich als «Haar-Ikone» und «Hosenanzugsbegeisterte» vor. Die einzige Ähnlichkeit der älteren Hillary mit der vor der Wandlung in Little Rock besteht darin, dass sie wieder pummelig ist. Neben ihrem Outfit hat sie auch den Gebrauch ihres Namens noch mehrfach geändert. Nach der Wahlkampfepisode als Mrs. Bill Clinton war sie jahrelang Hillary Rodham Clinton und unterzeichnete mal mit vollem Namen, mal mit dem Kürzel HRC. Anfang des 21. Jahrhunderts wurde sie zu Hillary Clinton. Für ihren Präsidentschaftswahlkampf im Jahr 2016 warf sie schließlich den letzten Ballast ab und tritt nur noch unter ihrem Vornamen auf: «Hillary for America» nennt sie ihre Kampagne und hat sich damit von den beiden mächtigen Männern, die ihr Leben bestimmt haben, befreit. Von Rodham, dem strengen Vater, und von Clinton, dem untreuen Gatten. Sie ist nun ganz sie selbst. Wenn sie Auftritte in förmlicher Umgebung hat, wo der Vorname nicht angemessen ist, etwa vor den Kunden einer Bank oder in einer Sonntags-Talkshow, lässt sie sich dem allgemeinen Brauch folgend mit ihrer letzten Amtsbezeichnung anreden. Noch ist das *Madam Secretary,* nach den Wahlen im November 2016 soll es *Madam President* sein.

Die Szene in Little Rock im Februar 1982 bot eines der spektakulären Comebacks, für die Hillary und Bill Clinton das Geheimrezept haben. Zahlreiche weitere folgten. Jedes Mal spielte Hillary eine wichtige, oft die entscheidende Rolle. Sie drängte ihren Gatten zu Ehrgeiz und Disziplin, half ihm, sein Image und sein Programm zu verändern, und suchte externe Berater. Sie bescheinigte ihm öffentlich, ein guter Ehemann zu sein, und sie nahm sich auch seine Gegner vor. Zusammen waren die beiden das mächtigste Politikerehepaar weit und breit. Schon bald sprachen die Leute in Arkansas von «den Gouverneuren», als hätten sie tatsächlich zwei gewählt. Hillarys Wandlung war das Ergebnis langjähriger Überzeugungsarbeit der politischen Berater ihres Mannes. Diese Anpassung an die konservativen Normen in Arkansas begründete sie später mit Prioritätensetzung: «Bills Rückkehr in die Gouverneursresidenz war wichtiger als mein Mädchenname.» Ihr Gatte beschreibt den Moment, in dem sie ihm die Absicht, ihren Namen zu ändern, kundtat, so: «Bill, wir sollten nicht das Risiko eingehen, wegen dieser Sache die Wahlen zu verlieren. Was, wenn es ein Prozent der Stimmen ist oder zwei Prozent?» Die Wiederaufstehfrau hatte nach einem Rückschlag den Staub abgewischt und etwas Neues angefangen.

Während der zwei Jahre, die zwischen dem erzwungenen Auszug aus der Gouverneursresidenz und dem Comeback lagen, arbeitete Bill Clinton offiziell in einer Anwaltskanzlei. Tatsächlich war er mit der Vorbereitung seines nächsten Wahlkampfs beschäftigt. Hillary setzte derweil ihre Karriere bei Rose und ihr soziales Engagement fort, kümmerte sich intensiv um die Tochter und bereitete das Terrain für die Rückkehr ihres Mannes auf die politische Bühne. Dabei nutzte sie auch ihre gesammelten Erkenntnisse über geschlechtsspezifische Verhaltensregeln in Arkansas. Kurz nach der Wahlniederlage tauchte sie erstmals auf einer Veranstaltung des neuen republikanischen Gouverneurs auf und ergriff das Wort, um Frank White zu kritisieren. Sie warf ihm vor, seine Kampagne mit Bildern von ausschließlich schwarzen kubanischen Flüchtlingen bestritten zu haben, um Ängste zu schüren. Das Wort «rassistisch» benutzte sie nicht, aber alle verstanden, dass es gemeint war. Der republikanische Gouverneur war ein Südstaatler alten Stils. Seine Erziehung verbot es ihm, eine Dame öffentlich zu kritisieren. Also schwieg er und überließ Hillary das Feld. Es war nicht das einzige Mal, dass sie bei seinen Veranstaltungen auftauchte und ihn mit scharfen Worten angriff. White ging schließlich dazu über, den Saal zu verlassen, sobald die ehemalige First Lady an ein Mikrofon kam.

Viele Jahre später wandte Hillary die erfolgreiche Methode erneut an. Ihr Mann war seit sieben Jahren wieder Gouverneur, als 1990 der ältere Demokrat Tom McRae vom linken Flügel der Partei gegen ihn antreten wollte. Die First Lady erschien auf der Pressekonferenz unter der Kuppel des Parlamentsgebäudes in Little Rock, auf der McRae seine Kandidatur bekanntgab. Sämtliche TV-Sender und Pressefotografen von Arkansas waren anwesend. Sie kam allein, ihr Gatte, dessen Büro zwei Stockwerke über dem Versammlungsort lag, war unterwegs. Als McRae das Wort ergriff, unterbrach die First Lady ihn mit den Worten: «Hör auf Tom! Du hast Bill bislang immer unterstützt!» Alle Kameras richteten sich nun auf sie, die ausführlich zu erklären begann, weshalb McRae tatsächlich ein Verbündeter und kein Gegner ihres Mannes sei. Der Kandidat rang nach Worten. Auch er war durch die alte Südstaatenbenimmregel gehandicapt. Drei Tage lang beherrschten die Bilder von Hillary die Berichterstattung über seine Pressekonferenz. McRaes Kampagne war zu Ende, bevor sie begonnen hatte.

Schulreform und Aufsichtsratsmandat

Als Bill Clinton im Juni 1982 wieder zum Gouverneur gewählt wurde, berief er seine Frau an die Spitze der Kommission zur Reform der Schulen in Arkansas, um den Rückstand des Bundesstaats auf dem Bildungssektor zu beheben. Hillary besuchte alle 75 Verwaltungsbezirke des kleinen Staates und sprach mit Eltern, Lehrern und Anwohnern. An vielen Schulen herrschten katastrophale Verhältnisse. Sie reichten von überfüllten Klassen über Lehrer, die nur mit Lebensmittelmarken über die Runden kamen, weil sie lediglich 10 000 Dollar im Jahr verdienten, bis zu Schülern, die etwas über einen «Elften Weltkrieg» gelernt hatten, weil ihr Lehrer ganz offensichtlich keine Ahnung von römischen Ziffern hatte. Am Ende ihrer Mission legte Hillary eine Reform vor, die bei der Lehrergewerkschaft Arkansas Education Association auf heftigen Widerstand stieß, weil sie neben Tests für Schüler auch Tests für Lehrer vorsah. Den Nachweis dafür, dass die Lehrertests irgendetwas an der Unterrichtsqualität verbessern würden, blieb sie schuldig. Aber der Vorschlag gefiel weißen Eltern, die schwarze Lehrer für inkompetent hielten, und die Proteste der Gewerkschaft reichten, um die Republikaner für die Reform zu gewinnen. Nachdem Hillary ihr Projekt 90 Minuten lang im Parlament vorgestellt hatte, rief der republikanische Abgeordnete und Rinderzüchter Lloyd George anerkennend: «Kollegen! Es hat den Anschein, als hätten wir den falschen Clinton gewählt.»

Die meiste Zeit jedoch blieb Hillary als First Lady von Arkansas im Hintergrund. Ernest Dumas, der in den Achtzigerjahren als Leitartikler

Unter Männern: Seit 1986 sitzt die Gattin des Gouverneurs
im Aufsichtsrat von Wal-Mart

für die «Arkansas Gazette» arbeitete, die einzige linke Zeitung weit und breit, erinnert sich: «Sie hatte riesigen Einfluss auf Bill Clinton.» Damals bekam Dumas mehrfach Anrufe am frühen Morgen, in denen sich der Gouverneur über einen kritischen Kommentar beschwerte. Die ersten Worte von Bill Clinton bei diesen Anrufen lauteten: «Hillary sagt». Bei einer anderen Gelegenheit ärgerte sich der Gouverneur über Kommentare der «Arkansas Gazette» gegen eine geplante Verfassungsänderung per Referendum. Er bestellte den Leitartikler, den Chefredakteur und den Herausgeber zum Mittagessen. Die Zeitungsmänner kannten Clinton als einen, mit dem man reden konnte, auch dann, wenn sein Gesicht vor Wut rot anlief. Bill Clinton ist ein Umarmer, der am Ende jeder Begegnung nach Aussöhnung sucht, doch diesmal saß die für ihren forschen und oft unversöhnlichen Ton bekannte Gouverneursgattin mit am Tisch. Als Dumas sie sah, war ihm klar, dass er seine kritischen Kommentare würde beenden müssen.

1986 holte Sam Walton, der Gründer und Chef von Wal-Mart, der 1962 in dem Städtchen Rogers ganz im Nordwesten von Arkansas seinen ersten Discounter eröffnet hatte, die Gattin des Gouverneurs in seinen Aufsichtsrat. Sie kannten sich über die den Einzelhandelskonzern vertretende Anwaltskanzlei Rose. Das seit 1972 börsennotierte und Mitte der Achtzigerjahre stark expandierende Familienunternehmen, das 2001 zum größten Lebensmittelhändler der USA und umsatzstärksten Einzelhändler der Welt wurde, hat seinen Hauptsitz bis heute in Arkansas. Die Aktionäre wünschten damals mehr Diversität im Aufsichtsrat, in dem ausschließlich weiße Männer saßen. Die 39-jährige Anwältin nahm Waltons Einladung an. Sie war wieder einmal FW und die einzige Frau unter 15 Männern.

Wal-Mart ist das gewerkschaftsfeindlichste Großunternehmen in den USA. Die Konzernleitung verhindert jeden Versuch, Betriebsräte zu gründen. Sobald Beschäftigte über Arbeitnehmervertretungen sprechen, setzen Schikanen gegen sie ein. Auf einer Aktionärsversammlung bezeichnete der Wal-Mart-Anwalt John Tate, der mit Hillary im Aufsichtsrat saß, Gewerkschaften als «blutsaugende Parasiten, die von der Arbeit anderer leben». Wal-Mart war und ist auch dafür berüchtigt, dass es seine Beschäftigten so schlecht bezahlt, dass sie auf staatliche Hilfen angewiesen sind. Die Verkäuferinnen und Kassiererinnen am unteren Ende der Mitarbeiterhierarchie brauchen Lebensmittelmarken und Wohngeld, um über die Runden zu kommen, und werden bei Beförderungen weniger berücksichtigt als Männer. Hillary saß sechs Jahre im Aufsichtsrat von Wal-Mart. Sie bekam eine jährliche Aufwandsentschädigung von 18 000 Dollar plus 1500 Dollar pro Sitzung. In dieser Zeit schob sie Initiativen für Umweltschutz und für Frauen in Führungspositionen an, doch zu den Arbeitsbedingungen und den Niedriglöhnen der Frauen im Ladenverkauf äußerte sie sich mit keiner Silbe. Nach der Erinnerung ihres Aufsichtsratskollegen Tate schwieg sie auch sechs Jahre lang zu den gewerkschaftsfeindlichen Kampagnen des Unternehmens.

Walton war von seinem Neuzugang begeistert. Bei der nächsten Aktionärsversammlung charakterisierte er Hillary als eine «willensstarke junge Dame», und als Bill Clinton sechs Jahre später zum Sprung ins Weiße Haus ansetzte, revanchierte sich der Konzernchef für ihre Loyalität mit einem «Memorandum» an seine leitenden Angestellten, in dem er bekannte, selbst für die Wiederwahl von George H. W. Bush zu stimmen, aber zugleich versprach, «alles zu tun, damit Bill Clinton der demokratische Präsidentschaftskandidat wird». Die Empfänger des Schreibens forderte er auf, es ihm gleichzutun. Die Waltons wurden zu einer verlässlichen Geldquelle für die Clintons. Nach dem Tod ihres Vaters überwies Alice Walton ihnen Wahlkampfspenden sowie Millionenbeträge für die Clinton-Stiftung. Der Wal-Mart-Konzern, der bis heute an seiner Gewerkschaftsfeindlichkeit und seiner Niedriglohnpolitik festhält, gehört zum inneren Kreis der Clinton-Unterstützer. Als Hillary 2014 über eine neue Präsidentschaftskandidatur nachdachte, überwies Alice Walton die erlaubte Höchstsumme von 25 000 Dollar an das Komitee «Ready for Hillary», das die Demokratin öffentlich dazu aufforderte, ins Rennen einzusteigen. Nachdem Hillary im April 2015 ihre Kandidatur bekannt gab, löste sich das Komitee auf und einige seiner Mitarbeiter wechselten in das Kampagnenteam von «Hillary for America» über. Alice Walton spendete im Dezember 2015 erneut. Dieses Mal gab sie die stattliche Summe von 353 400 Dollar an den Hillary Victory Fund und lag damit knapp unter der Obergrenze von Spenden für diesen Fonds (das Maximum beträgt 356 100 Dollar pro Jahr).

Gefährliche Liebschaften

Bill Clinton kandidierte sechs Mal für das Amt des Gouverneurs, wurde fünf Mal gewählt und wohnte insgesamt mehr als zwölf Jahre in der Gouverneursresidenz. Je länger er Gouverneur war, desto intensiver streckte er seine Fühler auf der nationalen Ebene aus. 1986 übernahm er den Vorsitz der National Governors Association, er sprach auf Parteitagen und arbeitete im 1985 gegründeten Democratic Leadership Council, einer von den Südstaaten dominierten inoffiziellen Fraktion der Demokraten, an der zentristischen Kurskorrektur seiner Partei. Zugleich intensivierte er seine Kontakte zur Wall Street und zum Silicon Valley. Das alles half ihm auf seinem Weg ins Weiße Haus. Hillary begleitete ihn oft auf seinen Reisen, schrieb gemeinsam mit ihm seine

Reden und traf mit ihm in- und zunehmend auch ausländische Politiker, darunter den britischen Labour-Führer Tony Blair, der seine Partei ebenfalls in die Mitte zu bewegen suchte, um sich einen Weg in die Downing Street zu ebnen.

Im Juli 1987 legte die langjährige Mitarbeiterin des Gouverneurs von Arkansas Betsey Wright ihrem Boss eine lange Liste mit Frauennamen vor und warnte ihn, dass die Republikaner schon bald über dieselben Informationen verfügen würden. Unter diesen Umständen werde er einen Präsidentschaftswahlkampf nicht gewinnen können. Sie sagte ihm auch, dass er Hillary und Chelsea sehr wehtun werde, würde diese Liste bekannt. In den vorausgegangenen Wochen hatte Bill Clinton 20 Bundesstaaten besucht und die Rückendeckung von zahlreichen namhaften Demokraten für seine Präsidentschaftskandidatur erhalten. Auch Hillary rechnete damit und bat etwa ihren früheren Chef im Watergate-Ausschuss, vorerst keine Wahlempfehlung für einen anderen Kandidaten auszusprechen. Es kann sein, dass Bill kandidiert, sagte sie zu Bernard Nussbaum, dem sie 1974 auf einer Heimfahrt nach der Arbeit erzählt hatte, dass Bill eines Tages Präsident der Vereinigten Staaten sein werde. «Lächerlich», hatte er damals lachend entgegnet. Bill möge an den Eliteuniversitäten Oxford, Georgetown und Yale studiert haben, aber in Washington sei er ein Unbekannter. «Arschloch» hatte Hillary darauf gesagt und war türenknallend am Dupont Circle ausgestiegen.

Kurz vor der erwarteten Ankündigung der Kandidatur verkauften die Rodhams ihr Haus in Park Ridge und zogen in eine Wohnung in der Nähe der Gouverneursresidenz von Little Rock. Sie wollten sich um ihr Enkelkind Chelsea kümmern, während Tochter und Schwiegersohn Wahlkampf machten. Aber am 15. Juli erklärte der Gouverneur auf einer Pressekonferenz in Little Rock, zu der Anhänger aus dem ganzen Land angereist waren, dass er nicht kandidieren werde. Als Begründung nannte er seine siebenjährige Tochter: Chelsea brauche ihn. Hillary stand in einem viel zu weiten beigen Kostüm in der zweiten Reihe und sah aus wie eine Vogelscheuche. Journalisten beobachteten, wie eine Träne über das Gesicht der sonst so beherrschten Frau lief.

Die folgenden Jahre waren für Hillary vermutlich die härtesten in Little Rock. Zwar stieg sie weiter in die Business-Elite auf und wurde 1990 zu einer der 100 einflussreichsten Anwälte der USA gekürt. Doch ihre Ehe kriselte. 1989, als der Rest der Welt auf den Mauerfall in Berlin schaute, erwähnte sie Freundinnen gegenüber zum ersten Mal die Möglichkeit einer Scheidung. Ihr Mann hatte eine Affäre, die ernster zu sein schien als die vorherigen und länger als ein Jahr dauerte. Bills Berater Morris erhielt einen Anruf, in dem der Gouverneur ihm gestand: «Meine Ehe liegt in Trümmern.» Während er nun erwog, sich ganz auf die Vorbereitung seiner Präsidentschaftskandidatur zu konzentrieren, überlegte Hillary, ob sie sich 1990 an seiner Stelle um das Amt des Gouverneurs bewerben sollte. Sie lebte seit 16 Jahren in Arkansas, war dort bekannt und insbesondere bei Frauen beliebt. «Was wäre, wenn ich kandidieren würde?», fragte sie die befreundete Journalistin Dorothy Stuck. Die Freundin riet ab: «Du wärst mit all seinem Ballast konfrontiert», sagte sie, «warte noch ein paar Jahre.» Als er schließlich doch erneut antrat, wurde er anstandslos wiedergewählt.

Aber Bill Clinton hatte in Arkansas nicht nur Freunde. Eines Sonntags klemmte ein Flugblatt unter den Scheibenwischern der Autos, die vor den Kirchen parkten, in denen Hillary, Bill und Chelsea beteten. Eine amateurhafte Zeichnung zeigte den Gouverneur mit heruntergelassenen Hosen, dazu Details über angebliche außereheliche Abenteuer. Das Blatt stammte wie ähnliche spätere Flyer von Robert «Say» McIntosh, einem stadtbekannten afroamerikanischen Aktivisten in Little Rock. Pfarrer Edward Matthews legte den diffamierenden Handzettel auf den Beifahrersitz und dachte auf der anschließenden Autofahrt an Chelsea und daran, was die anderen Schulkinder am nächsten Tag zu ihr sagen würden. Dann rief er Hillary an, die zu seiner Gemeinde gehörte, und bot ihr seine Hilfe an. «Ach Ed», seufzte sie, «wir sind daran gewöhnt. Aber jetzt müssen wir Chelsea vorbereiten.» Hillary und Bill machten in der Küche der Gouverneursresidenz mit ihrer Tochter Rollenspiele. Sie konzentrierten sich dabei ganz auf die Politik und mimten politische Gegner, die Bill Clinton vorwarfen, ein schlechter Gouverneur zu sein. «Warum sagt jemand so böse Dinge über Daddy?», fragte das Mädchen. «So etwas», sagten die Eltern, «kommt in Wahlkämpfen vor.»

Im Oktober 1991 trat Bill Clinton mit Frau und Tochter vor eine unüberschaubar große Menschenmenge vor dem alten State House in Little Rock. Hillary trug ein eng anliegendes, hoch geschlossenes, rotes Kostüm und hochgestecktes Haar, als wolle sie gleich Gäste im Weißen Haus empfangen. Ihr Mann sprach vom Zusammenbruch des Kommunismus, vom Ende des Kalten Krieges und von seinem bevorstehenden «Kampf für die vernachlässigte Mittelschicht». Unter anderem versprach er, was schon Reagan versprochen hatte und 25 Jahre später ein gewisser Donald Trump zu seinem zentralen Wahlkampfslogan machen sollte: «Make America great again». Hillary beendete ihre Tätigkeiten in verschiedenen Aufsichtsräten und bei Rose. Sie konzentrierte sich von nun an ganz auf ihre Rolle an der Seite des künftigen Präsidenten. Mit ihm und dem Vizepräsidentschaftskandidaten Al Gore sowie dessen Frau Tipper, aber auch allein tourte sie in den folgenden 13 Monaten durch das gesamte Land. In Little Rock scharte sie ein Team von Vertrauten um sich, das den Wahlkampf koordinierte. «Hillaryland» nannte jemand diese Gruppe, zu der Kommilitonen aus Yale und alte Arbeitskollegen gehörten und deren harter Kern im Januar 1993 mit den Clintons ins Weiße Haus einzog. Bill Clinton, der die Menschen in Arkansas seit Jahren daran gewöhnt hatte, dass Hillary seine engste Beraterin und Mitarbeiterin war, bot sich nun im Doppelpack mit seiner Frau dem ganzen Land an. «Mit mir», versprach er den Wählern, «bekommt Ihr zwei für den Preis von einem.»

Im Januar 1992 sackten die Umfragewerte des demokratischen Präsidentschaftsbewerbers in den Keller, als die Sängerin Gennifer Flowers in dem Boulevardblatt «The Star» gegen ein hohes Honorar enthüllte, dass sie eine «langjährige Affäre» mit ihm unterhalten hatte. Wieder einmal war es Hillary, die die Karriere ihres Mannes rettete. Wenige Tage nach der Enthüllung setzte sie sich neben ihn auf die Couch der TV-Sendung «60 Minutes». Er bestritt die Affäre mit der Sängerin – eine Behauptung, die er sechs Jahre später zurücknahm –, aber gab zu: «Ich habe meiner Ehe geschadet.» Und Hillary sagte: «Ich liebe ihn, ich bewundere ihn, und ich respektiere ihn.» Währenddessen hielten die beiden Händchen und saßen wie ineinander verschmolzen auf dem Sofa. Es war ein sorgfältig durchchoreographierter Auftritt, der Transparenz und Nachdenklichkeit suggerieren sollte und zugleich die Mitteilung enthielt, dass das, was in der Privatsphäre eines Paares geschieht, keinen Außenstehenden etwas angeht. Es funktionierte. Kaum war die Sendung ausgestrahlt, unmittelbar nach dem alljährlich größten Sportereignis des Landes, dem Super Bowl, schnellten die Umfragewerte für Bill Clinton wieder in die Höhe. Sich hingegen stellte Hillary in der Sendung ein Bein. «Ich sitze hier nicht als kleines Frauchen, das wie Tammy Wynette einen auf ‹Stand by my Man› macht», hatte sie gesagt. Für diesen Satz entschuldigte sie sich später bei der Country-Sängerin.

Mausoleum einer zu Ende gegangenen Ära

«Willkommen auf dem Bill-und-Hillary-Clinton-Flughafen» lautet die Ansage, die Besucher nach der Landung in Little Rock empfängt. Auch ein paar Kilometer weiter westlich, im Zentrum der Hauptstadt von Arkansas, ist das berühmteste Paar des Bundesstaats präsent. Der Name des Präsidenten schmückt eine Avenue und eine Brücke über den Arkansas River, eine Kinderbibliothek trägt den Namen der First Lady. Doch die sichtbarste Erinnerung ist das *William J. Clinton Presidential Center,* ein aus Glas und recyceltem Metall gebautes Gebäude, das aussieht wie ein galaktischer Wohnwagen. Es überragt die niedrigen Backsteinhäuser im alten Hafenviertel und ist von vielen Punkten der Stadt aus zu sehen. Ungefähr einmal im Monat gehen im Penthouse auf dem gläsernen Flachbau die Lichter an und signalisieren, dass der Expräsident in der Stadt ist. Er hält Vorlesungen an der School of Public Service, einer Außenstelle der Universität von Arkansas, die seinen Namen trägt, und besucht die örtliche Zweigstelle der Familienstiftung. Meist kommt er allein, Hillary zieht es seit dem Umzug nach Washington im Januar 1993 nur noch selten hierher.

Auf drei Etagen bietet das der Präsidentenbibliothek angeschlossene Museum Einblicke in das Weiße Haus der Neunzigerjahre. Zu den Dauerexponaten gehören eine Nachbildung des Tisches, an dem Bill Clinton mit seinem Kabinett tagte, eine Kopie des Oval Office in Originalgröße, wo Besucher sich vor Familienfotos und Kitsch der Clintons fotografieren lassen können, und eine kugelsichere Präsidentenlimousine, dazu Geschenke an den US-Präsidenten, Ballkleider der First Lady und Mitschnitte von Konzerten im Weißen Haus. Die 13 Präsidentenbibliotheken der USA sind wissenschaftliche Archive, die Tausende Originaldokumente aufbewahren, und zugleich Museen, die die Nationalgeschichte als Geschichte der ersten Männer im Staat erzählen. Sie sind beliebte Reiseziele besonders von älteren US-Amerikanern, die dort ihre eigene Lebensgeschichte rekapitulieren und Präsidenten vergleichen können. Nach der Darstellung des Museums in Little Rock war Bill Clintons Zeit im Weißen Haus eine lange Serie von Erfolgen. Eine Schautafel fasst in Zahlen, was alles er in acht Jahre erreicht hat: Zigtausende neue Arbeitsplätze, weniger Verbrechen, weniger AIDS-Diagnosen, weniger Armut und mehr Computer in Privathaushalten. Auch Hillary ist in fast jedem Raum des Museums in Wort und Bild vertreten. 2003 eröffnet, ist das Clinton Presidential Center äußerlich das avantgardistischste Gebäude von Little Rock. Innen ist es das Mausoleum einer zu Ende gegangenen Ära. Unter den Politikern, mit denen Bill Clinton Weltpolitik gemacht hat und die in dem Museum gewürdigt werden, sind Arafat und Jelzin, Mitterrand und Kohl, Havel und Mandela. Viele sind tot, die anderen längst von der politischen Bühne abgetreten. Hillary ist die einzige Person aus jener Epoche, die eine politische Zukunft für sich in Anspruch nimmt.

Bill Clinton ist in Arkansas ein bekannter Mann geblieben, über den sich hartnäckig die alten Geschichten halten. Ein Bauarbeiter in Little Rock nennt ihn «den Gouverneur, der durch die Stadt joggte und dem keine Frau eine Fremde war». Sein Kollege Larry erzählt von einem jungen Mann, der angeblich wie Clinton aussieht, abgesehen davon, dass er schwarz ist, und spielt damit auf das Gerücht an, das Bill Clinton ein uneheliches Kind in Little Rock nachsagt. Zu Hillary fällt den beiden afroamerikanischen Männern wenig ein. Sie sind zu jung, um sie als Gattin des Gouverneurs erlebt zu haben, und zu weit weg von der großen Politik, um ihre Arbeit als Außenministerin wahrgenommen zu haben. Ein weiterer Grund für das Desinteresse der beiden ist, dass sie am politischen Geschehen ihres Landes nur als Zaungäste teilnehmen dürfen. Sie gehören zu den sechs Millionen vorbestraften US-Amerikanern, die, als sie verurteilt wurden, auch ihr Wahlrecht verloren. In der afroamerikanischen Bevölkerung trifft diese zusätzliche Strafe acht Prozent der potenziellen Wähler. Wenn Larry wählen könnte, würde er Hillary Clinton seine Stimme geben. Seine Begründung: als ihr Mann Präsident war, konnten sich seine Eltern ein Auto leisten.

Politisch ist Arkansas am Ende von Bill Clintons Präsidentschaft wie eine reife Frucht in den Schoß der Republikaner gefallen. Die Demokratische Partei hat in allen Wählergruppen, abgesehen von den Afroamerikanern, immer mehr Terrain verloren. 2016 sind sowohl der Gouverneur als auch alle sechs Kongressabgeordneten – zwei Senatoren und vier Mitglieder des Abgeordnetenhauses – weiß, männlich und Republikaner. Bei sämtlichen Präsidentschaftswahlen nach Bill Clinton haben die republikanischen Präsidentschaftskandidaten – von George W. Bush über John McCain bis zu Mitt Romney – dort haushohe Mehrheiten eingefahren. Der kleine, strukturschwache Bundesstaat hat wirtschaftlich enorm von der Politik von Präsident Barack Obama profitiert und eines der größten Pakete aus dem Stimulus-Programm zur Ankurbelung der Wirtschaft nach der Finanzkrise von 2007 erhalten. Nirgendwo sonst in den USA ist die Zahl der Nichtversicherten durch Obamas Gesundheitsreform so spektakulär zurückgegangen wie hier, doch bei Wahlen wirkte sich das bisher nicht positiv für die Demokraten aus. 2012, direkt nach seiner Gesundheitsreform, erzielte Obama in Arkansas nicht einmal 40 Prozent. Für Hillary, die 18 Jahre in Arkansas gelebt hat und dem Staat zwölf Jahre als First Lady diente, sieht es nicht besser aus. Selbst Optimisten glauben nicht, dass sie den Bundesstaat im November 2016 gewinnen wird.

Eine Gruppe allerdings lässt sich von dem Rechtsruck in ihrem Bundesstaat nicht beeindrucken: die *Arkansas Travelers*. Seit Anfang der

Neunzigerjahre tragen sie ihre frohe Clinton-Botschaft von Arkansas in den Rest der USA. Sie sind alte Freunde, Nachbarn und Kollegen des Exgouverneurs und der einstigen First Lady. Die Moderatorin der Gruppe, Sheila Bronfman, hat schon in Bills frühen Gouverneurskampagnen Wahlkampf gemacht, die meisten anderen sind 1992 bei seiner ersten Präsidentschaftskandidatur dazugestoßen und haben seither keine Bewerbung von Hillary oder Bill Clinton um ein politisches Amt ausgelassen. Diesen alten Weggefährten ist es ein Rätsel, wieso viele Wähler im Jahr 2016 Hillary im Kampf um die Präsidentschaft als nicht authentisch und arrogant wahrnehmen. Denn sie erleben sie als wahrhaftig. Jan McQuary nennt sie eine «ehrliche, harte Arbeiterin und eine sehr auf Privatheit bedachte Person», laut Sue Smith interessiert sie sich wirklich für andere Menschen, und Betty Herron zufolge hat sie einen «wunderbaren Sinn für Humor». Für Jim Miles schließlich ist sie nicht nur die Expertin, mit der er 1976 an der Universität Fayetteville über Kinderrechte diskutierte, sondern auch die einfühlsame Anwältin, die ihm half, seine Kinder zu adoptieren.

An einem kalten Morgen im Februar 2016 treffen sich zwei Dutzend Arkansas Travelers auf einem Parkplatz im Stadtteil Hillcrest in Little Rock. Ihre Autos sind mit «Hillary for America»-Handzetteln beladen. Sheila Bronfman erklärt noch einmal die übliche Prozedur: «Wir werden an Haustüren klopfen und von unseren persönlichen Erfahrungen mit Hillary sprechen.» Dann macht die Leiterin des Hillary-for-America-Büros in Little Rock ein Gruppenfoto, und die Autos starten in den Vorwahlkampf im Nachbarstaat Tennessee. Dort versuchen sie vier Tage lang Wähler für Hillary zu gewinnen. Die meisten Arkansas Travelers sind in Hillarys Alter. Sie waren Lehrer, Geschäftsleute und andere Mitglieder der weißen Mittelschicht – jetzt sind sie im Ruhestand und haben genügend Zeit und Geld, um ihre Reisekosten im langen Wahlkampf selbst zu tragen. Fast alle haben Hillary in den Siebzigerjahren kennen und schätzen gelernt. Vor allem die Frauen schwärmen noch 40 Jahre später von einer «Trendsetterin» und «Weltveränderin», die ihrer Zeit voraus und so selbstbewusst gewesen sei, wie keine andere Frau hier im Süden.

WEISSES HAUS:
EINE ETWAS ANDERE FIRST LADY

Zwölf Jahre lang war das Weiße Haus fest in republikanischer Hand. Während Europa in Bewegung geriet, als die Mauer fiel, die Sowjetunion implodierte und der Warschauer Pakt sich auflöste, blieben die Verhältnisse in Washington scheinbar unverändert. Auf den Konservativen Ronald Reagan folgte der Konservative George H. W. Bush. Und auf die Militärinterventionen in Grenada (1983), Libyen (1986) und Panama (1989) folgte der erste einer Reihe von Kriegen gegen den Irak (1991). Die Mehrheit der Wähler hatte die Militäroperationen der Achtzigerjahre sowie den «Wüstensturm», mit dem die USA gemeinsam mit Großbritannien und Frankreich Saddam Hussein aus Kuwait vertrieben, unterstützt. Und ohne die Rezession von 1990/91, in der die Arbeitslosigkeit auf fast acht Prozent stieg, wäre Bush im November 1992 möglicherweise wiedergewählt worden. Bill Clinton erkannte den Wirtschaftsabschwung als Chance und antwortete mit dem Slogan «It's the economy, stupid». Mit dem Versprechen, die Wirtschaft zu sanieren und eine Krankenversicherung für alle zu schaffen, wurde er zum 42. Präsidenten der Vereinigten Staaten gewählt. Im Wahlkampf schien es, als wären diese beiden Ziele problemlos miteinander zu vereinbaren, doch nach dem Einzug der Clintons ins Weiße Haus sollten sie sehr schnell in Konflikt miteinander geraten.

Am 20. Januar 1993, als Hillary und Bill Clinton nach der feierlichen Amtseinführung die letzten Meter zur Pennsylvania Avenue 1600 zu Fuß zurücklegten, vollzog sich auch ein Generationswechsel an der Spitze der Macht. Die Clintons waren die ersten Babyboomer im Wei-

ßen Haus und die erste junge Präsidentenfamilie seit den Kennedys –
der Präsident war 46 Jahre alt, seine Frau 45, die Tochter Chelsea zwölf.
Und Hillary war die erste First Lady der US-Geschichte, die akade-
misch ebenso gebildet war wie ihr Mann, eine eigene Karriere vorzu-
weisen hatte und selbst politische Ambitionen hegte. Im Gegensatz zu
ihren Vorgängerinnen wollte sie ihr Land nicht nur repräsentieren, sondern es auch verändern: Sie wollte Politik machen.

Schmutzkampagnen

Schon auf dem langen Weg von Arkansas in die Hauptstadt hatte Hillary einen Vorgeschmack auf die massiven Widerstände bekommen, die
ihr bevorstanden. Alles, was sie und ihr Mann je getan hatten, kam öffentlich unter die Lupe: die Ehe und die außerehelichen Beziehungen
von Bill Clinton, der Trick, mit dem er sich vor der Entsendung in den
Vietnamkrieg gedrückt hatte, die Investitionen und Steuererklärungen
des Paares sowie die Anwaltstätigkeit von Hillary für die Kanzlei Rose.
«Kein anderer Präsident ist je so sorgfältig überprüft worden wie Bill
Clinton», behauptet seine Frau. Schon als junges Mädchen hatte sie nur
wenig über sich preisgegeben; als Gouverneursgattin in Arkansas kultivierte sie ein regelrechtes Misstrauen gegen Journalisten. In Little Rock
war es einfach, Abstand von den Medien zu wahren, zumal es dort seit
der Übernahme der «Arkansas Gazette» durch den Konkurrenten im
Oktober 1991 nur noch eine Tageszeitung gab. Doch auf dem Weg
nach Washington interessierten sich Reporter aus der ganzen Welt für
sie, darunter Boulevardjournalisten, die Bargeld für Enthüllungsstorys
boten. Hinzu kamen Rechercheure, die nicht als Journalisten im eigentlichen Sinne, sondern in politischer Mission unterwegs waren. Sie suchten im Leben der Clintons nach Schwachstellen, um die politische
Karriere des Präsidentschaftsbewerbers zu zerstören. Ihre Aufgabe war
Rufmord.
    Einer von ihnen war David Brock. Anfang der Neunzigerjahre –

schon im Wahlkampf, aber auch nachdem die Clintons ins Weiße Haus eingezogen waren – spürte er Polizisten auf, die für den Gouverneur in Little Rock gearbeitet hatten, und Frauen, die behaupteten, Affären mit ihm gehabt zu haben. Brock veröffentlichte in den konservativen Blättern «American Spectator» und «Washington Times» Enthüllungsgeschichten, die von Filz, Sex, Gewalt und sogar von dem Verdacht auf Mord handelten und zu großen Teilen auf Gerüchten basierten. Viele Anschuldigungen hielten keinem Faktencheck stand, doch manche führten zu Ermittlungen gegen den Präsidenten. 1997 vollzog Brock eine radikale öffentliche Kehrtwende. Er entschuldigte sich bei den Clintons, beschrieb seine Missetaten in einem langen Zeitschriftenartikel mit dem Titel: «Ich war ein konservativer Auftragskiller», veröffentlichte fünf Jahre später ein Buch über seine Auftraggeber und Arbeitsmethoden und wurde von den Clintons mit offenen Armen aufgenommen. Sein Läuterungsprozess habe begonnen, behauptet er, als er 1992 die Homophobie auf dem republikanischen Parteitag erlebt habe. Seit den öffentlichen Beichten arbeitet Brock für die demokratische Seite als Lobbyist und politischer Berater. 2013 gründete er die finanzstarke Unterstützergruppe *Correct the Record*, mit der er seine bei den Konservativen erworbenen Fähigkeiten ganz in den Dienst von Hillary Clinton stellt und Kampagnen in den sozialen Medien organisiert. David Brock war kein Einzeltäter. Der milliardenschwere konservative Medienunternehmer Richard Mellon Scaife investierte allein während des Wahlkampfs 1992 mehrere Millionen Dollar in das Arkansas Project, das den alleinigen Zweck verfolgte, den Ruf der Clintons zu ruinieren.

«Prüfen Sie sehr genau, wem Sie trauen können», hatte Hal Bruno, ein Journalist und Veteran vieler Präsidentschaftskampagnen, Hillary zu Beginn des Wahlkampfs geraten. Da hatten die Clintons bereits eine Arbeitsgruppe in Little Rock gegründet, die sich ausschließlich mit der Entschärfung von Tretminen aus ihrer Vergangenheit befasste. Das Defense Team bestand aus Anwälten und langjährigen Vertrauten der Clintons aus Arkansas. Es machte 75 Probleme aus, darunter 18 potenzielle Interessenkonflikte aus der Anwaltstätigkeit für die Kanzlei Rose sowie Probleme, die sich aus gemeinsamen Investitionen des Paares ergeben konnten. Die Mitarbeiter des Defense Team sammelten Fakten und Argumente, um Antworten auf mögliche Attacken vorzubereiten. Die Mitarbeiter gingen durch die Dokumente des Gouverneurs und die Bücher der Kanzlei und heuerten den Detektiv Jack Palladino zur «Schadensbegrenzung» an. Palladino bekam eine Liste mit den Namen von rund zwei Dutzend Frauen, die er aufspüren und davon abhalten sollte, über Bill Clinton auszupacken.

Von Anfang an absolvierte Hillary neben den gemeinsamen auch eigene Auftritte für ihren Mann. Sie schien federführend. Es kam vor, dass sie die flammendsten Reden nach Erfolgen in Vorwahlen hielt, und manche Wähler fragten sich im Laufe der Kampagne, warum sie nicht gleich selbst kandidierte. Wenn es um die Verteidigung ihres Mannes ging, verstand sie es, aufzutrumpfen und auf Kritik mit Gegenattacken zu reagieren. Oft waren es Ablenkungsmanöver, mit denen sie das Thema wechselte. Als Gennifer Flowers wenige Tage nach der Enthüllung ihrer Beziehung mit dem Gouverneur auch noch Tonbandaufzeichnungen von Telefonaten mit ihm veröffentlichte, reagierte Hillary umgehend mit einem Interview. Darin sprach sie nicht etwa über ihren Mann, sondern über die angebliche Affäre von Präsident Bush. Bei einer anderen Gelegenheit im Wahlkampf sprach Jerry Brown, Exgouverneur von Kalifornien, der gegen Bill Clinton als demokratischer Präsidentschaftskandidat antrat, von «Interessenkonflikten», die durch die Vergabe von Aufträgen des Bundesstaats Arkansas an die Anwaltskanzlei der Frau des Gouverneurs entstanden seien. Wieder trat Hillary die Flucht nach vorn an, die zugleich ein Ablenkungsmanöver war. Bei einem Kampagnenauftritt an der Seite ihres Mannes im Café Busy Bee in Chicago sagte sie im März 1992 zu Journalisten: «Ich nehme an, ich hätte zuhause bleiben, Kuchen backen und Tee trinken sollen.» Diese forschen Worte trugen Hillary zwar den Beifall junger, berufstätiger Frauen ein, doch zugleich hatte sie wieder einmal wie das vierjährige Mädchen in Park Ridge reagiert, das zurückschlägt, wenn es angegriffen wird. Schon bald begannen die Republikaner damit, die Worte der Gattin des demokratischen Kandidaten auszuschlachten, und warfen ihr «Geringschätzung von Millionen von Frauen» vor, die ihren Familien zuliebe zuhause blieben.

Anders als ihr Mann, der es verstand, sein Publikum um den Finger zu wickeln, schlug Hillary oft einen Ton an, der polarisierte und zu extremen Reaktionen führte, in die sich platter Sexismus mischte. Das von den Republikanern organisierte und geschürte *Hillary-hating* gipfelte in Karikaturen, die die First Lady mit einem Penis zeigten, und in Witzen, die sie als eine Frau beschrieben, die ihren Mann verschreckt und in außereheliche Abenteuer treibt. Doch auch jenseits solcher Extreme löste Hillary schon im Wahlkampf entweder Bewunderung oder offene Gegnerschaft aus und nur ganz selten Gleichgültigkeit. Als sie im Januar 1993 zur First Lady wurde, galt sie als «radikale Feministin» und «militante Anwältin». Expräsident Nixon, der möglicherweise auch eine Gelegenheit witterte, eine alte Rechnung zu begleichen, erklärte in einem Interview mit der «New York Times»: «Wenn die Ehefrau zu stark und zu intelligent ist, wirkt der Ehemann wie ein Schwächling.»

Seit Bill Clinton im Oktober 1991 auf den Stufen des Old State House von Little Rock seine Präsidentschaftskandidatur öffentlich gemacht hatte, konzentrierte sich Hillary komplett auf ihn, suspendierte ihre Arbeit in der Kanzlei und den Aufsichtsräten und verzichtete zum ersten Mal in ihrem Erwachsenenleben auf ein eigenes Einkommen. Sie war nun hauptberuflich Gattin. Allerdings gliederte sie sich nicht in Bill Clintons Wahlkampfmaschine ein, sondern hatte mit Hillaryland schon in Little Rock ihr eigenes Team von engen Vertrauten gebildet, darunter einige, die die neue First Lady schon aus Wellesley kannte. 13 Monate später bezog sie mit dieser Gruppe eine Etage im Executive Office, dem im Westflügel des Weißen Hauses untergebrachten US-Präsidialamt. Hillaryland war eine Festung der Loyalität, ein eingeschworener Kreis, aus dem nichts heraussickerte, während aus fast allen anderen Abteilungen des Weißen Hauses die Geheimnisse nur so sprudelten. Als eine «schwesterliche Vereinigung» beschreibt eine ehemalige Mitarbeiterin einer anderen Abteilung diesen Kreis und spielt damit auf die weiblichen Studentenverbindungen in den USA an, die oft einen sehr exklusiven Charakter haben. Bis heute umgibt Hillary ein verlässlicher, schützender, nach außen verschlossener Kreis enger Vertrauter, auf die sie sich hundertprozentig verlassen kann. Schon lange vor den Clintons hatten First Ladies eigene Mitarbeiterstäbe. Doch deren Büros waren im Ostflügel, dem Wohn- und Repräsentationsquartier des Weißen Hauses, untergebracht. Die Lage ihres Büros im Westflügel war eine klare Ansage, dass Hillary ihren Platz im Zentrum der Macht sah und nicht am Rand. Auch in der Hierarchie des Weißen Hauses wurde der Stab der First Lady aufgewertet. Ihre Stabschefin Maggie Williams wurde dem Präsidenten unmittelbar unterstellt und nahm an den morgendlichen Strategiesitzungen teil, auf denen die Prioritäten des Tages festgelegt werden.

An eine First Lady der Vereinigten Staaten richten sich hohe, widersprüchliche Erwartungen. Sie soll die besten Seiten des Landes repräsentieren, Gäste empfangen, mit ihrem Mann reisen und bei Treffen mit anderen First Ladies parallele Kommunikationskanäle pflegen. Sie soll charmant, schön und klug sein, in Vollzeit zur Verfügung stehen und zu jedem Zeitpunkt den Eindruck vermitteln, dass sie genießt, was sie tut. Aber eine Arbeitsplatzbeschreibung für sie existiert genauso wenig wie eine formale Anstellung oder eine Bezahlung. Die First Lady kommt als Anhängsel ihres Gatten ins Weiße Haus. Dennoch beobachtet der Rest des Landes sie oft sorgfältiger als den Präsidenten selbst, und die Beziehung zur First Lady ist oft emotionaler als zum Präsidenten. Manchen First Ladies liegt das Land bewunderungsvoll zu Füßen, andere spalten die Öffentlichkeit. Hillary gehörte zur zweiten Gruppe.

Die erste First Lady der USA, Martha Washington, bezeichnete sich als eine «Gefangene des Staates». Hillarys unmittelbare Vorgängerin Barbara Bush, genannt Silver Fox, hatte eine warme, mütterliche Ausstrahlung. Vor ihr hatte die zerbrechlich wirkende Nancy Reagan ihrem Mann den Rücken gestärkt. Beide First Ladies waren über weite Phasen der Präsidentschaft populärer als ihre Männer, doch offiziell hatte sich keine von ihnen in die Politik eingemischt. 16 Jahre nach Hillary zog eine andere selbstbewusste und politisch erfahrene Frau als First Lady ins Weiße Haus. Auch Michelle Obama hat den Bildungsgrad ihres Mannes sowie selbst Karriere gemacht, und auch sie wurde von konservativen Aktivisten angefeindet. Doch anders als Hillary versuchte Michelle Obama nicht, selbst Regierungsprojekte zu erledigen. Sie führte einen Feldzug gegen Übergewicht und Diabetes und animierte ihre Landsleute zu gesünderem Essen, Gemüseanbau im eigenen Garten und Sport.

Hillarycare

Bill Clinton hatte seine Wahl im November 1992 gegen den republikanischen Amtsvorgänger Bush (37,4 %) und den Geschäftsmann und Multimilliardär Ross Perot (18,9 %) aus Texas gewonnen. Ross Perot war als *Independent* angetreten und hatte einen rechtspopulistischen Wahlkampf geführt, der im Rückblick stellenweise wie eine Vorwegnahme der Kampagne von Donald Trump wirkt. Er hatte es geschafft, beiden Kandidaten der großen Parteien etwa gleich große Wählergruppen abzuwerben. Durch die in den USA seltene Konkurrenz von zwei starken Kandidaten wurde Bill Clinton mit nur 43 % der Stimmen Präsident, aber seine Demokratische Partei verfügte 1993 über solide Mehrheiten in beiden Kammern des Kongresses. Das wollte er für seine Vorhaben nutzen. Bis zu den Halbzeitwahlen blieben ihm zwei Jahre Zeit.

Seine Frau beauftragte der Präsident mit der Umsetzung eines der wichtigsten Projekte, die er im Wahlkampf versprochen hatte: der Reform des Gesundheitssystems. Hillary sollte den 15 Prozent der US-Amerikaner ohne Versicherungsschutz zu Krankenversicherungen verhelfen, gleichzeitig die Kostenexplosion im Gesundheitswesen stoppen und zudem den gigantischen bürokratischen Apparat verschlanken. Es sollte die weitreichendste soziale Reform seit dem New Deal der Dreißigerjahre werden, dem großen Wirtschafts- und Sozialprogramm des demokratischen Präsidenten Franklin D. Roosevelt, und das Land schien reif dafür. Doch auf der anderen Seite stand mit der Gesundheitsindustrie eine der stärksten und bestorganisierten Lobbys des

Landes, die gut an den Schwächen des Systems verdiente und sämtliche früheren Umbauversuche zu Fall gebracht hatte. Bill Clinton gab Hillary 100 Tage bis zur Fertigstellung der Gesetzesvorlage.

Fünf Tage nach seiner Amtseinführung stellte der Präsident seine Frau im Lincoln-Saal des Weißen Hauses als Vorsitzende der *Taskforce* für seine Gesundheitsreform vor. Nachdem er im Wahlkampf angekündigt hatte, «mit mir bekommt Ihr zwei für den Preis von einem», holte er jetzt aus, um Hillarys Qualitäten zu preisen. Er sprach von ihrer erfolgreichen Schulreform in Arkansas, ihren Forschungen zur Kindersterblichkeit und ihrer Hilfe bei der Einrichtung einer Neugeborenen-Station im Kinderkrankenhaus von Little Rock. «Sie ist», sagte der Präsident, «die beste Person für die Betreuung und Führung von komplexen Prozessen, mit der ich je zusammengearbeitet habe.» Es ging um einen Sektor, der mehr als ein Siebtel der Volkswirtschaft ausmacht, und um einen Politikbereich, in dem Generationen von Präsidenten beider Parteien gescheitert waren. Theodore Roosevelt (1901–1909), Franklin D. Roosevelt (1933–1945), Harry Truman (1945–1953) und Richard Nixon (1969–1974) hatten vergeblich versucht, die Gesundheitsversorgung umfassend zu reformieren. Während alle anderen Industriestaaten zwischen dem späten 19. und der Mitte des 20. Jahrhunderts gesetzliche Krankenversicherungen einführten, überließen die USA die Gesundheit ihrer Bürger den «Märkten». Im Klartext bedeutete dies, dass es jedem Unternehmer überlassen blieb, ob – und wie – er seine Beschäftigten versichern wollte. Damit war die Krankenversicherung zugleich ein Mittel, Beschäftigte an ihren Arbeitsplatz zu binden. Wer seinen Job aufgab oder verlor, ging in der Regel auch seiner Krankenversicherung verlustig.

Die First Lady war ein Neuling auf dem politischen Parkett in Washington und ohne Erfahrung in der Gesundheits- oder der Wirtschaftspolitik. Ihr fehlten Seilschaften im Kongress und in den mächtigen Interessengruppen aus Versicherungen, Pharmaindustrie und Gesundheitsversorgung. Zudem hatte sie kein offizielles Amt in der Regierung inne und war durch den Präsidenten öffentlich unter einen Zeitdruck gesetzt worden, der Kennern der Materie völlig unrealistisch schien. Doch Hillary war überzeugt, über die richtigen Ideen und Instrumente zu verfügen, um diese Aufgabe zu meistern. In einer Rede in Virginia bezeichnete sie das Projekt als «die größte Operation seit der Landung in der Normandie». Eine Vergütung war nicht vorgesehen. Der Präsident argumentierte, dass er seine Frau noch nie bezahlt habe und damit nicht im Weißen Haus anfangen wolle. Doch selbst wenn er gewollt hätte, wäre es nicht möglich gewesen, denn ein Gesetz verbietet die Anstellung von engen Angehörigen in der Regierung. Es war eingeführt worden, nachdem John F. Kennedy im Januar 1961 seinen Bruder Robert zum Justizminister gemacht hatte. Wie Hillary für ihren Mann war Robert Kennedy für seinen Bruder der wichtigste politische Berater gewesen. Mit der Ernennung seiner Frau ging Bill Clinton das Risiko ein, wegen Vetternwirtschaft kritisiert zu werden, und lieferte den Reformgegnern ein Argument an die Hand. Einer ihrer Wortführer, der republikanische Stratege William Kristol, attackierte die Personalentscheidung: «Das Problem ist, dass sie nicht gewählt und nicht als Regierungsangestellte angeheuert wurde und dass sie weder eine Bestätigung benötigt noch entlassen werden kann.» Wenig später kam der verächtlich gemeinte Begriff *Hillarycare* in Umlauf, dem dann beim nächsten Reformanlauf die parallel gebildete Wortschöpfung *Obamacare* folgte.

Die beiden Kernprobleme des Gesundheitssystems waren lange bekannt: hohe Kosten und eine schlechte Abdeckung. Bei Bill Clintons Amtsantritt hatten 37 Millionen Menschen in den USA überhaupt keine Krankenversicherung, eine beinahe ebenso große Gruppe war deutlich unterversichert und konnte sich wegen hoher Eigenbeteiligungen keine medizinische Behandlung leisten. Die Ausgaben der USA für ihr Gesundheitssystem waren deutlich höher als in anderen Industriestaaten, doch die Resultate waren schlechter. Im Jahr von Bill Clintons Amtsantritt flossen 13,3 Prozent des Bruttosozialprodukts der USA in die Gesundheitsversorgung, während Deutschland 9,9 Prozent ausgab. Doch die Kindersterblichkeit im ersten Lebensjahr war höher und die generelle Lebenserwartung in den USA niedriger – ganz abgesehen von den heilbaren Krankheiten, an denen Nichtversicherte starben, weil sie sich weder Ärzte noch Medikamente leisten konnten. Der Unmut gegenüber diesen Zuständen war seit Mitte der Achtzigerjahre gewachsen: Gewerkschaften, Bürgerinitiativen und linke Demokraten hatten die Gesundheitsreform auf die Tagesordnung gesetzt, bei den Präsidentschaftswahlen von 1988 hatte die «Regenbogenkoalition» des schwarzen Bürgerrechtlers Jesse Jackson eine staatliche Krankenversicherung im Programm, und im November 1991 bewies der demokratische Außenseiter Harris Wofford mit einem überraschenden Zehn-Prozent-Vorsprung bei der Senatswahl in Pennsylvania, wie zugkräftig das Versprechen einer «Krankenversicherung für alle» war. Es kam hinzu, dass auch große Unternehmen und Wirtschaftsverbände nach Veränderungen riefen, um die Kostenexplosion im Gesundheitswesen zu stoppen.

Diese Stimmung hatte Bill Clinton in seinem Wahlkampf aufgegriffen. Sein Versprechen, die Gesundheitsreform als oberste Priorität und gleichwertig mit Wirtschaftsreformen zu behandeln, klang beinahe so, als käme es von einem skandinavischen Sozialdemokraten. Er wollte eine «universale Gesundheitsversorgung», die jedem Bürger ein Recht auf lebenslange Krankenversicherung gab, und sprach von einem *Health Security Act,* einem Gesundheitssicherungsgesetz. Doch im Unterschied zum Nachbarland Kanada, das Gewerkschaften und linken Demokraten als Vorbild diente, schloss er eine staatliche Versicherung aus und setzte ausschließlich auf private Versicherungen, deren Leistungen allerdings staatlich reguliert werden sollten.

Der Mann, den der Präsident als Nummer zwei in die Taskforce holte, entsprach dieser Ausrichtung. Ira Magaziner war ein Unternehmensberater und sagte von sich selbst, er verstehe nichts von Politik. Hillary sollte den Capitol Hill, also die beiden Kammern des Kongresses bearbeiten, Magaziner war für das Tagesgeschäft in der Taskforce zuständig. Die beiden waren sich sehr ähnlich: Im selben Jahr geboren, pflegten sie denselben direkten Umgangston und zeigten ein Selbstvertrauen, das als Arroganz wahrgenommen wurde. Wie Hillary war Magaziner, der sein Collegestudium als Jahrgangsbester an der Eliteuniversität Brown in Providence abgeschlossen hatte, einer der studentischen Redner gewesen, die das «Life Magazine» 1969 porträtiert hatte. Schon in der Übergangszeit zwischen den Wahlen im November 1992 und dem Amtsantritt des Präsidenten im Januar 1993 hatten die beiden den zwölf Personen starken Kern ihrer Taskforce gebildet und sich mit dem Präsidenten auf die Ziele der Reform verständigt. Das zentrale Prinzip lautete *managed competition*, regulierter Wettbewerb. Die medizinische Versorgung sollte weitgehend in *Health Maintenance Organizations (HMOs)* verlagert werden, von Versicherungen gemanagte medizinische Versorgungseinheiten, bestehend aus Vertragsärzten mit genau definiertem Leistungsangebot und gedeckeltem Budget auf der einen Seite und streng limitierten Leistungspaketen für die Versicherten auf der anderen Seite. Diese HMOs, so die Ansicht der Taskforce, könnten kostengünstiger arbeiten – so wie große Supermarktketten im Vergleich zu kleinen unabhängigen Lebensmittelhändlern.

Die beiden Neulinge wählten ein ungewöhnliches Verfahren für die Reform, das die üblicherweise Zuständigen aussperrte. Anstatt mit Kongressabgeordneten und den Abteilungen der Fachministerien zusammenzuarbeiten, holten sie Rat bei externen Experten. Sie gründeten 15 «Cluster-Gruppen», zu denen sie mehr als 500 Experten einluden, darunter Ärzte, Intellektuelle, Politiker und Versicherungsleute. Drei Monate lang berieten sie über Themen von «Kostenkontrolle» über «Ethik» bis hin zu «Leistungen». Die Probleme dieses Verfahrens begannen damit, dass das Weiße Haus die Namen der externen Experten geheim hielt und sie aufforderte, Stillschweigen zu wahren. Umgehend machte in Washington der Vorwurf der Heimlichtuerei die Runde. Und schon bei der ersten Sitzung der Taskforce kam es zu einem Eklat, als Reporter vor dem Sitzungsraum abgewiesen wurden und Klage gegen ihren Ausschluss einreichten. Sie argumentierten, wenn die First Lady, die keine Amtsträgerin im Sinne der Verfassung ist, teilnehmen durfte, dann dürften auch sie nicht ausgeschlossen werden. Im Februar klagten auch die Vereinigung amerikanischer Allgemeinmediziner und Chirurgen sowie andere Gruppen gegen die Verhandlungen hinter verschlossenen Türen. Das Weiße Haus begründete den Ausschluss der Öffentlichkeit damit, es wolle die Experten vor Lobbyisten und Journalisten schützen. Erst im März, als in Washington bereits Verschwö-

rungstheorien die Runde machten, gab das Weiße Haus klein bei und veröffentlichte die Liste mit den Namen seiner 511 Experten.

Der Ärger der Medien wuchs weiter, als Hillary sich weigerte, ihren Plan in Pressegesprächen zu erklären. Die neue First Lady gab zwar ein langes Interview in der «New York Times», doch darin sprach sie nur über Interieurs und Essen im Weißen Haus – etwa dass sie von der französischen Küche, die Jackie Kennedy eingeführt hatte, auf amerikanische Rezepte umstellen wollte –, aber sie schwieg zu politischen Themen. Reporter, die über die Taskforce berichten wollten, mussten auf anderen Wegen an ihre Informationen kommen. Angesichts Hunderter beteiligter Experten war es zwar möglich, jemanden zu finden, der reden wollte. Doch wegen des Maulkorbs äußerten sich vor allem Gegner der Reform, während loyale Befürworter die Presse mieden. Die Informations- und Meinungshoheit ging damit früh an die gegnerische

Seite über, die immer neue Kritik und Gerüchte lancierte, während es die Leiterin der Taskforce versäumte, frühzeitig ihre Reform zu erklären und öffentlich für sie zu werben. Monate später kämpfte Hillary auf einsamem Posten. Ihr Misstrauen gegen die Medien geriet der First Lady bei der Gesundheitsreform zum Schaden. Auch bei wichtigen Akteuren im Gesundheitsbereich versäumte Hillary es, um Unterstützung zu werben. Schon bald geriet sie unter Beschuss von allen Seiten. Gewerkschaften und die Bürgerrechtsgruppe *Public Citizen* sammelten Unterschriften für eine staatliche Versicherung nach kanadischem Modell. Sie argumentierten, mit einer staatlichen Versicherung falle der hohe bürokratische Aufwand von Ärzten, Apotheken und Krankenhäusern weg und die Kosten könnten gesenkt werden. Doch die Taskforce hatte sich längst für *managed competition* entschieden. Dem Arzt und Gesundheitspolitikprofessor von der Johns-Hopkins-Universität Vincente Navarro erklärte Hillary, eine staatliche Versicherung sei «politisch nicht möglich». Navarro, der als Experte in die Taskforce geladen war, berichtete später, er habe sich dort als Alibimitglied gefühlt. Auch andere Experten hatten das Gefühl, dass die wesentlichen Entscheidungen über die Gesundheitsreform gefallen waren, bevor sie überhaupt gehört wurden. Quentin Young, Chef des Physicians for a National Health Program, dem 6000 Allgemeinmediziner angehören, nannte die Taskforce eine «großartige Übung in Pseudooffenheit». Auf der anderen Seite fühlten sich Lobbyisten und Versicherungsexperten auf die Füße getreten, als Hillary bei einer Versammlung der Angestelltengewerkschaft SEIU, in der viele medizinische Pflegekräfte organisiert sind, sagte: «Zu viele Leute im Gesundheitswesen machen zu viel Geld.» Tags darauf war in den Zeitungen zu lesen, dass ihr letztes Jahreseinkommen bei Rose 203 000 Dollar betragen hatte.

Die Art, wie Hillary die Debatte um ihre Gesundheitsreform vom Januar 1993 bis zum kläglichen Ende im September 1994 führte, zeigt viele Facetten ihres Arbeitsstils. Bei Bürgerversammlungen, die sie außerhalb Washingtons abhielt, konnte sie zuhören, erzählen und Einfühlsamkeit zeigen. Im Innern der Taskforce beeindruckte sie mit Sachkenntnis, schneller Auffassungsgabe und dem Talent zu zielorientierter, pragmatischer Organisation. Im Kongress legte sie gleich zu Beginn ihrer Arbeit eine Charmeoffensive hin und besuchte zusammen mit einem Fotografen Abgeordnete in ihren Büros, sammelte Fragen, Daten und Namen und schickte ihnen tags darauf handsignierte Fotos. Doch den eigentlichen Gesetzentwurf schrieb Hillary ohne Zutun der gewählten Volksvertreter. Die Kongressabgeordneten, die ihrerseits an Gesundheitsreformgesetzen arbeiteten – darunter Demokraten und Republikaner –, konnten das kaum anders verstehen, als dass die First Lady sie als Rivalen betrachtete. Auch die Kritik erfahrener Washingtoner Akteure nahm sie nicht an. Als der Gesundheitslobbyist Michael Bromberg, ein Gegner ihrer Reform, vorschlug, sowohl den Kongress als auch die Lobbyisten stärker einzubeziehen, antwortete sie ihm: «Bill und ich sind nicht nach Washington gekommen, um alles so zu machen wie immer.»

Der Chef des Finanzausschusses im Senat Daniel Patrick Moynihan war einer der ersten Demokraten, der auf Distanz zu Hillarys Reform ging. Moynihan hatte sowohl für republikanische als auch für demokratische Regierungen in Washington gearbeitet und war von Haus aus Soziologe. Sein Bericht *The Negro Family: The Case For National Action*, den er 1965 veröffentlichte und in dem er dysfunktionale Familienstrukturen sowie soziale Ausgrenzung für die Lage junger Afroamerikaner verantwortlich machte, war ein einflussreiches Dokument für die Sozialpolitik von Demokraten und Republikanern. Er war auch einer der Architekten von Lyndon B. Johnsons «Krieg gegen die Armut». Er begründete sein Abrücken öffentlich mit «Phantasiezahlen», die der Reform zugrunde lägen. Dann zeigte der – ebenfalls demokratische – Senator Robert Byrd, der Chef des Haushaltsausschusses, der First Lady die kalte Schulter, als sie sich eines Tricks zu bedienen versuchte, um ihre Reform schneller durch den Kongress zu bringen. Ihr Ansinnen, das Gesetz zur Gesundheitsreform an die Abstimmung über den Haushalt anzukoppeln, wusste Byrd zu vereiteln. Ausschussvorsitze werden im Kongress nach Anciennität vergeben, Moynihan und Byrd konnten Hillary gegenüber also ihren großen Erfahrungsvorsprung ausspielen.

Die Welle der Ablehnung erfasste immer weitere demokratische Kreise. Selbst Max Baucus aus Montana, ein Demokrat und Hillary-Unterstützer, reagierte verstört auf ihren ruppigen, abweisenden Stil gegenüber den Gesundheitspolitikern, aus dem er auf eine «Belagerungsmentalität im Weißen Haus» schloss. Im September 1993 kündigte der Präsident im Kongress die «Reparatur des kaputten Gesundheitssystems» an. Anschließend stellte seine Frau ihre Reform während drei Tagen in fünf Fachausschüssen des Kongresses vor. Sowohl demokratische als auch republikanische Politiker waren beeindruckt von ihrer Sachkenntnis und Eloquenz. «Sie imponierte uns mehr als jedes Regierungsmitglied, das wir zu dem Thema gehört hatten», lobte Lawrence O'Donnell, ein Mitarbeiter des Umweltausschusses im Kongress, der später als Mitautor der Fernsehserie *The West Wing* sein Insiderwissen über den Washingtoner Politikbetrieb einem breiten Publikum weitergab. Wenig später reichte Hillary den ungewöhnlich umfangreichen Gesetzentwurf ihrer Taskforce im Kongress ein. Er umfasste 1364 Seiten. Zu dem Zeitpunkt war der beste Moment für die Gesundheitsreform bereits verstrichen und die Taskforce unter Beschuss von allen Seiten geraten: von Republikanern und Demokraten, Versicherungen und Gewerkschaften.

Machtkampf im Weißen Haus

Hillarys Vorgehen und ihre taktischen Fehler waren nicht die einzigen Gründe, die zum Scheitern der Gesundheitsreform führten. Parallel tobte im Innern des Weißen Hauses ein Machtkampf zwischen Sozialreformern und Wirtschaftsliberalen. Im Sommer 1993 verloren die Sozialreformer diesen Kampf, der Nationale Wirtschaftsrat unter Vorsitz von Robert Rubin gewann. Der Investmentbanker Rubin, Co-Chef von Goldman Sachs, bevor er an die Seite Bill Clintons in die Politik gewechselt war, hatte im Stillen für eine Verschiebung der Prioritäten gesorgt. Statt der Gesundheitsreform, die den sozialdemokratischen

Ton im Wahlkampf bestimmt hatte, standen nun auf Drängen des Wirtschaftsrats der Abbau des Haushaltsdefizits und die Expansion des Freihandels ganz oben auf der Agenda. Der Präsident folgte seinen Wirtschaftsberatern und stellte zuerst das von seinem Vorgänger ausgehandelte, im Kongress hochumstrittene Nordamerikanische Freihandelsabkommen mit Kanada und Mexiko (NAFTA) zur Abstimmung. Von den 234 Ja-Stimmen (gegenüber 200 Nein-Stimmen) im Repräsentantenhaus kamen 132 Stimmen aus den Reihen der Republikaner. Im Dezember unterschrieb Clinton das Abkommen, das am 1. Januar 1994 in Kraft trat. Es war eine beeindruckende Demonstration parteiübergreifender Einigkeit, bei der drei Expräsidenten – George H. W. Bush, Jimmy Carter und Gerald Ford – hinter ihm standen. Gewerkschafter und linke Demokraten, die gewarnt hatten, dass NAFTA zu massiven Arbeitsplatzverlusten und Fabrikverlagerungen führen werde, fühlten sich von ihrem Präsidenten gleich in doppelter Weise im Stich gelassen. Denn sie waren überzeugt, dass er mit dem nötigen politischen Willen eine ähnlich breite Unterstützung für seine Gesundheitsreform hätte finden können.

Der Prioritätenwechsel von der Gesundheitsreform zu NAFTA war der politische Wendepunkt in Bill Clintons Präsidentschaft, der Moment, in dem die Wall-Street-Logik die Oberhand gewann. 1995 wurde Rubin Bill Clintons Finanzminister, bevor er 1999 an die Wall Street zurückkehrte – nun an die Spitze der Citibank. Ein bleibendes Vermächtnis seiner Amtszeit war die Aushöhlung des Bankenkontrollsystems: In einem triumphalen Schlussakt setzte er im Jahr 1999 die Abschaffung des Glass-Steagall-Gesetzes durch, das 1932/33, während der Bankenkrise in der Zeit der Großen Depression, zur Sicherheit der Geldanleger die obligatorische institutionelle Trennung von Einlagen- und Kreditgeschäft einerseits und Spekulationsgeschäften andererseits eingeführt hatte. Nach deren Aufhebung beschleunigte sich das Wachstum der Großbanken und wurde die Spekulationsblase möglich, deren Platzen 2007 zur weltweiten Finanzkrise führte.

Im Herbst 1993 gingen auch die Krankenversicherungen in Frontalopposition zur Gesundheitsreform über. Die Branche gehörte zu den

20 wichtigsten Geldgebern von Bill Clinton und sollte Jahre später auch Hillarys Wahlkämpfe unterstützen. Zu Beginn der Arbeit der Taskforce hatten sich die Versicherer, die zuvor jede Gesundheitsreform blockiert hatten, noch zurückgehalten. Weil sie durch die Reform Millionen neue Kunden gewonnen hätten, glaubten Mitarbeiter im Weißen Haus, die Branche werde dieses Mal versuchen, Einfluss auf die Ausgestaltung des Gesetzes zu nehmen, anstatt es zu verhindern. Doch dann begann die US-amerikanische Vereinigung der Krankenversicherer eine aggressive Videokampagne, die der Gesundheitsreform den Garaus machen sollte. In den Videos warnten Harry und Louise, ein weißes Paar mittleren Alters aus einer Mittelschichtvorstadt, vor den angeblichen Gefahren der Reform: «Zwangsversicherung», «Zigtausende» zusätzliche Beamte, «das Ende der freien Arztwahl» und «die Verschlechterung der medizinischen Versorgung». Binnen weniger Monate gaben die Versicherer 50 Millionen Dollar für die Kampagne aus. Im Februar 1994 ging auch der Business Roundtable, ein Zusammenschluss der 200 größten Unternehmen des Landes, auf Distanz zu der Reform, an der er sich zuvor interessiert gezeigt hatte. Die kleinen und mittelständischen Unternehmen hatten die Reform aus Angst vor zusätzlichen Kosten ohnehin zu keinem Zeitpunkt unterstützt. Im Februar 1994 nannten Gesetzgeber den Clinton-Plan «todgeweiht».

Aber Hillary kämpfte weiter und reiste im Frühjahr 1994 mit einem Bus auf Werbetour für die Reform durchs Land. Doch wohin auch immer die First Lady kam, war sie die Gejagte. An jedem Ort, an dem sie auftrat, organisierten die Reformgegner Protestdemonstrationen. Im März 1994, als Hillary zusammen mit einem 16-jährigen Krebspatienten vor 4500 Menschen in Portland, Oregon, auf die Bühne trat, waren ebenso viele Gegner wie Unterstützer im Publikum. Über ihren Köpfen zog ein Flugzeug die Nachricht: «Vorsicht Lügen-Express» durch die Luft. Die First Lady trug an diesem Tag zum ersten Mal in ihrem Leben eine kugelsichere Weste. Alle, die sie für ihre Reform hätte gewinnen müssen, hatte sie verloren: die Öffentlichkeit, den Kongress, die Versicherungsindustrie und die Wirtschaftsliberalen im Weißen Haus. Im September erklärte der Chef der demokratischen Mehrheit im Senat, George Mitchell, den Versuch für gescheitert. Die größte soziale Reform der Bill-Clinton-Jahre kam nie zur Abstimmung.

Wenige Wochen später erlitten die Demokraten bei den Halbzeitwahlen im November 1994 ihre schwerste Niederlage seit einem halben Jahrhundert. Sie verloren beide Kammern im Kongress und die Mehrheit aller Bundesstaaten. Der neue starke Mann der Republikaner, Newt Gingrich, eröffnete noch in der Wahlnacht die Feindseligkeiten gegen «die Clintons». Er bezeichnete sie als «korrupt» und als «Feinde der normalen Amerikaner» und kündigte Ermittlungen gegen sie an. Für das Wahlergebnis gaben zwei Entwicklungen den Ausschlag: der Enthusiasmus für die «republikanische Revolution» von Gingrich und die Enttäuschung vieler Demokraten über die gescheiterte Gesundheitsreform und die Zustimmung zum Freihandelsabkommen NAFTA: Viele Demokraten waren am Wahltag zuhause geblieben.

Hillary wusste, dass sie einen großen Teil der Verantwortung für die Wahlniederlage der Demokraten trug. Statt mit großen politischen Aufgaben befasste sie sich für eine Weile mit Vorträgen im Inland, Reisen ins Ausland und mit einem Buch über ihre Erfahrung als Mutter und Ehefrau. Manche Mitarbeiter aus der Taskforce glauben, dass Hillary durch ihr Scheitern zaghafter geworden ist und dass sich diese Zaghaftigkeit auch noch in ihrem Wahlkampf des Jahres 2016 zeigt, wo sie statt großer Reformen eine Politik der kleinen Schritte postuliert. Andere sind überzeugt, dass die gescheiterte Gesundheitsreform und ihre Erfahrungen mit dem Kongress eine gute Vorbereitung für Hillarys Zeit im Senat gewesen sind. «Ich habe Warnsignale überhört», schrieb Hillary Jahre später, sie sei zu schnell vorgegangen und habe den Kongress nicht genügend einbezogen. Den höchsten Preis für das Scheitern der Gesundheitsreform zahlten aber die Nichtversicherten. Ihnen blieb 16 weitere Jahre lang der Zugang zu medizinischer Versorgung verwehrt. Als sich mit Barack Obama im Jahr 2009 erneut ein Präsident an den Versuch einer Gesundheitsreform wagte, war ihre Zahl auf 50 Millionen Menschen gestiegen.

Ein Freund nimmt sich das Leben

Zwei Jahre nach dem triumphalen Einzug ins Weiße Haus war es einsam um Hillary geworden. Ihre Popularitätswerte waren auf den niedrigsten Stand gestürzt, der je bei einer First Lady gemessen worden war. Ihre Partei machte sie für das Scheitern der Gesundheitsreform und für die Wahlniederlage der Demokraten verantwortlich. Ein Sonderstaatsanwalt suchte nach strafbaren Handlungen von ihr und ihrem Mann.

Und sie hatte ihre beiden engsten Freunde und Kollegen aus ihrer Zeit als Anwältin in der Kanzlei Rose verloren, die mit den Clintons in die US-Hauptstadt gekommen waren: Der eine war tot, der andere auf dem Weg ins Gefängnis.

Vince Foster, den die Clintons zur Nummer zwei in der Rechtsabteilung des Weißen Hauses gemacht hatten, nahm sich im Juli 1993 in einem Park bei Washington das Leben. Gegen Webster Hubbell, der die Nummer zwei im Justizministerium geworden war, liefen Betrugsermittlungen. Weil er seine Klienten und seine Kanzlei um insgesamt 400 000 Dollar hintergangen hatte, wurde er 1995 zu 21 Monaten Gefängnis verurteilt. Der Selbstmord von Vince Foster beendete den Optimismus der ersten sechs Monate im Weißen Haus und war für Hillary ein schwerer Schock. Der Kindheitsfreund ihres Mannes hatte ihr in Little Rock die Türen zur Kanzlei Rose geöffnet und dort die Widerstände gegen eine Frau in verantwortlicher Stellung ausgeräumt. Er und Hubbell waren nicht nur Kollegen, sondern wirkliche Freunde gewesen. Die drei hatten gemeinsam Fälle bearbeitet, waren miteinander gereist und hatten gelegentlich zusammen an der Börse investiert.

Im Weißen Haus bezog Vince Foster im Januar 1993 ein Büro, das nur wenige Schritte vom Büro seiner Freundin entfernt war, doch das Verhältnis der beiden änderte sich. Sie sahen sich nur noch selten und hatten kaum noch Zeit, miteinander zu reden. Die First Lady war mit der Gesundheitsreform und mit Repräsentationsaufgaben beschäftigt. Und sie trauerte um ihren Vater, der im April dieses Jahres an einem Schlaganfall starb. Sie merkte nicht einmal, wie sehr Foster unter den öffentlichen Anfeindungen litt, denen er als offizieller Rechtsvertreter des Weißen Hauses ausgesetzt war, und dass er in Depressionen versank. Der 48-Jährige hatte sein Leben lang im Süden gelebt und war ein Ehrenmann alter Schule. Im Weißen Haus geriet er als Weggefährte des Präsidenten unter den Generalverdacht von Vetternwirtschaft und Filz, den republikanische Aktivisten gegen die Clintons und ihre Vertrauten verbreiteten. Nicht nur kleine konservative Kampfblätter, sondern auch große Zeitungen wie das «Wall Street Journal» stellten seine Kompetenz und Integrität infrage.

Kaum hatte Foster seinen Posten im Weißen Haus angetreten, musste er sich mit dem schon erwähnten Grundstückskauf beschäftigen, den Hillary und Bill zusammen mit ihrem damaligen Freund James McDougal und dessen Frau Susan 15 Jahre zuvor in Arkansas getätigt hatten. Was auf den ersten Blick nicht mehr zu sein schien als ein missglücktes Immobiliengeschäft – ein Waldgrundstück am Weißen Fluss in den Ozark-Bergen, auf dem die beiden Paare sitzen geblieben waren –, war der Stein, der eine ganze Lawine von Ermittlungen gegen das Ehepaar Clinton ins Rollen brachte und der Affäre den Namen gab, die Bill Clintons gesamte Präsidentschaft überschatten sollte: Whitewater. Als die Clintons ins Weiße Haus einzogen, war ihr Kontakt zu McDougal längst abgekühlt, und gegen den ehemaligen Co-Investor liefen in Arkansas bereits Ermittlungen wegen Betrugs, die ihn später ins Gefängnis brachten.

Anrüchig erschien das Whitewater-Geschäft vor allem der folgenden Punkte wegen: Nach den Grundbucheintragungen gehörte das für 203 000 Dollar erworbene Land je zur Hälfte den Clintons und den McDougals. Doch bei der Offenlegung ihrer finanziellen Verhältnisse im Präsidentschaftswahlkampf hatten Hillary und Bill ihre Verluste aus dem Whitewater-Geschäft mit nur weniger als einem Viertel der ursprünglichen Investitionssumme angegeben. Hinzu kam, dass Steuererklärungen zu Whitewater fehlten. Diese Ungereimtheiten reichten den Clinton-Gegnern für den Verdacht, der Whitewater-Deal sei eine Gefälligkeit gewesen, mit der sich ein Investor in Arkansas einen privilegierten Zugang zum Gouverneur habe sichern wollen. Im Ge-

genzug habe der Gouverneur dem Investor bei der illegalen Beschaffung von Krediten geholfen, von denen ein Teil als Wahlkampfspenden zurück an ihn geflossen sei. Clinton hatte noch im Gouverneurswahlkampf 1984 Geld von McDougal angenommen, obwohl er bereits im Vorjahr von der Bankenaufsicht über die Schieflage der Madison Guaranty Savings & Loan informiert worden war. Es kam hinzu, dass ausgerechnet Hillary die Anwältin von McDougal gewesen war und ihn auch in Fragen der Kreditbeschaffung beraten hatte. Dass sie auf journalistische Nachfragen zu Whitewater mit der Verweigerung jedweder Auskunft reagierte, machte sie in den Augen ihrer Kritiker erst recht verdächtig.

Als eine seiner letzten Amtshandlungen gab Vince Foster die drei fehlenden Whitewater-Steuererklärungen der Clintons frei. Doch andere Dokumente, insbesondere die Rechnungen, die Hillary ihrem Klienten McDougal gestellt hatte, blieben lange verschollen und setzten sie unter anderem dem Verdacht der Justizbehinderung aus. Erst zwei Jahre später, als Zivilklagen drohten, tauchten die Rechnungen urplötzlich in einem Karton im Weißen Haus auf. Kurz vor seinem Selbstmord hat Vince Foster folgende Notiz zu Papier gebracht: «Ich habe Fehler gemacht, aus Unwissenheit, aus Mangel an Erfahrung und wegen Überarbeitung. Aber ich habe weder das Gesetz noch die Regeln wissentlich gebrochen.» Nach seinem Tod stilisierten ihn dieselben Stimmen, die ihn zuvor als Clinton-Komplizen bezeichnet hatten, umgehend zu einem Clinton-Opfer. Verschwörungstheoretiker nannten ihn den Mann, der zu viel wusste, machten Hillary für seinen Tod verantwortlich und behaupteten, Mitarbeiter des Weißen Hauses hätten belastende Dokumente aus seinem Büro herausgetragen, bevor die Ermittler kamen. Drei Untersuchungen der Justiz haben bestätigt, dass Vince Foster Selbstmord begangen hat, aber ultrakonservative Radiostationen, Print- und Online-Medien und Buchautoren verbreiten weiter die Behauptung, er sei im Auftrag der Clintons ermordet worden. Mitten im Präsidentschaftswahlkampf 2016 versuchte auch der republikanische Präsidentschaftskandidat Donald Trump ein paar Punkte gegen Hillary zu sammeln, indem er die Tragödie wieder aus der Tasche zog und den Selbstmord infrage stellte. «Donald Trump sollte sich schämen», antwortete die Schwester des Toten.

Endlose Ermittlungen

Die Wut, mit der republikanische Aktivisten gegen den neuen Präsidenten und die First Lady vorgingen, vergiftete nicht nur den Ton in Washington, sondern mündete in eine destruktive Blockadepolitik. Aber auch außerhalb des Parlaments setzten die Republikaner die Schlacht mit den Mitteln der Justiz fort. Es war eine juristische Guerilla-Taktik, die die Glaubwürdigkeit des Präsidenten aushöhlte, ihn politisch schwächte und – so hofften seine Gegner – schließlich zu seiner Amtsenthebung führen würde. Rush Limbaugh, Moderator einer konservativen Radiosendung, sagte seinen 20 Millionen Zuhörern ganz offen, dass die Ermittlungen den Zweck hatten, die Politik des Präsidenten zu verhindern. «Bei Whitewater», so der Moderator, «geht es um die Gesundheitsreform.»

Im Apparat der Republikanischen Partei saßen 1993 noch zahlreiche gemäßigte Politiker, die im Alltagsgeschäft nach Kompromissen mit den Demokraten suchten, doch ein radikal rechter Flügel der Partei begann sich zu formieren. Er bereitete die sogenannte republikanische Revolution vor, unter deren Banner Newt Gingrich im November 1994 die Halbzeitwahlen gewann. Im Hintergrund beeinflusste der Anti-Steuer-Aktivist Grover Norquist das republikanische Denken. Er hatte unter Präsident Reagan die Gruppe Americans for Tax Reform gegründet und machte Steuersenkungen zu einem Dogma. Ziel der «republikanischen Revolution» war die vollständige Abschaffung der staatlichen Fürsorge – inklusive Lebensmittelmarken für Arme und medizinische Hilfe für Behinderte –, die Streichung von Geldern für Umweltpolitik und Bildung sowie die Verkleinerung der Bundesverwaltung insgesamt. Nachdem Gingrich Anfang 1995 der Sprecher des Repräsentantenhauses geworden war, griff er zu den äußersten Mitteln, die ihm zur Verfügung standen: Zwei Mal legte er die Regierungsgeschäfte lahm, indem er mit seiner Fraktion die Verabschiedung des Haushalts blockierte und den *shutdown* herbeiführte, den sofortigen Finanzierungsstopp aller nicht unabdingbaren Ausgaben der öffentlichen Verwaltung. Die insgesamt 26 Tage dauernde Verwaltungsstilllegung unter Gingrichs Verantwortung bedeutete unbezahlten Zwangsurlaub für Tausende Bundesbeschäftigte, geschlossene Behörden und Nationalparks und Kosten in Milliardenhöhe für die Steuerzahler. Diese Blockadepolitik war bei den Wählern unpopulär, aber in Washington sollte sie Schule machen. Knapp zwei Jahre nach Barack Obamas Einzug ins Weiße Haus übernahm eine jüngere und aggressivere Generation von Republikanern, die sich Tea Party nennt, die Methoden von Gingrich und lehnte jede Form der Zusammenarbeit mit dem Präsidenten ab. Gegenüber dem ersten schwarzen Präsidenten der USA schlugen sie zusätzlich einen rassistischen Ton an, sprachen ihm das Recht auf die Präsidentschaft ab (wofür sie erfanden, er sei außerhalb der USA geboren), beleidigten ihn als Lügner und karikierten ihn in Fotomontagen als Hitler oder Stalin oder Affen. Auch auf das Instrument eines *shutdown* griffen die Republikaner erneut zurück, als sie Anfang Oktober 2013 die Gesundheitsreform doch noch zu Fall bringen wollten. Aber es gelang ihnen nicht, juristisch gegen den Präsidenten vorzugehen. Bei Barack Obama fanden sie keine Ansatzpunkte für ein Ermittlungsverfahren.

Den Clintons – und insbesondere Hillary, die ihre eigene politische Karriere noch vor sich hatte – schadeten die Anfeindungen und Ermittlungen sehr. Sie waren als progressive Idealisten nach Washington gekommen und hatten mehr soziale Gerechtigkeit versprochen. Im Weißen Haus standen sie unter dem Generalverdacht, moralisch bedenklich oder unethisch vorgegangen, wenn nicht sogar Macht missbraucht zu haben. Dabei flossen die verschiedenen Codewörter – «Whitewater», «Rinder-Futures», später auch «Travelgate» – zu einem einzigen großen Eindruck zusammen. Sämtliche «Skandale» waren Grenzfälle mit Interpretationsspielraum. Doch alle handelten von fehlendem Fingerspitzengefühl und Urteilsvermögen. Was am Ende hängen blieb, waren Worte wie jene, die William Safire, ein ehemaliger Redenschreiber von Präsident Nixon, in einer Kolumne der «New York Times» schrieb. Er nannte die First Lady «eine geborene Lügnerin».

Bei weitem schädlicher waren die außerehelichen Affären von Bill Clinton und ein krimineller Verdacht, der in seinem zweiten Amtsjahr hinzukam: Paula Jones, eine ehemalige Beschäftigte des öffentlichen Dienstes in Arkansas, verklagte Bill Clinton 1994, kurz vor Ablauf der Verjährungsfrist, wegen sexueller Belästigung im Jahr 1991. Ihre Klage wurde Teil der Whitewater-Ermittlungen und endete erst Jahre später mit einer außergerichtlichen Zahlung in Höhe von 850 000 Dollar.

Nach der puritanischen Mehrheitsmoral in den Vereinigten Staaten ist das Privatleben von Spitzenpolitikern Teil ihrer öffentlichen Person. Persönliche Vorteilsnahme und außerehelicher Sex haben in Washington mehr Karrieren beendet als politische Fehlentscheidungen. Doch die unverzeihlichsten moralischen Verfehlungen sind Lügen und Vertuschung. Präsident Nixons Versuche, seine Schnüffelei beim politischen Gegner zu kaschieren, wogen schwerer als die Taten selbst. Bei Präsident Clinton führte nicht die Affäre mit der 21-jährigen Praktikantin Monica Lewinsky, sondern ihr Leugnen zum Amtsenthebungsverfahren. Und mindestens einer der prominenten Republikaner, die an Clintons Amtsenthebung gearbeitet hatten, stolperte über einen privaten Vertuschungsversuch. Der designierte Nachfolger von Gingrich, Bob Livingston, musste zurücktreten, als seine außereheliche Affäre bekannt wurde. Mit jahrzehntelanger Verspätung kamen dagegen erst die Untaten von Dennis Hastert ans Licht, der nach Livingstons Rückzug auf Gingrich als Speaker gefolgt war und das Repräsentantenhaus von 1999 bis 2007 geführt hat: Er wurde im Jahr 2016 zu 15 Monaten Gefängnis verurteilt, weil er versucht hatte, einen Mann, den er als Kind sexuell missbraucht hatte, mit Geld zum Schweigen zu bringen. In dem Prozess nannte der Richter den einstigen republikanischen Spitzenpolitiker einen «Serienkinderschänder».

Die Art, wie Hillary mit Anfechtungen umging, machte die Lage der Clintons nicht besser. Sie reagierte, als wären sie und ihr Mann über jeden moralischen Zweifel erhaben, und ließ Journalisten spüren, dass ihr deren Nachfragen zu weit gingen. Sie pochte auf ihr Recht auf Privatsphäre und empörte sich über jene, die es gewagt hatten, gegen sie oder ihren Mann auszusagen. In einem Interview verglich sie diejenigen, die ihr und ihrem Mann ein Fehlverhalten bei den Whitewater-Geschäften vorwarfen, mit «Leuten, die an Ufos glauben». Auch Mitgefühl für Frauen, die Vorwürfe wegen sexuellen Fehlverhaltens gegen ihren Mann erhoben, zeigte sie nicht.

Im Januar 1994 fällte der Präsident eine Entscheidung, die er später bereuen und als Fehler bezeichnen sollte: Er stimmte der Ernennung eines Sonderstaatsanwalts zu, der die Whitewater-Ermittlungen bündeln sollte. Vergeblich hatten Hillary und der Chef der Justizabteilung Bernard Nussbaum – der ehemalige Chef von Hillary Rodham während des Amtsenthebungsverfahrens gegen Nixon – versucht, ihn davon abzuhalten. Während sie glaubte, die Verdächtigungen würden sich allmählich «wegen Substanzlosigkeit» auflösen, warnte Nussbaum den Präsidenten: «Sie werden euer Leben und das eurer Freunde durchforsten. Ich kann mir nicht vorstellen, dass sie bei keinem von ihnen fündig werden. Egal, was es ist, die werden in den kommenden Jahren mehr Dinge ausgraben, als ihr euch vorstellen könnt.» Doch Bill Clinton erwartete, dass der Sonderstaatsanwalt schon bald dafür sorgen werde, den zermürbenden, ihn am Regieren hindernden Generalverdacht aus dem Weg zu räumen. Damals ging Monica Lewinsky noch in Kalifornien zur Schule.

Nacheinander befassten sich zwei Sonderstaatsanwälte mit Whitewater und den immer neuen Affären, die hinzukamen und unter diesem Label gebündelt wurden. Zunächst kam Robert Fiske nach sechs Monaten zu dem Ergebnis, dass es keinen Anlass für eine Anklage gegen Bill Clinton gebe. Für die Republikaner, die seine Ernennung ursprünglich begrüßt hatten, hatte er sich damit disqualifiziert. Gegen den Willen von Justizministerin Janet Reno wurde er im August gegen Kenneth Starr ausgetauscht, der mit dem Titel eines Unabhängigen Ermittlers ausgestattet wurde. Der ehemalige Generalbundesanwalt der republikanischen Regierungen von Reagan und Bush untersuchte die Vorwürfe sehr viel akribischer und dehnte seine Ermittlungen immer weiter aus. So lange, bis er den großen Skandal in Händen hielt.

An einem kalten Januarmorgen des Jahres 1996 musste Hillary unter Eid vor der Grand Jury in Washington aussagen. In der Geschichte der USA war das eine Premiere. Nie zuvor war eine First Lady vor Gericht geladen worden. Wegen Anwaltsdokumenten aus ihrer Zeit in Arkansas, die jahrelang im Weißen Haus nicht aufzufinden waren, lastete der Verdacht der Justizbehinderung auf ihr. Hillary war so glamourös frisiert und geschminkt, als handelte es sich um einen Auftritt in Hollywood. Sie verzichtete darauf, das Gericht durch einen Hintereingang zu betreten, und wählte den Haupteingang, wo Demonstranten standen, die teils kritische, teils aufmunternde Transparente trugen. «Mach reinen Tisch», war zu lesen und in einer Anspielung auf den berühmten Wahlkampfslogan ihres Mannes: «It's the Ethics, Stupid». Aber auch: «We love you, Hillary.» In einer Verhandlungspause bat ein Jury-Mitglied die First Lady, ihr neues Buches It Takes a Village (dt. *Eine Welt für Kinder*) zu signieren. Hillary war schon drei Mal im Rahmen der Whitewater-Ermittlungen vernommen worden, doch dies war das erste Mal außerhalb des Weißen Hauses und ohne ihre Anwälte. Kurz zuvor hatte eine Mitarbeiterin die jahrelang verschollenen Rechnungen über ihre anwaltliche Tätigkeit für James McDougal im Weißen Haus wiedergefunden. Hillary gab sich ahnungslos und wissbegierig. «Wie alle anderen würde ich gern wissen, wie sie plötzlich aufgetaucht sind», sagte sie Journalisten. Aber sie räumte ein, dass es «eine Million Orte gibt, an denen ich heute lieber wäre».

Es war ein kurzer Auftritt, der zwar auf vielen Fernsehkanälen ausgestrahlt wurde, aber nichts Entscheidendes am Fortgang der Whitewater-Ermittlungen von Kenneth Starr änderte. Der Sonderstaatsanwalt suchte immer noch nach dem großen Skandal, der nötig war, um die Clintons zu Fall zu bringen. Im Weißen Haus hielten die Ermittlungen die Rechtsabteilung auf Trab. Bei den Beschäftigten des Präsidenten ging der Spruch um: «Wenn er es schafft, die Hosen hoch zu halten, ist alles gut.»

Nachdem er vier Jahre lang im Weißen Haus ein- und ausgegangen war, Hunderte von Mitarbeitern und Vertraute der Clintons in Washington und in Arkansas sowie mehrfach auch das First Couple vernommen hatte, wurde der Unabhängige Ermittler an anderer Stelle fündig: Die Praktikantin Monica Lewinsky war aus dem Weißen Haus ins Pentagon versetzt worden und hatte sich dort ihrer älteren Kollegin Linda Tripp anvertraut, die unter Präsident Bush ebenfalls im Weißen Haus gearbeitet hatte. Tripp nahm diese Gespräche heimlich auf und ging damit zu verschiedenen Journalisten und zu Kenneth Starr. Als diesem die Lewinsky-Affäre in die Hände fiel, schob er sämtliche anderen Whitewater-Vorwürfe beiseite und konzentrierte sich auf «Monicagate». Am 11. September 1998 lieferte er Dutzende Kartons mit dem Belastungsmaterial im Kongress ab. In seinem 453 Seiten umfassenden Bericht kamen Whitewater und Arkansas kaum noch vor, stattdessen handelte er von außerehelichem Sex, einem Meineid und Justizbehinderung durch den Präsidenten im Weißen Haus.

Solange der Präsident alles leugnete, stand Hillary ihm in der vielfach von beiden durchgespielten Rollenverteilung zur Seite. Sie verteidigte ihren Mann und attackierte seine Kritiker. In einem Fernsehinterview direkt nach Bekanntwerden erster Gerüchte über die Affäre reagierte sie auf den Verdacht mit einem Hinweis auf die von konservativer Seite jahrelang betriebene Rufmordkampagne mit einer Formulierung, die inzwischen sprichwörtlich geworden ist: «Es gibt eine riesige rechte Verschwörung gegen Bill Clinton seit dem Tag, als er seine Kandidatur bekannt gegeben hat», sagte die First Lady.

Im Hochsommer musste Bill Clinton seine Lügen öffentlich eingestehen. Die First Lady war erneut Opfer von ehelichem Betrug geworden, dieses Mal eingeräumt vor Kameras und Mikrofonen aus der ganzen Welt. Sie hätte ihren Mann verlassen können und das Land hätte sie verstanden. Doch Hillary entschied sich zu bleiben und rettete damit seine Präsidentschaft. Öffentlich bewahrte sie die Contenance und stand demonstrativ zu ihm. Am Tag nach seinem Geständnis im Fernsehen brach Familie Clinton wie geplant in den Urlaub nach Martha's Vineyard auf. Das Foto der drei, die händchenhaltend vom Weißen Haus über die Wiese zum wartenden Hubschrauber gehen –

Tochter Chelsea in der Mitte, sich ein wenig zur Mutter lehnend –, ging um die Welt.

Was Hillary weder mit der Gesundheitsreform noch mit all ihrem sonstigen politischen und sozialen Engagement erreicht hatte, gelang ihr in diesem Moment: Als betrogene Ehefrau beeindruckte sie ihre Landsleute mit würdevollem und zurückhaltendem Auftreten und der öffentlichen Disziplin, die sie unbeeindruckt an der Seite ihres Mannes stehen ließ. Ihre Umfragewerte schnellten nach oben. Die Vielgehasste und Unbeliebte, wurde plötzlich populär. Noch kurz zuvor hatten ihre Landsleute die First Lady immer auch mit negativen Adjektiven beschrieben. Hillary sei «stark, unehrlich und intelligent», hatten sie in einer Umfrage im Jahr 1996 geurteilt. Zwei Jahre später, nach Bill Clintons Geständnis, wählten sie rundum positive Adjektive, um ihre First Lady zu beschreiben: «stark, intelligent, mutig, loyal und gut».

Privat tobte Hillary. Bill Clinton hatte seiner und ihrer Karriere schweren Schaden zugefügt. Sie warf ihm vor, es seinen Gegnern leicht zu machen. Während des Urlaubs in Martha's Vineyard sprach sie fast nicht mit ihm und ließ ihn auf der Couch schlafen. Noch nach Monaten beobachteten Freunde und Vertraute, dass das Paar jeden Blickkontakt mied. Die Clintons begannen eine Paartherapie, und Hillary sagte später, dass sie lange nicht gewusst habe, ob ihre Ehe überleben werde. Doch öffentlich sprach sie nicht darüber. Sie trennte sorgfältig zwischen dem Ehemann und Vater und dem Politiker. Ihr und seiner Tochter gegenüber habe er sich verwerflich verhalten, schrieb sie, doch das gehe außerhalb ihrer Familie niemanden etwas an.

Als Politiker hielt sie Bill Clinton nach wie vor für den besten und vertrat das auch bei Treffen mit Kongressabgeordneten. Für eine Amtsenthebung sah Hillary, die 24 Jahre zuvor über die rechtlichen Möglichkeiten des *impeachment* gearbeitet hatte, bei Bill Clinton keine Rechtfertigung. Die Einleitung des Amtsenthebungsverfahrens gegen ihren Mann nannte sie missbräuchlich; dergleichen sei für Hochverrat vorgesehen. Doch das republikanisch kontrollierte Repräsentantenhaus sah das anders. Im Dezember 1998 leitete es ein *impeachment* gegen den 42. Präsidenten der Vereinigten Staaten ein. Er war nach Andrew Jackson im Jahr 1868 der zweite US-Präsident, gegen den ein solches Verfahren tatsächlich zustande kam. Nixon war 1974 der Amtsenthebung durch seinen Rücktritt zuvorgekommen – eine Option, die Bill Clinton für sich ausgeschlossen hatte.

Am 16. Februar 1999 sprach eine knappe Mehrheit des US-Senats – darunter neben sämtlichen Demokraten auch einige moderate Republikaner – den Präsidenten von den Vorwürfen des Meineids und der Justizbehinderung frei. Bill Clinton konnte – wie seinerzeit Andrew Jackson – im Amt bleiben. Er verlor lediglich seine Anwaltszulassung in Arkansas für fünf Jahre und musste eine Geldstrafe von 25 000 Dollar zahlen. Doch die Ermittlungen hatten das Weiße Haus für eine komplette Amtszeit in den Schauplatz einer Seifenoper verwandelt und in erheblichem Maß Ressourcen gebunden. Finanziell bezifferten sich die Kosten für die Steuerzahler auf 70 Millionen Dollar. Die Clintons mussten für Anwälte und den Vergleich mit Paula Jones rund fünf Millionen Dollar zahlen. «Als wir aus dem Weißen Haus auszogen», bekannte Hillary später, «waren wir finanziell ruiniert.» Ganz so dramatisch kann es nicht gewesen sein. Denn immerhin hatten sie und ihr Mann noch genügend Reserven, um zwei große Villen zu kaufen: eine in Chappaqua nördlich von New York, eine zweite im Diplomatenviertel von Washington direkt neben der Residenz des Vizepräsidenten.

Haut wie ein Rhinozeros

Das komplizierte Eheleben der Clintons war zu keinem Zeitpunkt ein Hindernis für die gut eingespielte politische Zusammenarbeit des Paares im Weißen Haus. Hillary, die als Spitzenberaterin ihres Mannes in Washington angefangen hatte, verschwand nach dem Scheitern ihrer Gesundheitsreform zwar für mehrere Jahre in der zweiten Reihe, aber sie hörte nie auf, seine Politik zu unterstützen. Sie reiste in seinem Auftrag nach Europa, Asien und Afrika, beriet ihn innenpolitisch, verteidigte seine Reformen, hielt die Hauptrede für den erneut antretenden Präsidenten auf dem demokratischen Nominierungsparteitag 1996 in Chicago und machte auch für andere demokratische Politiker Wahlkampf. Diese Unterstützung ihres Präsidenten und ihrer Partei setzte Hillary auch auf dem Höhepunkt der Lewinsky-Affäre fort. In manchen Fällen war die First Lady umso effizienter, je weniger sichtbar sie war. So gelang es ihr in Bill Clintons zweiter Amtszeit, diskret dabei zu helfen, zumindest eine partielle Verbesserung in der Gesundheitsversorgung durchzusetzen, die Millionen von nicht versicherten Kindern Zugang zu ärztlicher Versorgung verschaffte. Doch große politische Aufträge wurden ihr nicht mehr zugestanden. Morris, der Bill Clinton 1996 erneut im Wahlkampf beriet, war ausdrücklich gegen Soloauftritte der First Lady. Sie solle sich auf humanitäre Themen konzentrieren. Die Öffentlichkeit, so seine Begründung, wolle nicht zwei politisch mächtige Personen im Weißen Haus. Die Clintons folgten seinem Rat. Wenige Wochen vor den Präsidentschaftswahlen beendete Morris seine Arbeit für Clinton, nachdem er mit einer Prostituierten erwischt worden war, die er bei seinen vertraulichen Telefonaten mit dem Präsidenten hatte zuhören lassen. Später wurde er ein öffentlicher Gegner der Clintons, insbesondere von Hillary, und kündigte im Wahlkampf 2016 an, er werde die USA verlassen, falls sie Präsidentin werden sollte. Morris behauptete auch, in diesem Wahlkampf Trump täglich zu beraten. Die Trump-Kampagne bestätigte das nicht.

Ende 1994 verschwand Hillary aus dem Rampenlicht. Sie blieb auch den internen Strategiesitzungen im Weißen Haus fern. Ermuntert durch zwei New-Age-Beraterinnen, Jean Houston und Mary Catherine Bateson, begann sie in jener Zeit imaginäre Zwiegespräche mit einer Amtsvorgängerin, die sie schon lange bewunderte: Eleanor Roosevelt. Die 1962 Verstorbene ist von 1933 bis 1945 First Lady der Vereinigten Staaten gewesen – so lang wie keine andere First Lady, und das wird vermutlich auch so bleiben, denn seit 1951 darf ein US-Präsident nur noch einmal wiedergewählt werden. Zwischen Eleanor und Hillary als Präsidentengattinnen gibt es unübersehbare Parallelen: Beide waren selbstbewusste, intelligente und meinungsstarke Frauen mit eigenen politischen und humanitären Ambitionen, die einen neuen Stil mit ins Weiße Haus brachten und die konservativen Landsleute vor den Kopf stießen. In ihrem Privatleben steckten beide zugunsten der politischen Karriere ihres Mannes zurück und mussten mit schweren Vertrauensbrüchen zurechtkommen. Genau wie Hillary hielt auch Eleanor Roosevelt an ihrer Ehe fest, nachdem sie entdeckt hatte, dass ihr Mann sie betrog. Allerdings verbannte sie ihn für den Rest des Lebens aus ihrem Bett. In den Neunzigerjahren las Hillary Eleanor Roosevelts Kolumnen, Briefe und Reden, sammelte Spenden für ein Eleanor-Roosevelt-Denkmal im New Yorker Riverside Park und eröffnete das Eleanor Roosevelt College im kalifornischen San Diego. Einen Satz der «First Lady of the World», wie Harry Truman sie einmal genannte hat, fand Hillary so treffend, dass sie ihn noch Jahrzehnte später zitiert, wenn sie über Frauen im öffentlichen Leben und in der Politik spricht: «Frauen brauchen eine Haut so dick wie ein Rhinozeros.»

Die Auseinandersetzung mit Eleanor Roosevelt gab Hillary nicht nur Einblicke in eine Situation, die ihrer eigenen in manchem vergleichbar war, sondern auch Ausblicke auf ein Leben nach dem Weißen Haus. Auch Eleanor Roosevelt war nahegelegt worden, für den Senat zu kandidieren. Doch sie lehnte ab und ging stattdessen als US-Delegierte zu den Vereinten Nationen, wurde Vorsitzende der Menschenrechtskommission und war federführend an der Ausarbeitung der Allgemeinen Menschenrechtserklärung von 1948 beteiligt. Hillary hatte sich mit Eleanor Roosevelt schon beschäftigt, bevor sie ihre eigene politische Karriere begann. Eine andere Frau, deren Leben sie studiert hatte, war die ehemalige Sklavin Harriet Tubman (1822–1913), die zunächst selbst aus der Sklaverei in den Norden geflohen war und dann über die *Underground Railroad,* ein weit verzweigtes Netz von Fluchthelfern, andere Sklaven aktiv bei der Flucht in die Freiheit unterstützte. Hillary beeindruckte besonders Harriet Tubmans Aufforderung, nicht aufzugeben: «Wenn ihr müde seid, geht weiter. Wenn ihr Angst habt, geht weiter. Wenn ihr Hunger habt, geht weiter, Wenn ihr frei sein wollt, geht weiter.» Eine dritte Frau, die Hillary inspirierte, war Bernadette Chirac, die Gattin des französischen Präsidenten. Während ihr Mann im Elysée-

Palast residierte, verfolgte die noch konservativere Bernadette Chirac eine eigene politische Karriere in der ländlichen Region Corrèze. Im Mai 1998 stattete Hillary der Première Dame dort einen Besuch ab.

In Hillarys Rückzugszeit im Weißen Haus fielen auch ihre ersten selbständigen Schritte auf dem diplomatischen Parkett. Sie reiste nach Afrika, Asien und Lateinamerika, befasste sich in diesem Zusammenhang mit Zwangsheirat, Genitalbeschneidung und anderer Gewalt gegen Frauen, entdeckte die Frauenthemen wieder, mit denen sie sich schon als junge Juristin befasst hatte, und machte diese zu einem Markenzeichen ihrer politischen Karriere. 1995 bündelte sie ihre Erfahrungen mit Frauen aus aller Welt in ihrer ersten internationalen Rede, die Spuren hinterließ. Bei der UN-Frauenkonferenz in Peking sagte sie einen Satz, der in feministischen Kreisen längst Standard war, aber erst durch die First Lady die ihm gebührende Aufmerksamkeit erhielt: «Frauenrechte sind Menschenrechte.»

Schon als First Lady war sie nicht nur in humanitärer Mission unterwegs. 1996 bereiste sie Tschechien, Rumänien, die Slowakei, Polen, Ungarn und Estland, als ihr Mann die Nato-Osterweiterung vorbereitete. Bill Clinton war der erste US-Präsident, der sein Amt nach dem Kalten Krieg antrat. Sein Amtsvorgänger Bush hatte Michail Gorbatschow im Dezember 1989 beim Gipfel in Malta zugesichert, dass der Westen «keinen Vorteil aus der veränderten Situation ziehen» werde. Im Februar 1990 hatte auch US-Außenminister James Baker bei einer Rede im Kreml versprochen, der Geltungsbereich der Nato werde «keinen Inch nach Osten erweitert». Doch in Washington hatten diese Zusagen aus der Umbruchzeit in Europa keinen Bestand. Bereits bei seinem ersten Nato-Gipfel im Jahr 1994 in Brüssel kündigte Bill Clinton an, er wolle das westliche Militärbündnis erweitern, und zwar «ständig, absichtlich und offen». Er verwies auf die Lage in Exjugoslawien, vor allem aber stellte er die Expansion des Militärbündnisses wie eine historische Zwangsläufigkeit dar, die auf den Fall des Eisernen Vorhangs und die Vereinigung Deutschlands folgen müsse. Von Moskau, das die militärischen Absichten argwöhnisch beobachtete, verlangte der Demokrat, dass es aufhöre, die Nato «durch das Prisma des Kalten Krieges zu

sehen». In seiner zweiten Amtszeit als Präsident wurden die in Prag geborene Außenministerin Madeleine Albright und ihr Stellvertreter
Strobe Talbott die Architekten dieser militarisierten Außenpolitik.
Es kommt selten genug vor, dass es in einem US-Präsidentschafts-
wahlkampf um Außenpolitik geht. Doch wenn, dann geschieht das in
der Regel im Zeichen der nationalen Sicherheit. Das war 1996 nicht
anders, als Bill Clinton für seine Wiederwahl kandidierte und die Nato-
Osterweiterung als Argument benutzte, um sich gegenüber seinem republikanischen Herausforderer Bob Dole als starker Vertreter der amerikanischen Interessen in der Welt zu präsentieren. Zwei Wochen vor
dem Urnengang erklärte er überraschend auf einer Veranstaltung in
Detroit, er wolle die Nato bis 1999, dem 50. Jahr ihres Bestehens, nach
Osten erweitern. Auch auf Hillarys Reise nach Mittel- und Osteuropa
stand die Nato-Erweiterung im Mittelpunkt. Der Feind, der im Kalten
Krieg die Existenzgrundlage für die Nato gewesen war, existierte nicht
mehr. Die Sowjetunion war verschwunden und der Warschauer Pakt
hatte sich 1991 aufgelöst. In den USA warnten Russlandkenner, darunter auch George Kennan, der Erfinder der Containment-Politik der
Zeit des Kalten Krieges, dass eine Ostexpansion der Nato ein «fataler
Fehler» wäre, der in Russland den Nationalismus, antiwestliche Ressentiments und militaristische Strömungen beflügeln würde. Doch die
First Lady bemühte sich nicht darum, nach neuen Lösungen für die
veränderte Welt zu suchen, sondern sah nur die eigenen Interessen.
«Wir müssen es den Russen leichter machen, sich mit der Osterweiterung der Nato abzufinden», schrieb sie.

In Militärfragen gehörte Hillary schon als First Lady zu den Falken.
Sie rechtfertigte die Intervention in Haiti im Jahr 1994, den Krieg in
Bosnien 1995 und den Kosovokrieg im Jahr 1999. Und sie nahm bei
Letzterem für sich in Anspruch, Bill Clinton von der Notwendigkeit
des Eingreifens überzeugt zu haben. «Ich drängte ihn, zu bombardie-
ren», sagte sie über ein Telefonat, das sie während einer Afrikareise mit
ihrem Mann führte. In den Neunzigerjahren gehörte sie zu jenen, die
den Begriff der «humanitären Intervention» prägten. Als Außenministerin unter Barack Obama war sie dann erneut die treibende Kraft solcher

Interventionen, die sie nun unter *smart power* verbucht, einer angeblich besonders intelligenten Mischung aus weichen *(soft)* und harten *(hard)* Machtinstrumenten.

Hart gegen Verbrechen und Arme

Auch innenpolitisch funktionierten die Clintons als gut eingespieltes Team, das sich an die Umsetzung des Programms der New Democrats machte, über das sie mit anderen Zentristen in den zurückliegenden Jahren diskutiert hatten. Dabei entfernte sich ihre Politik – insbesondere bei den Themen Armut und Kriminalität – weit von den sozialdemokratischen Tönen des Wahlkampfs. In seiner ersten Amtszeit unterzeichnete Bill Clinton das härteste Gesetz zur Verbrechensbekämpfung in der Geschichte der USA, das in den Folgejahrzehnten Millionen mehrheitlich junge Männer – darunter überproportional viele Afroamerikaner und Latinos – hinter Gitter brachte. Das Gesetz stellte neun Milliarden Dollar für den Bau von Gefängnissen bereit, dehnte die Todesstrafe aus, schuf automatische lebenslange Gefängnisstrafen für Wiederholungstäter und strich die finanziellen Bundeshilfen für die Ausbildung von Gefängnisinsassen.

Diese Null-Toleranz-Politik war eine Reaktion auf eine Welle von Banden- und Drogenkriminalität, die seit Jahren durch die Großstädte schwappte. Zwar hatte die Mordrate ihren Zenit bereits in den Achtzigerjahren erreicht und sank seit Anfang der Neunzigerjahre wieder, doch im Kongress war das Vorgehen so populär, dass das Gesetz parteiübergreifend Zustimmung fand. Einmal in Kraft, verstärkte es den seit den Siebzigerjahren anhaltenden Trend in den USA zu immer härteren und immer längeren Gefängnisstrafen und zerstörte Millionen von Familien, insbesondere aus armen Minderheiten, deren Väter und Söhne in den Gefängnissen endeten. Ein Vierteljahrhundert nach Inkrafttreten des *Violent Crime Control and Law Enforcement Act* sind in den USA, wo fünf Prozent der Weltbevölkerung leben, über 2,3 Millionen

Menschen hinter Gittern: ein Viertel aller Gefangenen weltweit. 60 Prozent der Inhaftierten sind entweder Afroamerikaner oder Latinos, die zusammen nur ein Viertel der US-Bevölkerung ausmachen.

Hillary, als junge Anwältin eine Gegnerin der Todesstrafe und in ihren Anfangsjahren in Arkansas in der Rechtshilfe für Gefängnisinsassen engagiert, nannte das Gesetz ihres Mannes «gut durchdacht, intelligent und hart». Mit einer griffigen Formel bezeichnete sie jugendliche Straftäter als «Super-Raubtiere, die kein Gewissen und kein Mitgefühl haben und die wir auf die Knie zwingen müssen». Zwei Jahrzehnte später im Wahlkampf 2016, als eine neue Generation afroamerikanischer antirassistischer Aktivisten sie mit diesem Satz konfrontiert, bereut sie ihn und rückt erstmals ein wenig ab von dieser allein auf Härte pochenden Strafgesetzgebung.

Mit ihrer Unterstützung für Bill Clintons Sozialhilfegesetz im Jahr 1996 entfernte sich Hillary noch einen weiteren Schritt von ihrer eigenen Vergangenheit. Wie schon das Verbrechensgesetz fiel auch das umstrittene Sozialhilfegesetz in eine Wahlkampfphase, diesmal kämpfte Bill Clinton selbst um seine Wiederwahl. Er hatte bereits in seinem ersten Wahlkampf von 1992 angekündigt, die «Fürsorge, so wie wir sie kennen», abzuschaffen. Das Gesetz löste dieses Versprechen ein. Es durchlöcherte das ohnehin dünne soziale Netz, das als Antwort auf das Elend in der Großen Depression während des New Deal entstanden war, und begrenzte die Sozialhilfe, die Bürger in ihrem Leben in Anspruch nehmen dürfen, auf maximal fünf, in manchen Bundesstaaten auch nur zwei Jahre. Außerdem strich es Bundesmittel für arme Kinder, verwehrte Millionen von Einwanderern das Recht auf Sozialhilfe, schloss Vorbestrafte von der Unterstützung aus und verpflichtete Sozialhilfeempfänger dazu, Arbeiten anzunehmen, die unter dem Mindestlohn bezahlt werden. Wiederum waren Afroamerikaner, in diesem Fall alleinerziehende Mütter, überproportional betroffen.

Bereits seit der Präsidentschaft von Ronald Reagan (1981–1989) hatte das Sozialhilfegesetz von 1935 unter Beschuss gestanden. Einerseits ging es um die Kosten des Systems, von dem im Jahr 1995 rund 13 Millionen Menschen in den USA mehr oder weniger finanziell abhängig waren, anbererseits um die Frage, wie effizient es in der Armutsbekämpfung war. Doch zugleich war die Debatte eine ideologische Auseinandersetzung über die Rolle des Staates – sowohl Republikaner als auch New Democrats wollten die Regierungsausgaben kürzen und den Staat verschlanken – und sie bediente weit verbreitete Ressentiments gegen Afroamerikaner. Die Sozialhilfe hatte jahrzehntelang vor allem alleinerziehenden Müttern geholfen. Ihre Nutznießerinnen waren ursprünglich vor allem weiße Frauen, erst mit der Großen Migration kamen verstärkt Afroamerikanerinnen in ihren Genuss. Im segregierten Süden war ihnen der Zugang zur staatlichen Unterstützung durch versteckt rassistische gesetzliche Regelungen verwehrt gewesen. So zahlten manche Orte die Sozialhilfe nur an Mütter, die auf dem Arbeitsmarkt «vermittelbar» waren, andere nur an solche, die in «akzeptablem Wohnraum» lebten. Je stärker der Anteil afroamerikanischer Sozialhilfeempfängerinnen stieg, desto umstrittener wurde das System in der Öffentlichkeit. Es fördere eine «Kultur der Armut», hieß es nun, und Empfänger der staatlichen Unterstützung wurden als faul, unmotiviert, übergewichtig und vom Staat abhängig beschrieben. Reagan schießlich prägte den Ausdruck «Wohlfahrtsköniginnen von der South Side von Chicago», einem afroamerikanischen Stadtteil. Die Sozialhilfe geriet zum Objekt einer jener vermeintlich technischen Debatten in den USA, in denen niemand öffentlich von Hautfarben spricht, es jedoch vor allem darum geht.

Bill Clintons Sozialhilfegesetz war eine Koproduktion zwischen den republikanischen Mehrheiten in beiden Kammern des Kongresses und dem demokratischen Präsidenten. Weil ihm die Streichungsvorschläge der Republikaner zu weit gingen, lehnte der Präsident zunächst zwei Gesetzentwürfe ab. Die dritte Fassung, die er 1996 unterschrieb, nannte er eine «historische Reform», die den Betroffenen «mehr Verantwortung abverlangen» werde. Gingrich, der Sprecher des Repräsentantenhauses, feierte das Gesetz als «Befreiung der Armen von der Abhängigkeit des Staates». Linke Demokraten und soziale Aktivisten reagierten entsetzt. Drei Staatssekretäre im Gesundheitsministerium traten unter Protest von ihren Ämtern zurück, darunter der langjährige Clinton-

Freund Peter Edelman, der Mann von Hillarys einstiger Mentorin Marian Wright Edelman, der Gründerin des Children's Defense Fund. Auch er war seit langem von der Notwendigkeit einer Reform überzeugt, doch dieses Gesetz werde die Armut vergrößern, statt sie zu verringern, mahnte er. Noch schärfer protestierte seine Frau in der «Washington Post» gegen das «schändliche Gesetz mit niederschmetternden Langzeitfolgen für Kinder». Sie wandte sich enttäuscht von Hillary ab. «Die Clintons sind alte Freunde», sagte sie später, «aber sie sind keine politischen Freunde, wir sind zutiefst uneins über die Sozialhilfe.» In der politischen Mitte und bei konservativen weißen Mittelschichtlern hingegen, die insbesondere in den Südstaaten der Demokratischen Partei den Rücken gekehrt hatten, weil sie sie als Interessenvertretung von Afroamerikanern betrachteten, kam das Gesetz gut an. Drei Monate später wurde Bill Clinton wiedergewählt.

Infolge dieses Gesetzes gingen die staatlichen Ausgaben für Sozialhilfe schon unter Bill Clinton um mehr als die Hälfte zurück. Bis 2009 sank die Zahl der Sozialhilfeempfänger von 13 Millionen vor der Reform auf vier Millionen, doch das Gesetz half nicht gegen den Anstieg der Armut. Als die USA im Jahr 2008 in die schwerste Rezession seit den Dreißigerjahren stürzten, fehlte für Millionen Menschen ein soziales Netz, das sie hätte auffangen können. Noch heute leben 46 Millionen Menschen in den USA unterhalb der Armutsgrenze, die bei 23 850 Dollar im Jahr für eine vierköpfige Familie festgesetzt ist. Hillary verteidigte 1996 das Sozialhilfegesetz, so wie sie es immer mit der Politik ihres Mannes hielt. Die Kritik ihrer alten Freunde tat sie als realitätsfern ab. «Sie waren nicht zu Kompromissen gezwungen. Sie mussten nicht mit Newt Gingrich und Bob Dole verhandeln», schrieb sie. Diese Abwehr gegen politische Reformvorschläge der Linken, denen angeblich die Konfrontation mit der Realität erspart geblieben ist, zieht sich wie ein roter Faden durch die Karriere der Präsidentschaftsbewerberin – von ihren Anfängen als Universitätsaktivistin bis zu ihrem Wahlkampf gegen den demokratischen Sozialisten Bernie Sanders.

In der Öffentlichkeit stand die First Lady in den Neunzigerjahren dennoch in dem Ruf, die Progressivere der beiden Clintons zu sein. Dafür sorgte neben ihrem Gesundheitsreformplan, ihrem Schweigen zum umstrittenen Freihandelsabkommen NAFTA und ihrem Eintreten für Frauenrechte vor allem die kontinuierliche konservative Rufmordkampagne gegen sie als «radikale Linke» und «Madam Mao». Doch wenn die First Lady gefragt wurde, ob sie je etwas an der Politik ihres Mannes auszusetzen hatte, erwiderte sie, das würde sie nur ihm unter vier Augen sagen, nicht ohne hinzuzufügen, dass das nur selten vorkomme. Meistens seien sie und ihr Mann einer Meinung.

Rollentausch

«Die außergewöhnliche Hillary» stand auf dem Cover. Das Titelbild der Starfotografin Annie Leibovitz zeigte eine königinnengleiche First Lady in einem bodenlangen purpurroten Kleid. Im Innern der Weihnachtsausgabe des Magazins «Vogue» war eine seitenlange Eloge von Chefredakteurin und Modepäpstin Anna Wintour zu lesen, die Hillary auf einer Tour zu historischen Stätten im Bundesstaat New York begleitet hatte. Hillary war nie populärer und effizienter, sah nie besser aus, schwärmte sie, und habe sich «heroisch» gegen eine Presse geschlagen, die sich auf private Skandale konzentriert habe, anstatt sich mit der Politik des Präsidenten zu befassen. Als die Ausgabe vom Dezember 1998 erschien, war das Schicksal von Bill Clinton noch offen, aber es war kein Geheimnis, dass Hillary einen eigenen Karriereschritt plante. Charles Rangel, ein Demokrat aus New York, damals in seiner 14. Amtszeit im Repräsentantenhaus und eine Säule des afroamerikanischen Polit-Establishments, hatte die First Lady gefragt, ob sie an einer Kandidatur für den Senat interessiert sei. Einer der beiden New Yorker Sitze im Senat wurde im Jahr 2001 frei, und die Demokraten suchten nach einem Kandidaten mit Starqualitäten, um das Mandat gegen den populären republikanischen New Yorker Bürgermeister Rudolph Giuliani zu verteidigen, der über eine Kandidatur nachdachte. Die First Lady schien ihnen die geeignete Kandidatin: Sie hatte einen weltbekannten Namen, einen Präsidenten als Ehemann und durch ihre Reaktion auf die Lewinsky-Affäre enorm an Sympathien gewonnen.

Dennoch ließ die Umworbene den New Yorker Abgeordneten eine Weile lang zappeln. Nie zuvor hatte eine First Lady aus dem Weißen Haus heraus einen Wahlkampf geführt, nie zuvor hatte eine ehemalige First Lady im Senat gesessen. Zudem hatte Hillary niemals in New York gelebt, und ihr war bewusst, dass sie diesen Wahlkampf im Guten und im Schlechten mit dem Erbe der Präsidentschaft ihres Mannes im Gepäck würde bestreiten müssen. Auch eine feministische Pionierin war die einstige FW längst nicht mehr, denn während des Vierteljahrhunderts, in dem sie selbst zurückgesteckt hatte, um die Karriere ihres Mannes zu unterstützen, hatten zahlreiche junge Frauen ihren politischen Weg gemacht. Doch die First Lady war interessiert. Mitarbeiter im Weißen Haus vermuteten schon lange, dass sie über eine eigene politische Karriere nachdachte. «Sie mochte die Arbeit, die sie und ihr Mann im Weißen Haus verrichteten. Sie mochte ihre Möglichkeiten, etwas politisch zu bewegen und zu verändern. Und sie fand Gefallen an der Macht», sagt Mike Lux, der schon im ersten Präsidentschaftswahlkampf der Clintons dabei war und später im Weißen Haus in der Taskforce gearbeitet hat. Manche Beobachter hatten schon beim Einzug des *power couple* ins Weiße Haus spekuliert, dass es nach acht Jahren mit Bill acht weitere Jahre mit Hillary geben werde. Doch an einen nahtlosen Übergang vom Ehemann zur Ehefrau an der Spitze der Macht glaubte schon damals niemand. Und die Lewinsky-Affäre und das *impeachment* schlossen nun jeden Gedanken daran aus. Zudem saß bereits Vizepräsident Al Gore in den Startlöchern, für die Nachfolge von Bill Clinton zu kandidieren.

Hillary war 51 Jahre alt, ihre Tochter studierte seit anderthalb Jahren in Kalifornien, und die Amtszeit ihres Mannes im Weiße Haus ging nach acht Jahren im Januar 2001 zu Ende. Es war höchst unwahrscheinlich, dass er, nachdem er das höchste Amt im Staat innegehabt hatte, noch einmal für ein politisches Amt kandidieren würde. Jetzt war sie am Zug.

AUF EIGENEN FÜSSEN:
SENATORIN FÜR NEW YORK

Luftlinie ist das Kapitol, wo der Senat seine Sitzungen abhält, nicht einmal drei Kilometer vom Weißen Haus entfernt. Aber Hillarys Weg in den Senat führte zunächst einmal weg aus der Hauptstadt in den Staat New York. Dort machte die First Lady 16 Monate lang Wahlkampf, gab 29 Millionen Dollar aus und legte Tausende von Kilometern zurück. Erstmals kämpfte sie für sich und fern von ihrem Mann, auch wenn er ihre Kandidatur aus dem Weißen Haus unterstützte. Und sie entwickelte einen eigenen Stil. Anders als Bill Clinton, der ein Meister mitreißender Reden vor jedem beliebigen Publikum ist, glänzt Hillary vor allem in kleineren Gruppen. Da erweist sie sich als gute Zuhörerin und zeigt im persönlichen Kontakt Einfühlsamkeit. Sie kam nicht mit großen Ideen oder Programmen in den Empire State, sondern ließ die Menschen erzählen, fragte nach und sammelte Themen. New York, sagte sie später, war meine «Schule der kleinen Schritte».

Die First Lady hatte bis zum Freispruch ihres Gatten vom Verdacht des Meineids und der Justizbehinderung im Februar 1999 gewartet, dann begann sie das Feld für ihre Senatskampagne zu sondieren. Es galt in Gesprächen mit politischen Entscheidern und durch Studien von Meinungsforschern herauszufinden, ob sie eine reale Chance hatte zu gewinnen. Im Hochsommer begann sie Upstate New York zu bereisen, die ländlichen Regionen des Bundesstaats nördlich des Einzugsbereichs der Metropole bis hinauf zu den Niagarafällen. An Thanksgiving, dem Feiertag am vierten Donnerstag im November, an dem ein gefüllter Truthahn auf den Tisch kommt, kündigte sie auf einer Pressekonferenz im Lokal der Lehrergewerkschaft Federation of Teachers in New York City offiziell ihre Kandidatur an. Sie hatte abgenommen, sich einem Fitnesstraining unterzogen und wirkte so jung, strahlend und dynamisch wie lange nicht mehr. Verschwunden waren die Betonfrisur und die altbackenen Kostüme, mit denen sie gelegentlich im Weißen Haus aufgetreten war. Sie trug einen Hosenanzug, und ihre Haare waren kurz, blond und leicht toupiert. Der Ton, den sie zu Beginn ihrer Kampagne und dann auch in der ersten Zeit als Senatorin anschlug, war zugleich selbstbewusst und bescheiden. Es gehe nicht um ihre Person, sagte sie, sondern um die Themen, die den New Yorkern wichtig seien.

In New York war Hillary eine Eingeflogene. Sie hatte dort nie gelebt oder Politik gemacht. Eine in diesem Bundesstaat besonders laxe Niederlassungsregel, wonach Politiker erst am Wahltag dort ihren Wohnsitz haben müssen, machte es möglich. Der Staat mit seiner Mischung aus ländlicher und städtischer Bevölkerung, dem größten urbanen Zentrum des Landes und der höchsten Mediendichte des Planeten schien ideal für den Beginn einer eigenen politischen Karriere. Hinzu kam Hillarys mutmaßlicher republikanischer Gegenspieler, New Yorks Bürgermeister Rudolph Giuliani, der seine politische Karriere als Demokrat begonnen hatte, dann Unabhängiger und unter Präsident Reagan Republikaner geworden war. Er firmierte in den Medien als «Amerikas Bürgermeister» und war ein weiterer Garant für landesweite Aufmerksamkeit.

In der New Yorker Demokratischen Partei mangelte es weder an jungen Talenten noch an politischer Erfahrung. Eine jüdische New Yorkerin und ein Afroamerikaner galten als die aussichtsreichsten Anwärter auf den freiwerdenden Senatssitz. Die Abgeordnete Nita Lowey und der oberste Rechnungsprüfer des Bundesstaats Carl McCall kannten sowohl die Themen als auch die Wähler aus dem Effeff. Als sich der scheidende demokratische Senator Daniel Patrick Moynihan und die New Yorker Parteispitze stattdessen für die Gattin des Präsidenten aussprachen, rumorte es zunächst an der Basis. Doch die zur Seite gedrängten örtlichen Kandidaten fügten sich dem Star aus Washington. Nita

Lowey kam sogar zusammen mit dem Abgeordneten Charles Rangel ins Weiße Haus, um der First Lady persönlich zu versichern, dass sie nicht im Weg stehen werde, falls Hillary kandidieren sollte.

Auf republikanischer Seite hingegen wurde der Protest gegen das Einfliegen einer Auswärtigen zu einem Wahlkampfargument. Noch-Bürgermeister Rudolph Giuliani hisste die Flagge von Arkansas vor dem New Yorker Rathaus und witzelte: «Ich kandidiere demnächst als Gouverneur von Arkansas.» Journalisten und Politiker bezeichneten die Bewerberin als *carpetbagger*. Mit diesem abschätzigen Ausdruck wurden am Ende des Bürgerkriegs Nordstaatler belegt, die – mit großen Säcken aus Teppichstoff – in den zerstörten und besiegten Süden gingen, um dort Geld und politische Karriere zu machen. Aber bei Hillary verfing dieses Etikett nicht, denn sie ging von Anfang an offensiv mit dem Vorwurf um, sagte, dass sie Verständnis dafür habe, und drückte die Hoffnung aus, «dass die New Yorker es wichtiger finden, wofür ich stehe, als woher ich komme». Ganz abgesehen davon war New York kein zerstörter Südstaat und ist immer auf der Suche nach neuen Stars. 36 Jahre vor Hillary war ein anderer prominenter Familienangehöriger auf ähnliche Weise in den Senat gekommen: der aus Massachusetts stammende Robert Kennedy. Der Justizminister in der Regierung seines Bruders hatte nach dessen Ermordung gehofft, der nachrückende Präsident Lyndon B. Johnson würde ihn zu seinem Vizepräsidenten machen. Als das nicht geschah und in seinem Heimatstaat kein Sitz zu vergeben war, bewarb er sich erfolgreich als Senator in New York – mit dem Fernziel Weißes Haus.

Für eine Politikerin mit nationalen Ambitionen ist der Senat eine geeignete Bühne. Er ist die zeremoniellere der beiden Kammern im US-Kongress. Seine Mitglieder sind im Durchschnitt älter, denn im Senat gilt das Mindestalter von 30 Jahren; sie bleiben länger im Amt, denn eine Senatsamtszeit dauert sechs Jahre gegenüber zwei Jahren im Repräsentantenhaus; und sie werden wegen ihrer geringeren Zahl sowohl individuell einflussreicher als auch in der Öffentlichkeit besser wahrgenommen: Der Senat hat 100 Mitglieder – gegenüber 435 im Repräsentantenhaus. Ursprünglich vertrat der Senat die Bundesstaaten – und die großen Landbesitzer –, im Gegensatz zum Repräsentantenhaus, das die Bevölkerung vertreten sollte, und bei der 1787 festgelegten Ratio von zwei Senatoren pro Bundesstaat ist es bis heute geblieben. Das hat dazu geführt, dass Wyoming mit seinen nur 500 000 Einwohnern ebenso stark im Senat vertreten ist wie Kalifornien mit 38 Millionen Menschen. Insbesondere in außenpolitischen Fragen hat der Senat eine starke Stellung, er berät über internationale Verträge sowie über die Nominierungen von Botschaftern, Regierungsmitgliedern, Bundes- und Obersten Richtern – und er fungiert als Gerichtshof in Amtsenthebungsverfahren, die das Repräsentantenhaus durch Anklageerhebung einleiten muss.

Hillary saß im Senat mit alten Bekannten zusammen, darunter solchen, die ihren Mann hatten absetzen wollen oder ihre Gesundheitsreform zu Fall gebracht hatten. Doch zu einer neuen Konfrontation mit ihnen ließ sie es nicht kommen. Diese Lektion hatte sie im Weißen Haus gelernt. Als sie die New Yorker Juniorsenatorin wurde – so werden die dienstjüngeren Senatoren eines Staates genannt –, trumpfte sie nicht mehr auf, wie sie es anfangs als First Lady gegenüber dem Kongress getan hatte, sondern wählte den Weg der leisen, diplomatischen Töne, Unterwerfungsgesten und opportunistischen Beziehungen zu den Altgedienten. Gleich zu Beginn ihrer Amtszeit stattete sie dem mächtigen Chef des Haushaltsausschusses, Robert Byrd, einen Besuch ab, der ihr bei der Gesundheitsreform die Unterstützung verweigert hatte, und sagte ihm, dass sie von ihm lernen wolle. In der Gebetsgruppe «The Fellowship», der sie sich anschloss, knüpfte sie freundschaftliche Kontakte zu einigen der konservativsten fundamentalistischen Christen im Senat. Unter ihren Gebetsfreunden, die sich in ihrer späteren Karriere als nützlich erweisen sollten, waren der Klimawandelleugner James Inhofe aus Oklahoma, der Abtreibungsgegner Sam Brownback aus Kansas sowie Trent Lott aus Mississippi, der eine treibende Kraft der Whitewater-Ermittlungen gewesen war. Sie unternahm auch gemeinsame Auslandsreisen mit Republikanern, die später so wie sie als Präsidentschaftsbewerber antraten. Bei einer solchen Gelegenheit in Estland zechte sie mit den republikanischen Senatoren Susan Collins,

Lindsey Graham und John McCain, der ihr nach einem Wodka-Wett-trinken das Kompliment machte: «Sie verträgt einiges.»
Die einzige Extravaganz, die Hillary sich als Juniorsenatorin leistete, war ihre Kleidung. Zur Vereidigungszeremonie in der Kammer, in der noch bis 1993 für Frauen ein Rockzwang gegolten hatte, erschien sie in einem Hosenanzug und verstärkte so den kleinen Kreis demokratischer Senatorinnen in Hosen wie Barbara Mikulski und Carol Moseley Braun.

Sexismusfalle

Im Wahlkampf hielt sich die Kandidatin strikt an die Regel, dass alle Politik lokal ist. Bei vielen Treffen saß sie mit nicht mehr als einem Dutzend Bauern in einem Diner oder auf einer Farm zusammen und sprach über den Milchpreis, die Konkurrenz chinesischer Äpfel oder die Qualität von Grundschulen. In den seltenen Momenten freilich, in denen sie das Publikum wechselte, war klar, dass ihre Ambitionen weit über die Äcker in Upstate New York hinausreichten. Es klang wie eine Vorwegnahme kommender Situationen, als sie in einer Rede vor Mitgliedern des *Council on Foreign Relations,* eines exklusiven Think-Tanks in New York, ganz nebenbei auch über Militärinterventionen der USA sprach. Dabei warnte sie jene, die «nur kleine Kriege führen wollen, die wir sicher und überwältigend und schnell gewinnen können», dass «Amerika nie vor einer schweren Aufgabe zurückschrecken sollte, wenn es die richtige ist».
Hillarys wahrscheinlicher Kontrahent Rudolph Giuliani betrachtete die Bewohner des ländlichen Upstate als verlässliche Wähler der Republikaner, um die er gar nicht erst werben musste. Er konzentrierte sich auf die Großstadt New York City, für die er in Anspruch nahm, sie durch hartes Durchgreifen sicherer gemacht zu haben. Und er hatte es als Bürgermeister geschafft, in dem aus vielen konkurrierenden Gemeinschaften bestehenden komplizierten New Yorker Mosaik die italie-

nisch- und irischstämmigen sowie die jüdischen Wähler für sich zu gewinnen. Doch Hillary, die keiner der einflussreichen New Yorker Communities entstammte, wusste, welche Register sie ziehen musste, um Gehör zu finden. Auf die Stimmen der afroamerikanischen Wähler konnte sie dank ihres Mannes rechnen, und schon vor dem offiziellen Beginn des Wahlkampfs machte sie einen Abstecher in die Dominikanische Republik, um ein Zeichen in der großen dominikanischen Gemeinschaft New Yorks zu setzen. In der Stadt, in der einer von acht Wählern jüdischen Glaubens ist, erinnerte sie sich auch an den zweiten Ehemann ihrer ungeliebten Großmutter Della Howell in Chicago. Sie habe «sehr schöne Kindheitserinnerungen» an Max Rosenberg, der einer jüdischen Einwandererfamilie aus Russland entstammte – es war eine seltene Gelegenheit, etwas Positives über ihre Großmutter mütterlicherseits zu sagen, die ihre Tochter Dorothy, Hillarys Mutter, als kleines Kind im Stich gelassen und weggeschickt hatte.

Der populäre Bürgermeister und die First Lady begegneten sich nur selten, doch ihr Fernduell machte täglich Schlagzeilen, und die Meinungsumfragen ließen einen knappen Wahlausgang erwarten. Alles änderte sich schlagartig, als im Frühsommer 2000 eine außereheliche Affäre Giulianis bekannt wurde. Wenig später kam eine Prostatakrebsdiagnose hinzu. Nur sechs Monate vor den Wahlen zog sich der Bürgermeister aus dem Rennen zurück – mit der offiziellen Begründung, dass er sich um seine Gesundheit kümmern müsse. Nach seinem Ausscheiden hatte Hillary leichtes Spiel. Ihr neuer republikanischer Gegenspieler war der relativ junge, ungeduldige und grob geschnitzte Kongressabgeordnete Rick Lazio aus Long Island. Als weitgehend unbekannter Abgeordneter des Repräsentantenhauses hatte er oft mit Newt Gingrich, dem Architekten der «republikanischen Revolution», gestimmt und war damit deutlich konservativer als die Mehrheit der großstädtischen Wähler New Yorks. Hinzu kam, dass er nur noch wenig Zeit bis zum Wahltag hatte. Bei der ersten Fernsehdebatte mit seiner demokratischen Kontrahentin im September 2000 besiegelte Lazio sein Schicksal. Er tat es nicht mit Worten, sondern mit Gesten. Im Verlauf der Debatte wollte er der First Lady ihre Zustimmung zu einem

Abkommen über die Wahlkampffinanzierung abringen. Sie antwortete, sie wolle darüber nachdenken, doch Lazio wollte die Unterschrift sofort. Er verließ sein Rednerpult, holte ein Dokument aus seiner Brusttasche und wedelte damit vor ihren Augen durch die Luft. Sie ließ ihn gewähren und schwieg, während seine Stimme aufgeregter und seine Gesten immer raumgreifender und zudringlicher wurden. Auf diese Weise ließ sie ihn in eine Falle tappen: Er sah aus wie ein *bully*, der eine Frau bedrängt. Hillary spürte, dass es ein wichtiger Moment war, aber sie war nicht sicher, wie das Publikum ihn wahrnehmen würde. Am nächsten Tag sagte sie auf einer Veranstaltung: «Ich wusste, dass wir uns eine Bühne teilen würden. Ich wusste nicht, dass wir uns ein Rednerpult teilen würden.» Von diesem Fauxpas in Buffalo erholte sich ihr Konkurrent nicht mehr. Andere Männer, die später Wahlkämpfe gegen Hillary führten, studierten die Sexismusfalle, in die Rick Lazio getappt war, um nicht denselben Fehler zu begehen.

Am 7. November, dem Tag, an dem auch über den Nachfolger des Präsidenten im Weißen Haus abgestimmt wurde, gewann Hillary die Wahl zur Senatorin für New York mit 55 Prozent der Stimmen. Sie war wieder einmal FW – nie vor ihr war in New York eine Frau in den Senat gewählt worden. Als sie am späten Abend in einem Hotel in New York ihren Wahlsieg bekanntgab, stand Bill Clinton einen Schritt hinter ihr und vergoss eine Träne. Bis dahin war er der politische Star und sie seine wichtigste Mitarbeiterin gewesen. Nun standen sie vor einer Umverteilung ihrer Rollen. Während Hillary in New York feierte, begann das lange und bittere Nachspiel der Präsidentschaftswahl, die das Land tief entzweite. Sie war mit einem der knappsten Ergebnisse der US-Geschichte zu Ende gegangen. Im Bundesstaat Florida, von dem letztlich der Ausgang abhing, lag der Republikaner George W. Bush nur wenige Hundert Stimmen vor dem Demokraten Al Gore. Bei der in solchen Fällen gesetzlich vorgeschriebenen Neuauszählung in Florida kamen zahlreiche Unregelmäßigkeiten ans Licht, darunter eine vergessene Wahlurne, die nicht geöffnet worden war, sowie Zigtausende Stimmzettel, die als ungültig gewertet worden waren. Die Regierung Floridas unter Gouverneur Jeb Bush, dem Bruder des Präsidentschaftsbewerbers, brach schließlich das Kontrollzählverfahren ab. Am 12. Dezember machte das Oberste Gericht in Washington in einer umstrittenen Fünf-zu-vier-Entscheidung den Republikaner George W. Bush zum Sieger. Er war der erste Präsident der USA, der per Gerichtsentscheid ins Weiße Haus einzog.

Gute Freunde von der Wall Street

Der Mann, der Hillary Clinton in die New Yorker Finanzkreise einführte, gehörte zu jenen, die im Weißen Haus für das Scheitern ihrer Gesundheitsreform gesorgt hatten: der Bankier Robert Rubin. 1999 stellte er die Senatskandidatin seinen Kollegen im New Yorker Finanzdistrikt vor. Es wurde der Anfang einer dauerhaften Beziehung. Die Bankiers von der Wall Street gaben Hillary schon für ihren ersten Wahlkampf in New York mehr als zwei Millionen Dollar. Als sie 2006 erneut antrat und mit 67 Prozent der Stimmen gewann, verdreifachten sie ihre Unterstützung auf mehr als sechs Millionen Dollar, und bei den Präsidentschaftskandidaturen von 2008 und 2016 stockten sie ihre Spenden weiter auf.

Ende der Neunzigerjahre galt Hillary in der Öffentlichkeit als die bankenkritischere der beiden Clintons. Es hieß, sie habe eine größere Distanz zur Wall Street als der Präsident, der sich in seiner Amtszeit mit Wirtschaftsberatern aus der New Yorker Finanzwelt umgeben und Kontrollinstitutionen des Bankensystems geschwächt hatte. Zu Hillarys Ruf als Kritikerin des Finanzsektors trug eine Initiative bei, die sie als First Lady ergriff, als Banken und Kreditkartenunternehmen den von den Republikanern dominierten Kongress überzeugt hatten, ein neues Konkursgesetz zu verabschieden, das es Kreditunternehmen erlauben sollte, sich auch an Kunden schadlos zu halten, die bereits Privatinsolvenz angemeldet haben.

Eine Privatinsolvenz ist in vielen Fällen die einzige Möglichkeit, einer erdrückenden Schuldenlast zu entkommen. Es ist ein klarer

Schnitt: Die Schulden werden gestrichen, allerdings geht zugleich auch die Kreditwürdigkeit verloren. Kreditkartenunternehmen, Autohändler und Banken drängten den Kongress schon lange, ihre Forderungen trotzdem weiter eintreiben zu dürfen. Aber Gewerkschaften, Verbraucherschutzverbände und Wohlfahrtsorganisationen protestierten gegen ein Gesetz, das in ihren Augen die Interessen der Wall Street gegenüber den Einkommensschwächsten durchsetzen sollte. Eine prominente Kritikerin des Gesetzes war die Harvard-Professorin Elizabeth Warren. In einem Meinungsartikel warnte die Juristin, dass das Gesetz alleinerziehende Frauen mit Kindern besonders hart treffen werde, da diese künftig mit ihren Unterhaltsansprüchen gegen die Väter ihrer Kinder mit den Zahlungsansprüchen von Banken und Kreditunternehmen konkurrieren müssten. Bei einem Besuch in Boston bat die First Lady die Professorin um ein Gespräch. Es war die erste Begegnung der beiden Frauen, deren Wege sich später noch oft kreuzen sollten. Elizabeth Warren war beeindruckt von der Fähigkeit der First Lady, die Nuancen des Gesetzes sowie die komplexen Zusammenhänge der Geschäfte von Kreditinstituten «binnen 20 Minuten» zu verstehen, und zollte ihr Lob mit den Worten: «Ich hatte nie eine klügere Studentin.» Beim Abschied erklärte Hillary: «Wir müssen dieses schreckliche Gesetz verhindern.» Anfangs hielt sie Wort und überzeugte ihren Ehemann davon, dass das Konkursgesetz die sozial Schwachen zusätzlich benachteiligen würde. Nachdem beide Kammern im Kongress das Gesetz verabschiedet hatten, legte Bill Clinton im Jahr 2000 sein Veto dagegen ein. Doch ein Jahr später, kurz nachdem Hillary in den Senat eingezogen war, kam das Gesetz in einer nur leicht veränderten Fassung erneut zur Abstimmung. Dieses Mal votierte die Juniorsenatorin dafür und begründete ihre Meinungsänderung damit, dass in der neuen Fassung Unterhaltszahlungen nicht mehr gepfändet werden könnten. Die Kritiker, einschließlich Elizabeth Warren, hielten dagegen auch die neue Fassung des Gesetzes für inakzeptabel, und trotz Hillarys Zustimmung scheiterte es auch im zweiten Anlauf. Doch die Kreditkartenunternehmen blieben hartnäckig und im Jahr 2005 kam ein neuer Entwurf in den Kongress, der geltendes Recht wurde. An dieser Abstimmung hat Hillary nicht teilgenommen, weil ihr Mann sich gerade einer Herzoperation unterzogen hatte. Aber sie hatte vorab erklärt, dass sie dagegen stimmen würde.

Der Schlingerkurs in Sachen Konkursgesetz verfolgt Hillary bis heute. Ihr Votum für ein Gesetz, dessen Essenz sie noch wenige Monate zuvor abgelehnt und «schrecklich» genannt hatte, wurde für ihre Kritiker ein Paradebeispiel für die Abhängigkeit dieser Politikerin von ihren Geldgebern. Elizabeth Warren erklärte diesen Sinneswandel so: «Als Senatorin war sie einem anderen Druck ausgesetzt denn als First Lady. Die Finanzindustrie hat den Politikern in Washington in den zurückliegenden Jahren mehr Geld gespendet als die Pharma- und die Ölindustrie. Es kommt hinzu, dass die Bankmanager nun zu ihren Wählern in New York gehörten.» Hillary hat auf den Verdacht, sie habe bei dieser oder einer anderen Gelegenheit unter dem Druck ihrer Geldgeber abgestimmt, lange gar nicht reagiert. Als sie es doch tat, wies sie jeden Verdacht der Beeinflussbarkeit in dem entrüsteten Ton von sich, den sie wählt, wenn ihre moralische Integrität infrage gestellt wird. «Ich bin niemals bei einer Ansicht oder bei einer Abstimmung durch jemanden beeinflusst worden, der mir Geld gegeben hat», sagte sie. Solche Versicherungen reichen nicht aus, ihre Kritiker zu überzeugen, die argumentieren, dass die Wall Street ein Eigeninteresse hat, wenn sie ausgewählte Kandidaten mit Millionen-Dollar-Summen unterstützt, und dass Politikern, die am finanziellen Tropf bestimmter Industrien hängen, die Unabhängigkeit fehlt, um eben diese Industrien effizient zu kontrollieren.

Ein ehemaliger Mitarbeiter der Clintons, der schon im Präsidentschaftswahlkampf von 1992 dabei war und später im Weißen Haus in der Taskforce zur Gesundheitsreform gearbeitet hat, ist überzeugt, dass Geld für Hillary «nie eine große Versuchung» war. «Politiker brauchen Geld, um zu funktionieren», sagt Mike Lux, der später das Unternehmen Progressive Strategies gegründet hat, das Nichtregierungsorganisationen berät. Lux glaubt nicht, dass Hillary bewusst Positionen ihrer Geldgeber übernommen hat, aber er beschreibt eine Nähe, die Politiker zu ihren Geldgebern herstellen – gemeinsame Essen, Urlaube und

Freundschaften –, die dazu führt, dass starke Bande entstehen und Politiker die Welt durch die Augen ihrer Geldgeber sehen und sich deren Positionen annähern. «Sie ist sehr loyal», sagt er über seine ehemalige Chefin, «das ist zugleich gut und schlecht.» Die New Yorker Demokratin Virginia Fields versichert, dass es keinen Automatismus gibt, der von großen Geldspenden zu politischer Abhängigkeit führt. Fields war von 1998 bis 2005 die Präsidentin des Bezirksrats von Manhattan und hatte in dieser Eigenschaft häufig mit großen Bauprojekten zu tun. Unter anderem beantragte damals auch ein gewisser Donald Trump die Genehmigung für ein neues Bauvorhaben auf der West Side von Manhattan. «Seine Organisation gab mir Geld für meine Wahlkampagne», erzählt sie, «aber das hat meine Entscheidungen nicht beeinflusst. Es ist alles eine Frage der Geisteshaltung.» Doch Charakterstärke im Umgang mit großen Geldgebern ist längst nicht allen Politikern gegeben. Wie real die Versuchung ist, zeigt ein Blick auf die New Yorker Kriminalstatistik. Allein im Bundesstaat New York sind zwischen 2004 und 2014 mehr als 15 Politiker wegen Bestechlichkeit verurteilt worden.

Einer von Hillarys Geldgebern bei ihren Senatskampagnen war Donald Trump. Der Baulöwe und die Politikerin begegneten sich ursprünglich in New York, wo der Multimilliardär für beide Senatskampagnen und für die Clinton-Stiftung spendete. Donald Trump gab zwischen 1989 und 2011 insgesamt 1,1 Millionen Dollar an die beiden großen Parteien, davon 54 Prozent an Demokraten. Erst ab 2012 konzentrierte er seine Spenden auf die Republikanische Partei, für die er 2016 kandidiert. Im Jahr 2005, als er in seiner dritten Ehe das Model Melania Knauss heiratete, waren auch die Clintons unter den Gästen des rauschenden Fests auf Trumps Mar-a-Lago-Anwesen in Florida. In einer republikanischen Präsidentschaftsdebatte im Sommer 2015 prahlte Trump: «Ich habe Hillary Clinton eingeladen und sie musste kommen. Sie hatte keine Wahl. Denn ich hatte ihrer Stiftung Geld gegeben.» Seinen Modus Operandi gegenüber Politikern beider Parteien beschrieb er so: «Ich gebe jedem Politiker, der mich darum bittet. Wenn ich ein paar Jahre später etwas brauche, rufe ich an, und sie sind für mich da.» Hillary dagegen spielt ihren Kontakt zu Donald Trump herunter, seit klar ist, dass er ihr Kontrahent um das Amt des Präsidenten ist. Sie bestätigt, dass sie ihn aus New York kennt, wo er «immer Aufmerksamkeit suchte» und dass sie Spendengelder von ihm erhielt. Die Teilnahme an der Milliardärshochzeit in Florida begründet sie damit, dass sie zufällig in der Gegend gewesen sei. «Ich dachte, das wäre Spaß», fügte sie hinzu, «aber ich kannte ihn nicht besonders gut.»

9/11

Neun Monate nach Hillarys Amtsantritt im Senat erlebte New York einen der schlimmsten Tage seiner Geschichte. An einem sonnigen Dienstag mit strahlend blauem Himmel flogen Kidnapper Passagierflugzeuge in den Nord- und Südturm des World Trade Center in New York und in das Pentagon in Washington. Eine vierte entführte Maschine, die möglicherweise für einen Angriff auf das Kapitol bestimmt war, endete auf einem Acker bei Shanksville in Pennsylvania. Insgesamt kamen bei den Attentaten 2996 Menschen ums Leben, und das gesamte Land erlitt einen schweren traumatischen Schock. Zum ersten Mal waren die Vereinigten Staaten auf dem nordamerikanischen Festland angegriffen worden. Der einzige andere Angriff auf US-amerikanisches Territorium, aber außerhalb des Festlands, war der japanische Überfall auf die Militärbasis Pearl Harbor in Hawaii am 7. Dezember 1941, bei dem 2403 Menschen ums Leben kamen und der zum Eintritt der USA in den Zweiten Weltkrieg führte.

Die USA riegelten ihre Grenzen und ihren Luftraum ab, brachten ihre Spitzenpolitiker in Sicherheit und sannen auf Vergeltung. Der 11. September war die Geburtsstunde des «Kriegs gegen den Terror», der auch 15 Jahre später – wenngleich nicht mehr unter diesem Namen – weitergeht. Gleichzeitig rüsteten die USA im Innern auf. In atemberaubender Geschwindigkeit entstanden neue Anti-Terror-Gesetze, Sicherheitsbehörden, polizeiliche und geheimdienstliche Vollmachten, Militärgerichte für Terrorverdächtige, ein Gefangenenlager für nie verurteilte «ausländische Kämpfer» sowie eine flächendeckende elektronische Überwachung, die bis heute tief in das Privatleben der Bürger reicht. Der 11. September, kurz 9/11, warf auch das Programm der New Yorker Juniorsenatorin über den Haufen. Als das erste Flugzeug um 8.46 Uhr in den Nordturm flog, telefonierte sie gerade mit ihrer Mitarbeiterin Ann O'Leary. Es ging um die für den Tag geplante Ausschusssitzung zum Thema frühkindliche Entwicklung, an der auch First Lady Laura Bush teilnehmen sollte. Hillary war noch in ihrem Haus im Botschaftsviertel von Washington, ihre Mitarbeiterin bereits im Büro im Russell-Gebäude des Senats – bei beiden Frauen lief der Fernseher. Als die zweite Maschine um 9.03 in den Südturm flog, verstand Hillary nach Ann O'Learys Beschreibung, dass es ein Terrorangriff war. Wenig später fuhr sie am Fuß des Kapitols vor. Sie trug noch den hellgelben Anzug, der für das Treffen mit der First Lady gedacht war.

Statt der lokalen Themen, auf die Hillary sich im Wahlkampf konzentriert hatte, bestimmten fortan die nationale Sicherheit, internationaler Terrorismus und Krieg ihre Arbeit. Sie zeigte sich vom ersten Moment an wehrhaft. Direkt nach dem Ende der Evakuierung des Kongresses trat sie am frühen Abend des Katastrophentags mit Dutzenden Kollegen beider Parteien auf die Stufen an der Ostseite des Kapitols in Washington. Es war eine erste Demonstration nationalen Schulterschlusses, der viele weitere folgten. Die Abgeordneten erklärten ihre uneingeschränkte Unterstützung für Präsident George W. Bush, stimmten ein «God bless America» an und umarmten sich. Hillary hatte Tränen in den Augen. Zu diesem Zeitpunkt war Präsident Bush nach vielen Stunden in der Luft an Bord der Air Force One und einem Zwischenaufenthalt auf einer Militärbasis in Nebraska gerade erst in Washington angekommen. Vizepräsident Dick Cheney befand sich im Bunker unter dem Weißen Haus, und das Pentagon auf dem anderen Ufer des Potomac brannte noch. Am selben Abend gab die Juniorsenatorin dem Fernsehsender CNN ein Interview. Als sie über die noch lange nicht absehbaren Opferzahlen, aber auch über politische und militärische Konsequenzen sprach, fand sie einen Ton, der ebenso besonnen wie pa-

triotisch und wehrhaft klang. «Wir werden den Präsidenten bei jedem
Schritt unterstützen, den er für nötig hält», sagte sie, «sowohl bei der
Vergeltung als auch beim Wiederaufbau. Dies ist nicht nur ein Angriff
auf die USA, sondern auf alle. Es ist ein Angriff auf die Freiheit, die
Würde, die Gerechtigkeit und die Menschheit.» Vor dem Senat kündigte sie all jenen, die Terroristen in «irgendeiner Weise» unterstützen,
die «Wut» der USA an. «Unsere militärische Macht ist unangefochten,
und wir sind nicht eingeschüchtert», fügte sie hinzu. Tags darauf besuchte Hillary den Ort der Zerstörung in Manhattan, wo Katastrophenhelfer in den rauchenden Resten der 110-stöckigen Türme nach
Überlebenden suchten. Die Demokratin und mehrere republikanische
Politiker – darunter Bürgermeister Giuliani und Gouverneur George
Pataki – standen in dichtem Staub. Sie trugen die winzigen Gesichts-
masken aus Pappe und Plastik, mit denen sich auch die Katastrophenhelfer zu schützen versuchten. Der Bürgermeister versprach den Wiederaufbau, die Senatorin versprach Bundeshilfen aus Washington.

Die Ermittler machten schon am 11. September 19 junge Männer als
Attentäter aus. Sie stammten aus Saudi-Arabien (15), den Vereinigten
Arabischen Emiraten (2), Ägypten und dem Libanon. Sie hatten, so die
Ermittler, im Auftrag der Terrororganisation al-Qaida gehandelt, deren
Chef, der ebenfalls aus Saudi-Arabien stammende Osama bin Laden, in
einer Höhle in Afghanistan lebte. Auch die Reaktion des Verteidigungs-
ministers kam überraschend schnell. Schon am frühen Nachmittag des
11. September kündigte Donald Rumsfeld Schläge gegen «UBL» – im
Washingtoner Jargon das Kürzel für Osama bin Laden – und den Irak
an. Im Gegensatz zu den Ermittlern gab er vor zu wissen, dass auch
Saddam Hussein in die Anschläge verwickelt war, und forderte seine
Mitarbeiter auf, ihm Beweise für die irakische Beteiligung zu liefern.
Auch der Kongress schaltete binnen Stunden auf Krieg um. Am 15. September autorisierten beide Kammern Militärschläge gegen Afghanistan.
Es war eine Abstimmung mit einer einzigen Gegenstimme. Die kalifor-
nische Demokratin Barbara Lee verurteilte den Terrorismus zwar mit
deutlichen Worten, aber anders als ihre Kollegen glaubte sie nicht, dass
Bomben auf Afghanistan den internationalen Terrorismus gegen die

USA verhindern konnten. In der aufgewühlten, rachedurstigen Stimmung jener Wochen und Monate gehörte viel Mut zu einem solchen Votum. Barbara Lee bekam Morddrohungen, sie versteckte ihr Gesicht in der Öffentlichkeit hinter einem Schleier und benötigte rund um die Uhr Personenschutz. Wenige Wochen später, am 25. Oktober, verabschiedete der Kongress den *Patriot Act*. Zur Erleichterung von Terrorismusermittlungen – Abhören, Hausdurchsuchungen, Überwachungen – schränkte das Gesetz Grundrechte ein. Nur ein Senator wagte es, dagegen zu stimmen, der Demokrat Russ Feingold aus Wisconsin. Er nannte das Gesetz eine «Wunschliste des FBI», das nun «Informationen über praktisch jeden Bürger» ohne richterliche Genehmigung sammeln könne.

Mit 9/11 begann für Hillary eine intensive Pendeltätigkeit zwischen Washington und New York. Bei den nationalen und internationalen Entscheidungen stellte sie sich wie versprochen hinter den republikanischen Präsidenten. In New York war sie die Interessenvertreterin der unmittelbar Betroffenen. Sie sorgte mit dafür, dass die Bundesregierung 21 Milliarden Dollar für den Wiederaufbau von Manhattan zur Verfügung stellte, unterstützte Beschäftigte und Geschäftsleute, die ihre Arbeit und ihr Einkommen verloren hatten, und stand überlebenden Katastrophenhelfern der New Yorker Feuerwehr und Polizei zur Seite. Tausende von ihnen waren bei den Räumungsarbeiten an *Ground Zero* giftigen Stoffen ausgesetzt gewesen, aber als die Ersten von ihnen schwerkrank wurden, bestritt die US-Regierung, dass es einen Zusammenhang zwischen dem Einsatz und ihrem Leiden gab. Hillary wurde ihre Fürsprecherin in Washington und ließ nicht locker, bis das Zadroga-Gesetz das systematische medizinische Screening und die Betreuung der Katastrophenhelfer garantierte. Das Gesetz ist nach einem New Yorker Polizisten benannt, der mit 34 Jahren an den Folgen der durch den Terroranschlag freigesetzten giftigen Substanzen gestorben ist.

Die New Yorker erlebten ihre Senatorin als zugänglich, gut informiert, zupackend und hilfsbereit. Zusätzlich verfügte sie über eines der bestgefüllten Adressbücher des Landes, das sie nun für New York nutzte. «Wir konnten uns auf sie verlassen», erinnert sich die damalige

Bezirkspräsidentin von Manhattan, die Demokratin Virginia Fields. Bei den Feuerwehrleuten, die in den Monaten nach 9/11 in New York als Helden verehrt wurden, war Hillary besonders beliebt. Schon wenige Monate nach den Attentaten fielen bei Versammlungen von Feuerwehrleuten Sätze wie dieser: «Falls Sie je für einen höheren Posten kandidieren, haben Sie meine Unterstützung.»

Folgenschwere Kriegszustimmung

Die Autorisierung des Angriffs auf Afghanistan im September 2001 war Hillarys erstes eigenes Votum für einen Krieg. Im Oktober 2002 stimmte sie für einen zweiten Krieg, dieses Mal im Irak. Anders als die Abstimmung zu Afghanistan, bei der sie sich in großer, parteiübergreifender Gesellschaft befunden hatte, war diese Kriegserklärung von Anfang an eine umstrittene und weltweit kritisierte Entscheidung.

Seit 9/11 hatten Präsident Bush und die Neokonservativen in seiner Regierung das Klima für einen Angriff auf den Irak geschaffen. Als er im Januar 2002 seine Rede zur Lage der Nation hielt, benutzte der Präsident erstmals die Wendung «Achse des Bösen». Dazu zählte er neben dem Irak den Iran und Nordkorea. Hinter den Kulissen liefen die Kriegsvorbereitungen bereits auf Hochtouren. Verteidigungsminister Rumsfeld, Vizepräsident Cheney sowie der stellvertretende Verteidigungsminister Paul Wolfowitz und Sicherheitsberater Richard Perle betrachteten den im Jahr 1991 gegen den Irak geführten Krieg als nicht abgeschlossen. Diesen Operation Wüstensturm genannten Feldzug hatte der Vater des nun amtierenden Präsidenten nach 43 Tagen beendet, nachdem die irakischen Besatzer aus Kuwait wieder vertrieben worden waren. 34 Staaten, darunter zahlreiche arabische Länder, hatten sich an diesem Krieg beteiligt. Gerade weil die Operation sich an die ursprünglich fixierten Kriegsziele hielt, galt «Desert Storm» vielerorts als mustergültige Operation, nicht aber bei den «Neocons», die den Krieg bis zum Sturz Saddam Husseins und einem Regimewechsel in Bagdad hatten fortsetzen wollen. Als der jüngere Bush einige von ihnen in seine Regierung holte, gewann diese Position erheblich an Einfluss. Die Neokonservativen konnten auf der Politik von Bill Clinton aufbauen. Während seiner Präsidentschaft waren gegen den Irak drastische ökonomische Sanktionen verhängt worden, und Ende 1998 griffen die USA und Großbritannien in der viertägigen massiven Militäroperation «Desert Fox» Ziele im ganzen Land an, weil das Regime in Bagdad der Regierung in Washington zufolge nicht mit den UN-Waffeninspekteuren kooperierte. Auch Bill Clinton sprach immer wieder von Saddam Husseins Massenvernichtungswaffen, und im Winter 1998 unterzeichnete er ein Dokument, das den Weg für den künftigen Umgang der USA mit dem Irak bereitete: Der *Iraq Liberation Act* machte den Sturz des Diktators und den Regimewechsel in Bagdad zum offiziellen Ziel der Politik von Washington.

Im Herbst 2002, als die Resolution, die Präsident Bush ermächtigen sollte, einen Krieg gegen den Irak zu führen, in den Kongress eingebracht wurde, gab es in beiden Kammern neben den Befürwortern weiterer Militärschläge auch starke kriegskritische Stimmen. Insbesondere die Demokratische Partei war tief gespalten. Senator Robert Byrd, geboren 1917, beschrieb die Stimmung in Washington im Herbst 2002 als geprägt von Kriegstrommeln und Kriegswolken: eine «Kriegshysterie, die wie ein Hurrikan bläst». Senator Paul Wellstone warnte vor einem Präventivkrieg und vor «Gewalt im Alleingang». Er forderte seine Kollegen auf: «Lasst uns zu einem gemeinsamen Vorgehen mit der Weltgemeinschaft zugunsten einer neuen Abrüstungsrunde im Irak zurückkehren.» Im Repräsentantenhaus warnte unter vielen anderen Abgeordneten auch der Unabhängige Bernie Sanders aus Vermont vor den Unwägbarkeiten eines Krieges, einem anschließenden Bürgerkrieg im Irak und den Konsequenzen eines US-amerikanischen Alleingangs für das internationale Recht. Niemand bezweifelte, dass Saddam Hussein ein brutaler Diktator war, der sein eigenes Volk unterdrückte und Krieg gegen Nachbarländer geführt hatte. Doch sowohl die irakische Bedrohung gegen die USA als auch die Existenz von Massenvernichtungswaffen im Irak waren weltweit umstritten. «Ich bin nicht überzeugt», sagte der deutsche Außenminister Joschka Fischer Verteidigungsminister Rumsfeld bei der Münchner Sicherheitskonferenz 2003 ins Gesicht, und der französische Außenminister Dominique de Villepin appellierte in einer bewegenden Rede im Weltsicherheitsrat an die USA, auf den militärischen Alleingang zu verzichten und das Völkerrecht zu respektieren: «Die Möglichkeiten der UN-Waffeninspekteure im Irak sind noch nicht erschöpft.»

Im Oktober 2002 verfügten die Demokraten im US-Senat über eine knappe Mehrheit von 51 Sitzen. Damit hätten sie die Irakkriegsresolution zu Fall bringen können, doch am 11. Oktober 2002 stimmten nur 22 Demokraten und ein Republikaner dagegen. Die übrigen 29 demokratischen Senatoren, darunter Hillary Clinton, stimmten zusammen mit 48 Republikanern für die Resolution. Das Repräsentantenhaus hatte die Resolution schon am Vortag mit großer Mehrheit angenommen. Allerdings hatten sich dort die Mehrheit der Demokraten sowie sechs Republikaner und der Unabhängige Sanders dagegen ausgesprochen. Die Resolution forderte Präsident Bush auf, weiterhin diplomatische Mittel einzusetzen, um die im Irak vermeintlich vorhandenen Massenvernichtungswaffen zu zerstören, aber sie gab ihm zugleich die Vollmacht, mit den Vereinten Nationen oder im Alleingang Gewalt gegen den Irak anzuwenden, um die nationale Sicherheit der USA zu verteidigen.

Hillary hielt vor der Abstimmung eine sorgfältig komponierte Rede, in der sie sich die wesentlichen Argumente der Neokonservativen fast wörtlich zu eigen machte. «Geheimdienstberichte zeigen», sagte sie am 2. Oktober 2002, «dass Saddam Hussein seit vier Jahren daran arbeitet, seine chemischen und biologischen Waffenvorräte, seine Raketenkapazität und sein Atomprogramm wiederherzustellen. Er hat außerdem Terroristen – inklusive al-Qaida-Mitgliedern – Hilfe und einen sicheren Ort geboten, auch wenn es keine offensichtlichen Belege für seine Verwicklung in die schrecklichen Ereignisse vom 11. September gibt.» Zwar forderte sie Präsident Bush auf, die Vollmacht «klug» zu nutzen und eine Verhandlungslösung durch die UN einem Krieg vorzuziehen, doch sie beendete ihre Rede mit dem klaren Bekenntnis: «Dies ist eine

Abstimmung, die zum Krieg führen könnte. Aber ich gebe meine Stimme mit Überzeugung ab.» Wenige Tage vor Beginn des Krieges in der Nacht vom 19. zum 20. März 2003 machte die Friedensgruppe Codepink einen letzten Versuch, die Abgeordneten in Washington im direkten Gespräch umzustimmen. Rosa gekleidete Frauen gingen im Kongress von einem Büro zum nächsten. Mit Hillary sprach Medea Benjamin, eine der Gründerinnen von Codepink. Sie berichtete der Senatorin von einer Reise nach Bagdad, von der sie gerade zurückgekehrt war. «Die Frauen im Irak haben schreckliche Angst vor dem drohenden Krieg und den Zerstörungen», sagte sie. «Ich bewundere Ihre Bereitschaft, für die Frauen und Kinder des Irak zu sprechen», antwortete Hillary nach der Erinnerung der Aktivistin, «aber es gibt einen sehr einfachen Weg, zu verhindern, dass jemand in Gefahr gerät. Er besteht darin, dass Saddam Hussein abrüstet, aber ich kann mir nicht vorstellen, dass er es tun wird.»

Der Krieg gegen den Irak war von Beginn an ein Fiasko. Entgegen den Ankündigungen von Vizepräsident Cheney wurden die US-Soldaten im Irak nicht als Befreier empfangen und bejubelt. Bis zum offiziellen Kriegsende im Jahr 2011 kamen 4486 US-Soldaten ums Leben. Wie viele Iraker an den direkten und indirekten Kriegsfolgen starben, ist nie erfasst worden: Die Schätzungen reichen von 150 000 bis zu einer halben Million Toten. Das Land ist zerstört, die Region destabilisiert, und in den Trümmern der alten Gesellschaft ist die neue Terrororganisation IS entstanden. Hillary tat sich schwer mit einem selbstkritischen Blick auf ihren Beitrag zu dieser folgenschweren Fehlentscheidung. Zwölf Jahre lang machte sie ausschließlich Präsident George W. Bush für das verantwortlich, was im Irakkrieg falsch gelaufen war. Er habe, so beklagte sie, «den Kongress und das Land belogen», habe nicht nach diplomatischen Lösungen gesucht, den Krieg nicht richtig geführt und auch nicht die Nachkriegszeit vorbereitet. Sie selbst, so versicherte sie noch 2004, habe in Sachen Irak nichts zu bereuen.

Erst 2014, nachdem die öffentliche Meinung in den USA sich radikal geändert hatte und als Hillary sich ein zweites Mal anschickte, für das Präsidentenamt zu kandidieren, machte sie eine 180-Grad-Kehrtwende und rang sich zu dem Wort «Fehler» durch. In ihrer zweiten Autobiographie, die sie kurz vor der Bekanntgabe ihrer Kandidatur wie ein Bewerbungsschreiben veröffentlichte, versteckt sie sich zwar immer noch hinter «vielen Senatoren», die wünschten, sie hätten im Oktober 2002 gegen die Resolution gestimmt, aber dann fährt sie fort: «In der Weise, wie der Krieg sich weiterschleppte, und mit jedem Brief, den ich einer Familie in New York schicken musste, die einen Sohn oder eine Tochter, einen Vater oder eine Mutter verloren hatte, wurde mein Fehler schmerzhafter. Ich dachte, ich hätte in gutem Glauben gehandelt und die bestmögliche Entscheidung mit den Informationen gefällt, die mir zur Verfügung standen. Und ich war nicht die Einzige, die es falsch gemacht hat. Aber ich habe es falsch gemacht. Schlicht und einfach.»

ERSTER VERSUCH:
WAHLKAMPF GEGEN BARACK OBAMA

Eine Überraschung war es nicht, als Hillary Clinton im Januar 2007 öffentlich machte, dass sie eine Präsidentschaftskandidatur erwog. Ihr Büro im Senat, in dem mehrere ehemalige Präsidentenberater arbeiteten, wirkte wie ein Weißes Haus im Wartestand. Sie saß in vier Senatsausschüssen, darunter dem strategisch wichtigen für das Militär, und ihr stand mit dem finanziell gut ausgestatteten Think-Tank *Center for American Progress* und der von David Brock gegründeten Medienorganisation *Media Matters for America* eine von Clinton-Getreuen aufgebaute, schlagkräftige politische Maschine zur Verfügung. Zudem hatte sie eine politische Autobiographie veröffentlicht und zahlreiche Auslandsreisen gemacht. All das waren Hinweise darauf, dass sie größere Pläne hatte, und einige hatten schon vier Jahre zuvor mit ihrer Kandidatur gerechnet.

Nach acht Jahren unter George W. Bush mit einem sich ausweitenden globalen «Krieg gegen den Terror», einer Staatsverschuldung, die nach dem Sanierungserfolg der Bill-Clinton-Jahre wieder auf fast elf Billionen Dollar hochgeschnellt war, und der schwersten Rezession seit der Depression der Dreißigerjahre des letzten Jahrhunderts galt die 59-Jährige im Apparat ihrer Partei als die prädestinierte Kandidatin. Sie hatte das ergiebigste Spendernetzwerk, den größten Bekanntheitsgrad und die meiste politische Erfahrung unter den Anwärtern. An der Wählerbasis freilich verteilten sich die Sympathien anders. Der britisch-amerikanische Intellektuelle Christopher Hitchens sprach vielen aus der Seele, als er fragte: «Warum sollten wir das Clinton-Familiendrama erneut in das Zentrum unserer Politik stellen?»

Hillary ging ihre Kandidatur an, als wäre ihre Nominierung eine Selbstverständlichkeit. Sie eröffnete ihre Kampagne mit einem Video, in dem sie auf einem Sofa sitzend verkündete, dass es Zeit für die «Erneuerung des amerikanischen Versprechens» sei. Dann zählte sie die anstehenden Herausforderungen auf: Wie können wir den Krieg im Irak zu einem guten Ende bringen? Wie können wir unser Ansehen in der Welt wiederherstellen, energieunabhängig werden und eine Krankenversicherung für jeden schaffen? Es klang wie die Mitteilung «Jetzt bin ich an der Reihe» und nicht so, als hätte sie es nötig, die Herzen ihrer Landsleute zu erobern. «Ich kandidiere, um zu gewinnen», fügte sie hinzu, als wäre das nicht ohnehin eine Selbstverständlichkeit.

Ein paar Tage nachdem dieses Video ins Netz gestellt worden war, stieg ein zweiter Juniorsenator in das Rennen um die Präsidentschaftskandidatur ein, der all das mitbrachte, was Hillary fehlte. Barack Obama war ein mitreißender Redner, hatte Witz, Charme, Leidenschaft, ein umwerfendes Lächeln und war 45 Jahre jung. Zudem betrat er ohne politische oder private Altlasten die Bühne und verkörperte die Hoffnung auf Erneuerung in Washington und auf Aussöhnung mit einem der finstersten Kapitel der US-Geschichte: Sklaverei und Rassismus. Seinen Wahlkampf eröffnete er mit einer Rede unter freiem Himmel an einem kalten Februartag in Springfield, Illinois, wo einst Abraham Lincoln gelebt hatte, und zitierte mehrfach den Präsidenten, der 1865 die Sklaverei abgeschafft hatte. Der junge Politiker aus Illinois hatte die große nationale Bühne erstmals im Sommer 2004 betreten, als er auf dem Nominierungsparteitag der Demokraten in Boston den Präsidentschaftskandidaten John Kerry einführte. Es gelang Obama, mit dieser von den großen Fernsehsendern übertragenen Parteitagsrede seine Zuhörer zu Tränen zu rühren und stolz zu machen. «In keinem anderen Land der Welt wäre meine Geschichte möglich», sagte er, «sie bestätigt die Größe unserer Nation. Den wahren Geist von Amerika.» Solche den sogenannten Exzeptionalismus des eigenen Landes feiernden Sätze sind in den USA rhetorischer Standard, doch im Fall von Barack Obama beschreiben sie tatsächlich eine außergewöhnliche Geschichte. Er war aus der kurzlebigen Beziehung zwischen einer weißen US-Amerikanerin und einem schwarzen Studenten aus Kenia hervorgegangen, im Bundesstaat Hawaii geboren, trug einen afrikanischen Namen, pendelte als Kind zwischen den Großeltern in Kansas und seiner Mutter, die in Indonesien arbeitete, und hatte es als Jurastudent an der Elite-Universität Harvard als erster schwarzer Redaktionsleiter der «Harvard Law Review» zu höchsten akademischen Weihen gebracht. Bevor er im Jahr 2004 US-Senator wurde, war er in Chicago Anwalt und *community organizer* auf der ärmlichen South Side gewesen und hatte im Senat von Illinois gesessen.

Die demokratische Basis, insbesondere junge Wähler, Frauen und Afroamerikaner, lagen dem charismatischen Außenseiter zu Füßen. Vor ihnen stand ein schwarzer Politiker, der in der Lage schien, uralte Gräben zu überwinden. Seine Reden beschäftigten sich mit denselben Themen wie die seiner Konkurrentin, aber bei ihm klang es wie Musik, und seine Zuhörer verließen seine Veranstaltungen eingehüllt in das Gefühl eines gemeinsamen Projekts. Dergleichen hatte seit John F. Kennedy kein demokratischer Politiker mehr geschafft. Was Barack Obama zusätzlich attraktiv machte und ihm eine Aura verführerischer Unschuld gab, war, dass er sich im Jahr 2002 gegen die Irak-Resolution ausgesprochen hatte. Er saß damals noch nicht im US-Senat, aber er war auf die Straße gegangen. «Ich bin nicht gegen jeden Krieg», hatte er auf einer Kundgebung in Chicago gesagt, «aber ich bin gegen einen unsinnigen Krieg.»

Schock in Iowa

Hillary hatte ihre Kampagne mit einem mehr als 20-prozentigen Vorsprung in den Meinungsumfragen begonnen, doch bei der ersten Vorwahl im Januar 2008 in dem kleinen Bundesstaat Iowa landete sie abgeschlagen auf dem dritten Platz hinter Barack Obama und dem ehemaligen Senator von North Carolina John Edwards, der bereits vier Jahre zuvor angetreten war und damals als Vizepräsidentschaftskandidat von John Kerry bis zur Wahlniederlage gegen George W. Bush im Rennen blieb. Selbst in der Wählergruppe der jungen Frauen lag sie weit hinter Barack Obama zurück.

Iowa mit seinen 3,1 Millionen Einwohnern eröffnet alle vier Jahre die Vorwahlsaison. Ebenso häufig wird in Washington darüber diskutiert, wie sinnvoll es ist, das kleine Iowa mit weniger als einem Prozent der US-Bevölkerung derart in den Mittelpunkt des nationalen Geschehens zu rücken. Der Staat im Mittleren Westen ist ländlich, seine Bevölkerung ganz überwiegend weiß, und im Unterschied zu den meisten Bundesstaaten findet die Vorwahl in Iowa nicht in anonymen Wahllokalen statt, sondern in der Form des Caucus, abendfüllenden Parteiversammlungen, bei denen die Parteimitglieder über die Kandidaten diskutieren, bevor sie öffentlich – indem sie die Hand heben oder sich auf die Ecken des Raumes verteilen – ihre Stimme abgeben.

Die Vorwahlen sind ein kompliziertes, teures und langes Vorspiel jeder US-Präsidentschaftswahl. Im Jahr 2016 bestimmen Wähler in allen 50 Bundesstaaten sowie dem Hauptstadtdistrikt und den überseeischen Territorien Puerto Rico, Guam, Nördliche Marianneninseln, Amerikanische Jungferninseln und Amerikanisch-Samoa nach von Staat zu Staat unterschiedlichen Regeln Delegierte, die dann auf den gut vier Monate vor der Präsidentschaftswahl stattfindenden Nominierungsparteitagen der Republikaner und Demokraten die offiziellen Kandidaten küren. Gegenwärtig organisieren zehn Bundesstaaten sowie mehrere Territorien ihre Vorwahlen nach dem archaischen Caucus-System, die übrigen halten *Primaries* ab. In manchen Vorwahlen dürfen nur Parteimitglieder abstimmen, andere lassen auch Unabhängige mitstimmen, und vielerorts ist es möglich, noch am Wahltag der Partei beizutreten. Auf den Nominierungsparteitagen haben aber nicht nur die gewählten Delegierten Stimmrecht, sondern auch verschiedene Repräsentanten der Parteiapparate, die sogenannten Superdelegierten. In der Demokratischen Partei, wo jeder Kongressabgeordnete und zahlreiche Parteifunktionäre auf der Ebene der Bundesstaaten Superdelegierte sind, verfügen diese über 15 Prozent der Stimmen und sind damit im Zweifel das Zünglein an der Waage. Bei den Republikanern machen die Superdelegierten dagegen nur sieben Prozent der Stimmen aus. Die Vorwahlen selbst dauern knapp ein halbes Jahr – mit einem Kampagnenvorlauf von bis zu einem Jahr tragen sie erheblich zum Eindruck permanenten Wahlkampfs in den USA bei. Das Ergebnis in Iowa, dessen Handvoll Delegierte bei den Krönungsparteitagen kein entscheidendes Gewicht haben, hat Signalwirkung für Wähler und Geldgeber im Rest des Landes.

Bei ihrer morgendlichen Telefonkonferenz am Tag nach dem Debakel stellte Hillary ernüchtert fest: «Dieses Rennen hat jetzt drei Favoriten.» Als ihre Mitarbeiter in der Leitung betroffen schwiegen, hängte die Kandidatin auf. Sie hatte schon vor dem Caucus gewusst, dass sie in Iowa zwar als «kompetent, stark und erfahren» galt, aber nicht beliebt war. Nun zeigte das Ergebnis, dass ihre Nominierung keineswegs eine Formsache war und ihre Kampagne härter und länger werden würde als erwartet. Wenige Wochen später konnte sie in New Hampshire, dem in Neuengland gelegenen ebenfalls kleinen und weißen Bundesstaat, eine vorübergehende Genugtuung erleben. Bei einem Treffen in einem Café in Portsmouth verdrückte sie eine von allen Fernsehsendern übertragene Träne, als sie zu ihrem Wahlkampf befragt wurde. «Es ist nicht einfach», seufzte sie, «ich könnte es nicht tun, wenn ich nicht leidenschaftlich glaubte, dass es das Richtige ist. Ich möchte einfach verhindern, dass unser Land wieder zurückfällt.» Das war nach zwölf Monaten, in denen die Kandidatin Härte und Distanz demonstriert hatte, ein seltener emotionaler Auftritt, der unmittelbar Wirkung zeigte. Am Tag danach erhielt Hillary in New Hampshire die Mehrheit der Stimmen, obwohl die Umfragen einen anderen Ausgang prognostiziert hatten. Diesen Erfolg hatte sie vor allem den Stimmen von Frauen zu verdanken.

Hillary gewann die Vorwahlen in 23 der 50 Bundesstaaten, aber das reichte nicht. Obama blieb insgesamt in Führung. Afroamerikanische Wähler, die jahrelang verlässliche Unterstützer von Bill Clinton gewesen waren und ihre Anhänglichkeit in New York auch auf dessen Frau übertragen hatten, wechselten zu Obama. Auch junge Feministinnen stimmten für ihn, und traditionelle Clinton-Geldgeber spendeten ihm mehr als Hillary. Nach und nach ließen immer mehr prominente Demokraten sie im Stich, darunter langjährige Vertraute der Clintons wie Greg Craig, der Studienkollege aus Yale, der Bill Clinton als Anwalt im Amtsenthebungsverfahren vertreten hatte, und Robert Reich, ebenfalls ein Kommilitone aus Yale und Arbeitsminister in der Regierung Clinton. Auch Senator Ted Kennedy, mit dem die Clintons gemeinsame Sommerurlaube verbracht hatten, wechselte auf Obamas Seite.

Vom Irakkrieg abgesehen waren Hillary und Barack Obama politisch nicht weit voneinander entfernt. Während der vier Jahre, in denen sie beide im US-Senat saßen, hatten sie fast immer gleich gestimmt, und für den Fall ihrer Wahl kündigten sie ähnliche Vorhaben an. Was sie unterschied, war mehr der Stil und die Selbstdarstellung als politische Inhalte. Bei Auftritten vor großem Publikum wirkte Hillary steif. Ihre weit aufgerissenen Augen und ihr Winken, wenn sie ein bekanntes Gesicht im Publikum entdeckte, hatten etwas Aufgesetztes. Ihre Reden klangen, als wäre jedes Wort durch den Filter von Meinungsforschern gegangen. Und wenn sie aus ihrem Leben erzählte, waren es erstaunlich glatte und eindimensionale Geschichten. Eigene Schwächen gestand sie nicht ein, und bestimmte Kapitel ihres Lebens sparte sie fast komplett aus. So sprach sie nie von der konfliktreichen Beziehung ihrer Eltern und auch nicht von ihren Ehedramen, die die Öffentlichkeit teilweise live hatte mitverfolgen können. Die 15 Jahre in der Anwaltskanzlei Rose, wo sie die Interessen von Unternehmen in Arkansas vertreten hatte, dampfte sie auf einige wenige Anekdoten ein, während sie oft und ausführlich über das eine Jahr sprach, in dem sie als Mitarbeiterin des Children's Defense Fund Kinderrechte verteidigt hatte. Barack Obama hingegen schaffte es, seine Geschichte mit Ecken und Kanten zu erzählen und dennoch leicht und natürlich zu wirken. So hielt er es mit seinem Vater, der ihn verließ, als Barack erst zwei war, und so hielt er es mit seiner Erfolgsgeschichte als Afroamerikaner in einem Land voller rassistischer Schikanen.

Das Einstudierte und Kontrollierte des Auftretens verstärkten das öffentliche Bild von einer Politikerin, die nicht authentisch ist. Dabei hätte auch sie im Wahlkampf 2008 die Möglichkeit gehabt, ihre Besonderheit und ihre daraus resultierenden Erfahrungen zum Thema zu machen. Sie war die erste Frau in den USA, die eine realistische Chance hatte und ergreifen wollte, von einer großen Partei nominiert zu werden, und wichtige Momente in ihrer Karriere waren auf das Engste mit ihrem Engagement für Frauenrechte verbunden. Viele Unterstützerinnen hofften, dass Hillary im Wahlkampf über geschlechtsbedingte Hürden sprechen und sich von einer Seite zeigen würde, mit der sie oft im kleineren Kreis glänzte – mit klassisch «weiblichen» Charakterzügen wie Einfühlungsvermögen, Wärme und Gefühlen. «Sprich über Geschlechterpolitik», sagten demokratische Parteifreundinnen im März 2008 zu Hillary, nachdem Barack Obama eine viel beachtete Rede über Rassismus gehalten hatte, doch die Kandidatin entschied sich dagegen. Sie vermied es, über sich als Frau zu sprechen – und darüber, was das Vorbild einer Präsidentin für Millionen Mädchen und Frauen bedeuten könnte. Stattdessen führte sie einen beinahe geschlechtsneutralen Wahlkampf. Ihr wichtigstes Verkaufsargument war die jahrzehntelange Erfahrung in der Politik. Darüber hinaus griff sie auffallend häufig ins militärische Fach, gab sich maskuliner als ihre männlichen Mitbewerber und erinnerte regelmäßig daran, dass die Person an der Spitze des Weißen Hauses zugleich der militärische Oberkommandierende der USA ist. «Mit Schlichtungen und Verhandlungen ohne Vorbedingungen lassen sich die hartnäckigen Probleme der Welt nicht lösen», sagte sie an die Adresse ihres Kontrahenten: «Wir brauchen einen Präsidenten, der sowohl den Olivenzweig als auch Pfeile zum Einsatz bringen kann und in der Lage ist, in einer Krise zügig und bestimmt zu handeln.»

Frauen aus Hillarys Generation konnten die Vorsicht, mit der die Kandidatin der Geschlechterfrage aus dem Weg ging, nachvollziehen. Sie wussten von den unzähligen sexistischen Anfeindungen, denen Hillary als First Lady in Arkansas und dann auch in Washington ausgesetzt gewesen war, und fanden es mutig, dass sie überhaupt kandidierte. Auch während des Vorwahlkampfs bekam sie es oft mit paternalistischen und sexistischen Anwürfen zu tun. Fernsehmoderatoren bestanden darauf, sie als «Gattin des Expräsidenten» vorzustellen, und sprachen in ihrem Fall über Dinge, die bei keinem männlichen Politiker thematisiert wurden: vom Klang ihrer Stimme bis hin zu ihrer neuesten Frisur und der Frage, was das über ihre politische Haltung aussage. Die Feministin und langjährige Hillary-Vertraute Gloria Steinem bezeichnete die Kandidatur als eine «Revolution von innen», doch jüngere Frauen kehrten Hillary enttäuscht den Rücken und wandten sich Barack Obama zu. Indem sie die Geschlechterdebatte umging, sei sie «vor dem revolutionären Aspekt ihrer eigenen Kandidatur weggelaufen», schrieb die junge Dichterin und Feministin Meghan O'Rourke. Als Hillary acht Jahre später erneut antrat und die Lehren aus ihren Fehlern von 2008 zog, kommentierte eine der meistgelesenen Kolumnistinnen der «New York Times» bissig: «Nachdem sie beim letzten Mal als Mann gegen Obama antrat, kandidiert sie dieses Mal als Frau.»

Boshaft und nichtssagend

Je stärker Obama wurde, desto wütender attackierte Hillary ihn. Nach ihrer Beschreibung war er naiv, inkompetent, unerfahren, idealistisch und zu links, also vollkommen untauglich für das Amt. Dass sie auch nicht vergaß, darauf hinzuweisen, dass sie die aussichtsreichere Kandidatin bei weißen Arbeitern sei, empfanden Obama-Mitarbeiter als rassistische Anspielung. «Er hat eine Rede gehalten, ich habe eine Bilanz»: So karikierte Hillary den Unterschied zwischen sich und dem Herausforderer. Sie ließ im Fernsehen einen Werbespot laufen, der unter dem Namen «Vier-Uhr-morgens-Video» bekannt wurde: Nachts klingelt ein Telefon im Weißen Haus; die nationale Sicherheit der USA hängt davon ab, wer den Hörer abhebt. «Ich bin ab dem ersten Tag bereit», verkündete sie, was suggerierte, dass ihr Herausforderer es nicht war. Bei einer Rede an der George-Washington-Universität verglich sie Obama mit George W. Bush: «Wir haben erlebt, was das tragische Resultat ist, wenn wir einen Präsident haben, der weder die Erfahrung noch die

Weisheit hat, unsere Außenpolitik zu leiten und unsere Nationale Sicherheit zu garantieren. Das können wir nicht wieder zulassen.» Sie versuchte es auch mit Spott und verkündete: «Er kommt aus der Abteilung für Versprechen – ich komme aus der Abteilung für Lösungen.» Und sie höhnte: «Der Himmel wird sich öffnen. Das Licht kommt herunter. Engelchöre werden singen. Und die Welt wird perfekt.»

Sich selbst bot die Kandidatin als erfahrene, realistische, durchsetzungsfähige und zähe Macherin an – und als Hardlinerin, die aggressive Sätze fallen ließ wie: «Falls der Iran Israel mit einer Atombombe angreift, während ich Präsidentin bin, können wir das Land total auslöschen.» Gelegentlich übertrieb sie allerdings ihre internationale Erfahrung ein bisschen. So erzählte sie von einer Landung unter Scharfschützenfeuer im bosnischen Tuzla, was sie korrigieren musste, weil ein Video vom Flughafen sie mit Schulkindern zeigte, die der First Lady auf der Landebahn Blumen überreichten. Und als sie ihren Beitrag zum Frieden in Nordirland pries, nannte der tatsächlich an dem Zustandekommen des Karfreitagsabkommens von 1998 beteiligte nordirische Friedensnobelpreisträger David Trimble das «ein klein wenig lächerlich». Genau genommen hatte Hillary bis zu diesem Zeitpunkt ebenso wenig wie ihr Konkurrent Außenpolitik in verantwortlicher Position gemacht.

Während Obama mit seinen zugkräftigen Schlagworten *change* und *hope* – Veränderung und Hoffnung – und dem Satz: «Yes, we can» seine Anhänger ins Träumen versetzte, lehnte Hillary es ab, Utopien zu entwerfen. «Vielleicht bin ich dafür schon zu alt und weiß zu genau, dass ein Präsident in Washington keinen Zauberstab hat», sagte sie. Tatsächlich war sie sich in diesem Punkt selbst treu geblieben. Schon fast vier Jahrzehnte zuvor als Studentin in Yale hatte sie utopische Positionen als «Hirnwichserei» abgetan. Für Hillary ist Politik die Kunst der kleinen Schritte und der Ort, an dem sie entsteht, nicht die Straße oder eine soziale Bewegung oder ein Wahlkampf, sondern ausschließlich die Regierung. Im Lichte dieses Politikverständnisses bewertete sie auch die Bürgerrechtsbewegung der Sechzigerjahre, indem sie Martin Luther Kings Rolle herunterspielte. «Dr. Kings Traum wurde erst Realität, nachdem Präsident Johnson das Bürgerrechtsgesetz unterschrieben hatte», sagte Hillary nach ihrer Niederlage in Iowa. Kein Wunder, dass bei der Vorwahl in South Carolina am 26. Januar die afroamerikanischen Wähler, die dort 55 Prozent der demokratischen Wähler stellen, geschlossen für Barack Obama stimmten.

Als einer der Moderatoren der Fernsehdebatte in Las Vegas Obama auf sein Eingeständnis ansprach, dass er kein Talent zum Büroleiter («operating officer») habe, gab er unumwunden zu, dass er dazu neige, Papiere zu verlieren, und dass George W. Bush vermutlich pünktlicher sei als er. Aber, so fuhr er lächelnd fort, seiner Meinung nach solle sich der Präsident nicht um den Aktenumlauf kümmern. Es komme vielmehr darauf an, «das amerikanische Volk zu inspirieren», dessen Hoffnungen und Träume aufzugreifen, Urteilsfähigkeit zu zeigen und Visionen zu entwerfen. Nebenbei erinnerte er damit an das mangelnde Urteilsvermögen seiner Konkurrentin in der Irak-Entscheidung von 2002. Hillary beharrte dagegen darauf, dass der Präsident ein Manager sein müsse und die Aufgabe habe, die Bürokratie zu steuern. In ihrem Negativwahlkampf gegen Barack Obama griff sie auch in die Werkzeugkiste der Roten Angst, aus der sich gewöhnlich Republikaner bedienen, und streute den Verdacht, Obama habe Kontakte zu Linksradikalen. So kritisierte sie ihren Kontrahenten dafür, dass sein Pastor in Chicago in seinem Kirchenblatt einen Gastkommentar eines Hamas-Führers aus der «Los Angeles Times» nachgedruckt hatte, und warf ihm vor, in Chicago im Vorstand einer Bürgerinitiative gegen Armut gesessen zu haben, der auch ein früheres Mitglied der militanten Anti-Vietnamkriegs-Gruppe Weathermen angehörte. Auf die Frage eines Fernsehjournalisten, ob Obama ein Muslim sei, gab sie eine Antwort, die viel Raum für Spekulationen bot: Für diese Vermutung gebe es keine Grundlage. «Soweit ich weiß.» Nach 9/11 konnte die Unterstellung, Muslim zu sein, politische Karrieren abrupt beenden.

Ihr Mann Bill, der zahlreiche Wahlkampfveranstaltungen für seine Frau abhielt, verschärfte den Ton gegen Obama noch weiter, verglich ihn mit einem «talentierten schwarzen TV-Moderator» und nannte Obamas Opposition gegen den Irakkrieg «das größte Märchen, das ich je gehört habe». Zu diesem Zeitpunkt hatten Freunde bereits begonnen, ihr einen Ausstieg aus der Kampagne nahezulegen. Zwar hatte sie die Vorwahlen noch nicht verloren, aber es war offensichtlich, dass sie nicht genügend Delegierte für ihre Nominierung würde gewinnen können. Auch große Medien, die der Demokratischen Partei nahestehen, hatten sich auf die Seite von Obama geschlagen und kritisierten ihre Attacken auf den Hoffnungsträger als «boshaft und nichtssagend», so die «New York Times» Ende April 2008. Weggefährten aus ihrer Zeit in Yale erinnerten daran, dass sie selbst Kontakte zu radikalen Linken unterhalten hatte, als Obama noch ein Schulkind im weit entfernten Indonesien war.

18 Millionen Risse

Hillary kämpfte bis zur bitteren Neige. Selbst als am 3. Juni 2008, nach der Auszählung der Stimmen in den beiden letzten Bundesstaaten Montana und South Dakota, klar war, dass sie die Vorwahlen verloren hatte, zog sie sich nicht sofort aus dem Rennen zurück und gratulierte auch nicht ihrem Kontrahenten Obama zu seinem Erfolg. Drei Tage später lag sie auf der Rückbank eines blauen Minibusses, der sie aus ihrer Villa im Washingtoner Botschaftsviertel an den wartenden Reportern vorbei zu einem Treffen mit ihrem Rivalen kutschierte. Die kalifornische Senatorin Dianne Feinstein, eine treue Unterstützerin Hillarys, hatte den beiden ihr Wohnzimmer als neutrales Terrain zur Verfügung gestellt. Dort saßen sie sich mehr als eine Stunde lang gegenüber und unterhielten sich über das Ende ihrer Rivalität und den Fortgang des Wahlkampfs, nunmehr unter der Führung Obamas gegen den republikanischen Präsidentschaftsbewerber John McCain. Als wären die bitteren Anfeindungen nichts als Schau gewesen, schien es für Hillary plötzlich offensichtlich, dass ihr Rivale und sie «bei den meisten Themen übereinstimmten». Am nächsten Tag stand sie allein in einem schwarzen Hosenanzug auf einem roten Teppich im Atrium des neoklassizistischen National Building Museum in Washington, um ihren fast 18 Millionen Wählern zu danken und sich öffentlich hinter Barack Obama zu stellen. Sie war umgeben von Tausenden von Unterstützern und Mitarbeitern, mehrheitlich Frauen. Hillary hatte die Nacht durchgearbeitet, um ihre Rede zu schreiben. Jetzt breitete sie die Arme aus und sagte etwas, worauf viele während der zurückliegenden anderthalb Jahre vergeblich gewartet hatten: «Ich bin eine Frau, und wie Millionen Frauen weiß ich, dass es immer noch Barrieren und Vorurteile gibt.» In dieser Rede gab Hillary ihrer Kampagne rückblickend den feministischen Sinn, auf den viele Anhängerinnen gehofft hatten: «Obwohl wir dieses Mal nicht in der Lage waren, die höchste und härteste gläserne Decke zu durchbrechen, haben wir ihr ungefähr 18 Millionen Risse zugefügt», erklärte sie. Viele Frauen im Publikum brachen in Tränen und in Applaus aus. Mit diesem Satz hatte sie ein Leitmotiv für ihre nächste Präsidentschaftskampagne gefunden.

Unity

Erneut erwies Hillary sich als gute Verliererin und disziplinierte Parteisoldatin. Sie stellte problemlos von Bekämpfung auf Unterstützung und vom Lächerlichmachen aufs Anpreisen um. Ihr Argument: «Wir haben eine Wahl zu gewinnen.» Am 27. Juni 2008 traten sie und Obama zum ersten Mal gemeinsam auf einer Wahlkampfveranstaltung auf. Der winzige Ort mit dem Namen Unity, Einheit, war mit Bedacht gewählt. Er liegt im Bundesstaat New Hampshire, wo Hillary ein halbes Jahr zuvor einen unerwarteten Erfolg errungen hatte. In Unity hatten 107 Wähler für sie und gleichfalls 107 für Obama gestimmt. Auf der Bühne verteidigte Hillary Obamas Programm. «Wir müssen ihn wählen», erklärte sie und zählte die Reformen auf, die sie und er im Vorwahlkampf angekündigt hatten. Der Präsidentschaftskandidat revanchierte sich mit einer ausführlichen Würdigung seiner Exrivalin, aber er widerstand dem Drängen verschiedener Hillary-Vertrauter, sie zu seiner Vizepräsidentschaftskandidatin zu machen, und erwählte den Senatskollegen Joe Biden aus Delaware als seinen *running mate*. Hillary bestritt später, je daran interessiert gewesen zu sein, Obamas Vizepräsidentin zu werden.

Schon vor der offiziellen Nominierung der Demokratischen Partei auf dem Parteitag in Chicago wurde Barack Obama auch auf internationaler Bühne zu einem Star. Riesige Menschenmengen pilgerten zu seinen Auftritten. Am 24. Juli 2008 strömten in Berlin mehr als 200000 Menschen zur Siegessäule, um ihm zuzuhören. Das «alte Europa» sehnte sich danach, den transatlantischen Zwist zu beenden und wieder Gründe zu finden, die USA zu lieben. Mit der Wahl Obamas zum 44. Präsidenten der USA stieg erstmals ein Afroamerikaner in das höchste Amt des Staates auf. Die postrassistische Gesellschaft allerdings, die manche bereits im November 2008 proklamierten, blieb eine Fiktion. Der erste schwarze Präsident der USA war während seiner Amtszeit in Washington stärkeren persönlichen und politischen Anfeindungen und Blockaden ausgesetzt als jeder seiner Vorgänger, und jenseits der Symbolik verbesserte sich auch die soziale und politische Lage der afroamerikanischen Bevölkerung in den acht Jahren nicht.

Nach seiner Wahl bot Obama Hillary das Außenministerium an. Sie zierte sich eine Weile, ähnlich wie sie es getan hatte, als ihr Charles Rangel acht Jahre zuvor eine Kandidatur für den Senat nahegelegt hatte, und schlug zwei ihrer diplomatischen Berater für das Amt vor: Richard Holbrooke und George Mitchell. Doch Obama wollte keinen Vertrauten der Clintons auf dem wichtigsten Ministerposten. Nach elf Tagen nahm sie das Angebot an, das ihr die Chance bot, Erfahrungen zu sammeln, die ihr noch fehlten. Für Barack Obama war es eine Möglichkeit, die einstige Rivalin in seine Regierung einzubinden und Spannungen in der Demokratischen Partei zu vermeiden. In den folgenden vier Jahren war Hillary mit dem Rest der Welt beschäftigt.

FOGGY BOTTOM:
DIE AUSSENMINISTERIN

Als 67. Secretary of State der USA stellte Hillary Clinton Rekorde auf. Sie besuchte in den vier Jahren von Ende Januar 2009 bis Ende Januar 2013 112 Länder – mehr als jeder ihrer Amtsvorgänger –, legte mit insgesamt 1,5 Millionen Kilometern fast so viel Flugstrecke zurück wie ihre Amtsvorgängerin Condoleezza Rice und war laut eigener Aussage mehr als 700 Mal im Weißen Haus. Globale Frauenrechte wertete sie zu einer Frage der nationalen Sicherheit der USA auf, und insgesamt erwies sie sich als Hardlinerin in der Regierung Obama. Doch internationale Abkommen, die ihren Namen tragen, hinterließ sie nicht. Sämtliche großen diplomatischen Fortschritte der Obama-Ära – darunter das Atomabkommen mit dem Iran, das Ende des Kuba-Boykotts nach mehr als 50 Jahren und das Pariser Klimaabkommen – kamen erst unter ihrem Amtsnachfolger John Kerry zustande. Er war es auch, der gleich nach seinem Amtsantritt im Februar 2013 eine intensive Pendeldiplomatie zwischen Tel Aviv, Ramallah und den umliegenden arabischen Hauptstädten aufnahm. Zwar gelang ihm kein Durchbruch zu einer Friedensregelung im Nahen Osten, aber immerhin wagte er einen neuen Versuch. «Als Außenministerin hat sie sehr wenig getan, um Frieden zu bringen», lautet das lakonische Fazit des einstigen Hillary-Förderers Jimmy Carter, dem im Jahr 2002 mit dem Friedensnobelpreis ausgezeichneten US-Präsidenten der Jahre 1977 bis 1981.

Überschattet wird die Amtszeit Hillarys im State Department auch vier Jahre später noch von den Entwicklungen in Libyen. Als Außenministerin drängte sie stärker als jedes andere Regierungsmitglied in

Washington auf ein militärisches Eingreifen in dem nordafrikanischen Wüstenstaat. Dabei zog sie an einem Strang mit dem konservativen französischen Präsidenten Nicolas Sarkozy und dem konservativen britischen Außenminister William Hague. Dagegen warnten in den USA führende Militärs und Geheimdienstler sowie Verteidigungsminister Robert Gates vor einer solchen Intervention. Auch Deutschland, das zu dem Zeitpunkt als nichtständiges Mitglied im Weltsicherheitsrat saß, war skeptisch und enthielt sich am Ende einer dramatischen Sitzung des Rats am 17. März 2011 der Stimme. Die Militärintervention in Libyen ging weit über das in der UN-Resolution 1973 beschriebene Ziel, ein Massaker zu verhindern, hinaus. Sie sorgte für den Sturz und die Tötung Muammar Gaddafis, der das Land seit 1969 regiert hatte, und den Zusammenbruch der staatlichen Strukturen.

Anderthalb Jahre nach der Militärintervention wurden auch die USA ein Opfer des neuen Chaos in Libyen. Am 11. September 2012 griffen Bewaffnete das US-Konsulat in der Provinzstadt Bengasi im Osten Libyens an. Vier US-Amerikaner kamen bei dem Anschlag ums Leben, darunter der von Hillary entsandte US-Botschafter Christopher Stevens. Der Überfall auf das Konsulat und das Krisenmanagement der Außenministerin in Washington führten zu einer Reihe von Untersuchungen im US-Kongress, die vier Jahre dauerten. In immer neuen Anläufen haben sich die Republikaner bemüht, mithilfe der Ereignisse in Bengasi Hillarys Tauglichkeit als US-Präsidentin infrage zu stellen. Als Nebenprodukt des republikanischen Ermittlungseifers kam heraus, dass die Außenministerin ihre komplette E-Mail-Kommunikation über einen privaten Server abgewickelt hatte statt über den gesicherten Server des Außenministeriums. Die sogenannte E-Mail-Affäre traf die Präsidentschaftskandidatin an einer ohnehin schwachen Stelle: ihrer Glaubwürdigkeit. Sie sorgte nicht nur für neue Attacken von Seiten der Republikaner, sondern löste auch interne Untersuchungen im State Department sowie Ermittlungen des FBI aus. Hillary hatte unter anderem als streng geheim eingestufte Nachrichten über ihren privaten Server verschickt. Mitten in der Präsidentschaftskampagne – weniger als ein halbes Jahr vor den Wahlen – stellte der Generalinspekteur des

Außenministeriums im Mai 2016 fest, dass die Kandidatin als Außenministerin gegen die Regeln des Hauses verstoßen habe. Und im Juli erklärte FBI-Direktor James Comey, Hillarys Umgang mit ihrer E-Mail-Korrespondenz sei «extrem sorglos» gewesen.

Smart Power

Wie anders war die Stimmung zu Beginn ihrer Amtszeit. Im Bestätigungs-Hearing vor dem außenpolitischen Ausschuss des Senats am 13. Januar 2009 lobten sowohl Republikaner als auch Demokraten Hillarys Kompetenz. Sie war wieder einmal die Gescheiteste im Raum, glänzte mit Detailkenntnissen über das Amt, das sie noch gar nicht angetreten hatte, und machte deutlich, was eines ihrer Leitmotive als Außenministerin sein sollte: international Präsenz und Stärke zeigen. Sie kritisierte das «imperiale Treiben» der Bush-Regierung, bestätigte aber zugleich den globalen Führungsanspruch der USA, verwahrte sich gegen alle, die den Niedergang des Landes prophezeiten, und kündigte eine «robuste Diplomatie» an. Hillarys Zauberwort lautete *smart power,* worunter sie eine Kombination aus Diplomatie und militärischer Härte versteht. Je nach Situation wolle sie «die volle Bandbreite der diplomatischen, wirtschaftlichen, militärischen, politischen, rechtlichen und kulturellen Werkzeuge» anwenden.

Am Tag der Anhörung veröffentlichte die Nachrichtenagentur AP eine Liste mit den Namen der Unternehmen, für deren Anliegen sich Hillary in den vorausgegangenen Jahren als Senatorin eingesetzt hatte und die später Geld an die Clinton-Stiftung gespendet hatten. Es handelte sich um Pharma-, Telekommunikations- und Energiekonzerne. Doch im Ausschuss sprach nur ein Mitglied das Risiko von Interessenkonflikten zwischen der angehenden Außenministerin und der Clinton-Stiftung an. Richard Lugar, der führende Republikaner im Ausschuss, schlug vor, Expräsident Bill Clinton solle während der Amtszeit seiner Frau komplett auf ausländische Spenden verzichten.

Seine Begründung: «Die Clinton-Stiftung stellt eine Versuchung für ausländische Regierungen dar, die glauben, dass sie sich mit Spenden Gefälligkeiten verschaffen können.» Die designierte Außenministerin reagierte gelassen: «Ich bin die erste, die zugibt, dass meine Karriere im öffentlichen Dienst schwerlich frei von Konflikten gewesen ist. Daher gebe ich mich keinen Illusionen darüber hin, dass es weiter Leute geben wird, die Konflikte zur Sprache bringen – ganz egal, was wir tun.» Weder der demokratische Ausschussvorsitzende John Kerry noch andere Senatoren griffen den Vorschlag von Lugar auf. Nachdem der Ausschuss der Nominierung zugestimmt hatte, erfuhr die Kandidatin auch im Senat eine ungewöhnlich starke Unterstützung aus beiden Parteien: 94 Ja- und nur zwei Nein-Stimmen. Auch Lugar stimmte für sie.

In den zweieinhalb Monaten, die traditionell zwischen der Wahl eines neuen Präsidenten Anfang November und seinem Amtsantritt am 20. Januar liegen, hatte Hillary sich Rat bei sämtlichen lebenden Ex-außenministern geholt - von Condoleezza Rice bis zu ihren beiden Freunden Madeleine Albright und Henry Kissinger. Sie hatte auch damit begonnen, Kontakte zu ihren künftigen Kollegen in der Regierung zu vertiefen. Der erste, auf den Hillary zuging, war Verteidigungsminister Gates. Der Republikaner war ein Veteran der Vorgängerregierung unter George W. Bush, den Präsident Obama in seinem Amt bestätigte. Gates stellte überrascht fest, dass Hillary eine «knallharte Dame» war. Oft zog er mit ihr am selben Strang, und nicht selten wollte sie militärisch härter durchgreifen als er. Die Zusammenarbeit des Verteidigungsministers und der obersten Diplomatin wurde auch in der Kommunikation nach außen deutlich: Gates plädierte für eine Aufstockung des außenpolitischen Etats, und Hillary gab ihrer Außenpolitik von Anfang an eine starke militärische Komponente. Sie sprach von den «drei Ds» der US-Außenpolitik: *Defense, Diplomacy and Development* – Verteidigung, Diplomatie und Entwicklungshilfe.

Obama ließ seiner Ministerin weitgehend freie Hand bei der Personalauswahl, auch wenn manche Mitarbeiter im Weißen Haus mit den Zähnen knirschten, weil sie die harten persönlichen Angriffe aus dem Vorwahlkampf noch nicht verwunden hatten. In einem Fall allerdings lehnte das Weiße Haus Hillarys Personalvorschlag kategorisch ab: Sidney Blumenthal, ein langjähriger enger Vertrauter der Clintons, hatte Hillary schon während ihrer Zeit als First Lady im Weißen Haus griffige Slogans geliefert – darunter den inzwischen sprichwörtlichen Satz von der «riesigen, rechten Verschwörung» gegen ihren Mann. Im Vorwahlkampf hatte Blumenthal einige besonders aggressive Rufmordversuche gegen Obama initiiert, unter anderem hatte er E-Mails an Journalisten und andere Meinungsmacher verschickt, in denen es um Obamas angebliche Nähe zu Kommunisten, radikalen Kriegsgegnern und nationalistischen afroamerikanischen Predigern ging. Dass er Hillary auch ohne offizielles Mandat weiterhin beriet – die beiden schrieben sich während ihrer Amtszeit als Außenministerin mindestens 488 E-Mails über dienstliche Themen –, wurde spätestens offensichtlich, als sein Name immer wieder in den Bengasi-Anhörungen fiel und er dort auch vorgeladen wurde.

Die *Mahogany Row* genannte Dienstzimmerflucht der Außenministerin liegt im siebten Stock des Harry-S.-Truman-Gebäudes in Foggy Bottom (Nebeliger Grund), einem der ältesten Stadtteile Washingtons am Ufer des Potomac, der seinen Namen vermutlich den Flussnebeln verdankt. In der Nachbarschaft des im Stil der protzigen Washingtoner Hauptstadtarchitektur gebauten Ministeriums stehen noch Häuser aus dem 18. Jahrhundert. Besucher werden in einem großen Raum empfangen, Dienstgeschäfte in einem kleineren mit Wänden aus Kirschholz abgewickelt. Hillary kannte die Räumlichkeiten bereits von Besuchen bei Madeleine Albright, nun saß sie selbst an dem Schreibtisch mit drei Telefonen mit direkten Leitungen ins Weiße Haus, ins Verteidigungsministerium und zur CIA. Wegen der Abhörgefahr sind sämtliche externen Elektronikgeräte im siebten Stock verboten, doch Hillary verfügte bereits bei ihrem Einzug über ein paralleles Kommunikationssystem außerhalb der strengen Sicherheitskontrollen des State Department. Noch bevor sie als Außenministerin vereidigt wurde, ließ sie einen privaten Server in ihrer Villa in Chappaqua installieren, den Techniker bezahlte sie aus eigener Tasche.

Schwenk nach Asien

Die Antrittsreisen von US-Außenministern führen gewöhnlich zu den engen Verbündeten, oft nach Israel oder Europa. Hillary setzte ein anderes Zeichen: Auf ihrer ersten Reise besuchte sie im Februar 2009 Japan, Indonesien, Südkorea und China. In Anlehnung an ihren Wahlkampf in New York sprach sie von einer «Zuhörtour», doch ihre sorgfältig ausgewählten Reiseziele waren ein deutliches Signal an Peking. Hillary wollte den Führungsanspruch der USA im Pazifik demonstrieren, ohne «eine unnötige Konfrontation mit China» zu riskieren, wie sie sagte. Der Zeitpunkt dafür schien ihr günstig, denn, wie sie später schrieb: «Trotz seines beeindruckenden Wirtschaftswachstums und seiner militärischen Fortschritte war China noch weit davon entfernt, die Vereinigten Staaten als einflussreichstes Land in Asien abzulösen. Also konnten wir aus einer Position der Stärke handeln.» Ihrer Überzeugung nach hatte sich die Bush-Regierung zu sehr auf den Irak, Afghanistan und den Nahen Osten konzentriert. Im Gegensatz dazu sicherte sie den kleineren Staaten im asiatisch-pazifischen Raum Unterstützung zu, die über Chinas wachsende militärische Präsenz und Gebietsansprüche im Südchinesischen Meer beunruhigt waren.

Regelmäßig nahm die US-Außenministerin an den Treffen der regionalen Bündnisse ASEAN und APEC teil und forderte die Mitglieder mit Verweis auf die Europäische Union auf, diese Strukturen weiter auszubauen. Peking hingegen bevorzugte bilaterale Wege. Schon wenige Monate nach ihrem Antrittsbesuch in China kam es zu einer ersten Konfrontation mit ihrem Pekinger Counterpart Yang Jiechi. Als auf einem ASEAN-Treffen im Juni 2009 in Hanoi kleinere Anrainerstaaten über chinesische Provokationen im Meer klagten, erklärte Hillary, die USA «würden bei keinem der Streitpunkte Partei ergreifen». Aber sie betone auch, dass die USA ein multilaterales Vorgehen «auf Grundlage des Völkerrechts und ohne Zwang oder Androhung von Gewalt» erwarten und die Freiheit der Seefahrt im Südchinesischen Meer als ihr «nationales Interesse» betrachten. Yang Jiechi verbat sich empört «jede Einmischung von außen» und warnte alle Anwesenden im Raum, die US-Außenministerin inklusive: «China ist ein großes Land. Größer als alle anderen hier vertretenen Länder.»

Der Schwenk nach Asien hatte in Hillarys Augen eine weit in die Zukunft gerichtete Dimension. «Dies wird Amerikas pazifisches Jahrhundert», erklärte sie und sah getreu ihrer allgemeinen außenpolitischen Agenda auch in Asien drei Säulen des US-amerikanischen Engagements: Diplomatie, «breite militärische Präsenz» und aktive wirtschaftliche Entwicklung. Letztere wollte sie vor allem mit dem Freihandelsabkommen Transpazifische Partnerschaft (TPP) erreichen.

Als Außenministerin war Hillary eine entschiedene Befürworterin dieses Abkommens, an dem zwölf Pazifik-Anrainerstaaten, darunter die USA und lateinamerikanische Länder, nicht jedoch China, beteiligt sind. «Es wird Märkte quer durch Asien mit dem amerikanischen Kontinent verbinden», schwärmte sie und nannte das geplante Abkommen innovativ, ehrgeizig und «die wichtigste Säule unserer wirtschaftlichen Asienstrategie». Doch Gewerkschaften, Umweltgruppen und viele an der Basis der Demokratischen Partei befürchten, dass das TPP dieselbe Dynamik auslösen würde wie das nordamerikanische Freihandelsabkommen NAFTA von 1994: eine Verlagerung von Arbeitsplätzen aus den USA in Billiglohnländer und die Absenkung von arbeitsrechtlichen, sozialen und ökologischen Standards. Im Vorwahlkampf 2016 hat Hillary eine ihrer typischen Kehrtwenden vollzogen und sagt nun plötzlich über das TPP: «Was ich über den ausgehandelten Vertrag höre, entspricht nicht meinen hohen Standards.»

Auf ihren Asienreisen fand Hillary Zugang zu einer Frau, deren Mut sie bewundert und die sie an Nelson Mandela erinnert: die Birmanin Aung San Suu Kyi. Hillary war die erste US-amerikanische Außenministerin nach mehr als 50 Jahren, die Myanmar besuchte. Die beiden Frauen trafen sich später noch mehrfach, und Hillary sorgte dafür, dass Washington Schritt für Schritt seine Sanktionen und die Isolierung des Landes beendete. Auch auf ihrer letzten Asienreise als Außenministerin kam sie gemeinsam mit Präsident Obama im Dezember 2012 für ein paar Stunden nach Rangun. Hier hatte sie, anders als später bei den

Umbrüchen in der arabischen Welt, problemlos eine klare Linie im Umgang mit einer Militärregierung und der ihr gegenüberstehenden Demokratiebewegung gefunden. Die Veränderungen in dem Land mit beinahe 60 Millionen Einwohnern wertete sie als Bestätigung dafür, «welche besondere Rolle die Vereinigten Staaten als Verfechter von Würde und Demokratie in der Welt spielen können. Dies war Amerika in Bestform.»

Präsident Obama ließ seine Chefdiplomatin in Asien gewähren. Die Region lag nicht im Zentrum seines Interesses. Die außenpolitischen Themen, die ihm wichtig waren, hatte er gleich zu Beginn seiner Amtszeit im Weißen Haus angesiedelt. Dazu gehörten die von seinem Vorgänger geerbten Kriege in Afghanistan und dem Irak, die Beziehungen zum Iran und zum Nahen Osten und die Terrorismusbekämpfung. Sämtliche damit zusammenhängenden Entscheidungen fielen im Weißen Haus. Hillary hielt sich als disziplinierte Parteisoldatin an ihre Zusage, sich voll auf das Außenministerium zu konzentrieren. In Umfragen waren sie und ihr Mann damals die populärsten Politiker des Landes, doch sie achtete sorgfältig darauf, Obama nicht die Schau zu stehlen. Und als er 2012 für eine zweite Amtszeit kandidierte, trat Hillary erwartungsgemäß nicht gegen ihn an. «Ich bin raus aus der Parteipolitik», sagte sie, «ich liebe meinen Posten.» Doch schon frühzeitig ließ sie verlauten, selbst kein Interesse an einer zweiten Amtszeit zu haben.

Öffentlich hat Hillary sich nie kritisch über den Regierungsstil von Präsident Obama geäußert, doch mehreren ihrer E-Mails, die im Zuge der Bengasi-Ermittlungen öffentlich wurden, ist anzumerken, dass sie sich übergangen fühlte. In einer Mail vom Juni 2009 beklagte sie gegenüber Mitarbeitern, dass sie über das Radio von einer Kabinettssitzung im Weißen Haus erfahren habe, und im Februar 2010 bezeichnete sie sich in einer Mail als «ordnungsgemäß abhängige Außenministerin», der es an diesem Tag nicht gelungen sei, telefonisch die Hürde der Anrufzentrale im Weißen Haus zu überwinden. Ihr Ministerkollege Gates, der keinen politischen Posten mehr anstrebte, nahm, anders als sie, nach dem Ausscheiden aus der Regierung kein Blatt vor den Mund. Er kritisierte, dass Obama mehr Macht im Weißen Haus konzentrierte

Zwischenhalt in Myanmar: Der Präsident und seine Außenministerin auf ihrer letzten gemeinsamen Auslandsreise

und sein Kabinett stärker kontrollierte als jeder US-Präsident vor ihm, und räumte ein, dass Hillary und er sich darüber geärgert hätten, dass das Weiße Haus «alle Erfolge für sich in Anspruch nahm und nichts an die Profis in den Schützengräben weitergab, die tatsächlich die Arbeit getan hatten».

Bei Fragen von Krieg und Frieden holte der Präsident auch den Rat seines Verteidigungsministers und seiner Außenministerin ein. Dann zeigte sich ein grundsätzlicher Unterschied zwischen Obama und Hillary: Während er versuchte, neue militärische Konflikte und die Verlängerung alter Kriege zu vermeiden, gehörte sie zu denjenigen, die für ein hartes Durchgreifen plädierten. Oft stand sie dabei in einer Reihe mit der militärischen Führungsspitze und dem Verteidigungsminister. Als

Obama im Jahr 2011, wie sein Amtsvorgänger Bush mit Bagdad vereinbart hatte, die US-amerikanischen Kampftruppen aus dem Irak abzog,
unterstützte die Außenministerin den Plan des Pentagon, eine Rest-
truppe von mindestens 5- bis 10 000 Soldaten im Land zu lassen. Doch
Premierminister Nouri al-Maliki lehnte ab. «Rückblickend war das ein
Fehler der irakischen Regierung», sagte Hillary drei Jahre später, als sie
ihre neue Präsidentschaftskampagne begann und Präsident Obama erneut Militärberater in den Irak schickte.

Die Hauptwaffe, die Obama zur Terrorismusbekämpfung einsetzt,
sind Drohnen. Der Einsatz dieser ferngesteuerten Flugobjekte, der im
Washingtoner Jargon «gezielte Tötungen» heißt, ermöglicht die Umsetzung eines Prinzips, das der Präsident oft wiederholt hat: «No boots on
the ground» – keine Bodentruppen. Bekannt ist, dass Obama Drohnen
häufiger benutzte und mehr Menschen damit tötete als jeder seiner
Amtsvorgänger. Doch über die Einzelheiten des Drohnenkriegs gibt es
kaum Informationen, denn einen Großteil dieser Angriffe überließ der
Präsident dem Geheimdienst CIA, und nur in seltenen Ausnahmen erfuhr die Öffentlichkeit etwas über die «gezielten Tötungen». Alles, was
mit Drohnenangriffen zu tun hat – von der Auswahl der Ziele über die
Einsatzorte bis zu den Opferzahlen – ist in den USA streng geheim.
Dem Londoner Bureau of Investigative Journalism zufolge, das sich auf
die Auswertung von Medien- und Augenzeugenberichten über Droh-
nenangriffe spezialisiert hat, haben die USA in den drei Ländern, wo sie
die meisten Drohnen einsetzen – Pakistan, Jemen und Somalia – bei
Hunderten von Angriffen zwischen 2004 und 2014 mehr als 4400 Men-
schen getötet. Ein Experte des Council on Foreign Relations in New
York beziffert die Zahl der Drohnenopfer außerhalb des Irak und
Afghanistans in diesem Zeitraum auf 3674 Menschen. Fest steht, dass
unter den Opfern eine hohe Zahl von Zivilisten ist und diese Waffen
längst nicht so präzise arbeiten, wie US-Politiker behaupten. In der
Obama-Ära wurden vier US-amerikanische Staatsangehörige bei
US-Drohnenangriffen getötet. Von ihnen war nur der islamistische
Prediger Anwar al-Awlaki ein «Ziel». Die anderen drei waren Zufalls-
opfer.

Hillary hat den Einsatz von Drohnen von Anfang an verteidigt, und sie lässt keine Absicht erkennen, ihn einzuschränken. Sie bezeichnete Drohnen als eine der «effizientesten Methoden der Aufstandsbekämpfung» (*counterinsurgency*) und versicherte genau wie der Präsident, dass die USA «immer das Recht behalten werden, Gewalt einzusetzen gegen Gruppen wie al-Qaida, die uns attackiert haben und uns mit neuen Angriffen drohen». Öffentlich hat sie die Frage nach ihrer Rolle bei der Vorbereitung von gezielten Tötungen nicht beantwortet, aber aus ihren E-Mails als Außenministerin geht hervor, dass sie zumindest bei Drohnenangriffen in Pakistan seit 2011 ein gewisses Mitspracherecht hatte, bevor die CIA zuschlug. Nach Informationen des «Wall Street Journal» hat sie einigen gezielten Tötungen möglicherweise von ihrem Mobiltelefon aus zugestimmt.

Die Grenzen der Hillary-Doktrin

Die Außenministerin machte die Rechte von Frauen und Mädchen sowie von Schwulen und Lesben zu einem Topthema. Auf ihren Reisen in alle Welt hielt sie öffentliche Bürgerversammlungen *(town hall meetings)* ab, auf denen sie über sexuelle Gewalt, Zwangsheirat, den Zugang zu Gesundheitsversorgung und das Recht auf Bildung diskutierte. Die insgesamt 59 *townhalls* ihrer Amtszeit – von denen ein Teil in Washington aufgezeichnet wurde – waren PR-Veranstaltungen, die den «Zuhörtouren» von Hillarys Wahlkämpfen nachempfunden waren. Und sie beteiligte sich an einer Initiative der Vereinten Nationen, die Ärmsten der Armen mit sauberen Kochstellen zu versorgen. Frauen kommen 133 Mal in dem Vierjahresprogramm vor, in dem sie im Sommer 2009 ihre großen Ziele definierte. Sie ernannte die erste Sonderbotschafterin für globale Frauenfragen, förderte die Karrieren von Frauen im diplomatischen Dienst und vereinbarte eine Partnerschaft mit den fünf noch Frauen vorbehaltenen Elite-Colleges der einstigen *Seven Sisters* zur Förderung von Frauen im Staatsdienst.

Es war nicht das erste Mal, dass prominente Vertreter aus Washington im Rest der Welt die Rechte von Frauen zum Thema machten. Präsident. George W. Bush sprach im Zusammenhang des Afghanistankriegs oft über die Unterdrückung von Frauen. Aber bisher hatte niemand Frauenrechte zur offiziellen außenpolitischen Priorität erklärt und einen so engagierten Ton angeschlagen wie die neue Madam Secretary. Ein europäischer Diplomat, der sie im September 2009 auf einem Forum der Vereinten Nationen über sexuelle Gewalt gegen Mädchen und Frauen in Konfliktzonen erlebte, war beeindruckt von ihr als «einer tollen Kommunikatorin, zugleich differenziert, nachdenklich und einprägsam. Und sie wusste, wovon sie sprach.» Auch Feministinnen lobten die Unterstützung aus dem Außenministerium. «Wenn eine mächtige Politikerin wie die Außenministerin der USA vor den Vereinten Nationen spricht und dort erklärt, dass sexuelle Gewalt in Konflikten ein Verbrechen ist, hat das Einfluss», sagt die Geschäftsführerin der Organisation Madre Yfat Susskind, die sich für Frauenrechte in aller Welt engagiert. «Das hilft uns.»

Die «Hillary-Doktrin», wie die Außenministerin ihre Frauenpolitik nannte, sorgte weltweit für Aufsehen, doch sie endete dort, wo die Realpolitik der USA begann. Wenn strategische Interessen des Landes auf dem Spiel standen, traten die Frauenthemen auch unter ihrer Ägide in den Hintergrund. Gegenüber dem wichtigen Alliierten Saudi-Arabien äußerte die Außenministerin öffentlich keine Kritik an der systematischen Verletzung von Frauenrechten. Als in dem einzigen Land der Welt, das Frauen das Autofahren verbietet, im Mai 2011 eine Frauenrechtlerin beim Autofahren verhaftet wurde, meldete Hillary ihren Protest lediglich auf dem diskreten Weg über die US-Botschaft in Riad an. Im Arabischen Frühling betrachtete sie «moderate Islamisten» als akzeptable Partner, und in Libyen verhalf sie einer Regierung an die Macht, die umgehend die Einführung der Scharia als staatliches Recht ankündigte.

Nicht nur in der arabischen Welt arbeitete Hillary mit Politikern zusammen, die Frauenrechte mit Füßen treten. Auch in Honduras, einem kleinen Land im mittelamerikanischen Hinterhof der USA, unterstützte sie eine Politik, die zu einer Verschlechterung der Lage von Frauen führte. Knapp sechs Monate nach ihrem Amtsantritt besuchte sie Anfang Juni 2009 die honduranische Hauptstadt Tegucigalpa, um an der Vollversammlung der Organisation Amerikanischer Staaten (OAS) teilzunehmen. Bei dem Treffen kämpfte sie energisch und mit Erfolg gegen den Antrag, Kuba wieder als Vollmitglied aufzunehmen. Mehrere lateinamerikanische Länder wollten das 1962 aus der OAS ausgeschlossene Land zurück in ihren Kreis holen, doch Hillary verlangte, dass «die kommunistische Diktatur» erst Vorbedingungen erfüllen und demokratische Reformen vorweisen müsse. Einer der Unterstützer der Resolution war Manuel Zelaya, der Präsident von Honduras. Hillary beschrieb den demokratisch gewählten Politiker «mit seinem weißen Cowboyhut, dem schwarzen Schnurrbart und seiner Vorliebe für Hugo Chávez und Fidel Castro» als «eine Reinkarnation des typischen mittelamerikanischen Machthabers». Drei Wochen später putschten Militärs gegen Präsident Zelaya und verschleppten ihn in einem Militärflugzeug in das Nachbarland Costa Rica.

Offiziell unterstützte Washington den gestürzten Präsidenten, doch Obama wie Hillary vermieden das Wort Militärputsch, was unweigerlich eine Streichung der Militärhilfe und sonstigen Unterstützung nach sich gezogen hätte. Die UN, die EU und die meisten lateinamerikanischen Staaten verlangten Zelayas Wiedereinsetzung und die Rückkehr zur Rechtsstaatlichkeit in Honduras. Und US-Botschafter Hugo Llorens nannte das Geschehen in Tegucigalpa in einer internen Depesche an das State Department, die später von Wikileaks veröffentlicht wurde, einen «unrechtmäßigen verfassungswidrigen Coup». Doch Hillary nahm umgehend Kontakt mit den Putschisten auf. Sie bahnte die Gespräche über Lanny Davis an, einen alten Kommilitonen aus Yale und ehemaligen Mitarbeiter ihres Mannes, und drängte statt auf Zelayas Wiedereinsetzung auf die Organisation von Neuwahlen, an denen der gestürzte Präsident nicht teilnehmen sollte. In ihren Memoiren schrieb sie: «Wir entwarfen eine Strategie, wie die Ordnung in Honduras wiederhergestellt und freie, faire Wahlen rasch und rechtmäßig abgehalten werden konnten, so dass der Konflikt um Zelaya irrelevant würde und das honduranische Volk eine Chance hätte, über die eigene Zukunft zu entscheiden.» Das Eingeständnis, mit dem die Außenministerin erklärte, dass sie den Putsch legitimierte, um einen demokratisch gewählten Präsidenten fern von seinem Amt zu halten, ist aus der US-amerikanischen Paperback-Ausgabe des Buches verschwunden.

Im gestürzten Präsidenten Zelaya sahen viele eine mittelamerikanische Variante von *hope* und *change*. Er hatte den Mindestlohn in Honduras um 80 Prozent erhöht, Subventionen für Kleinbauern geschaffen, den Schulbesuch kostenlos gemacht und sich außenpolitisch verschiedenen linken Regierungen in Lateinamerika angenähert. Nach seinem Sturz schnellte die Mordrate in Honduras, ohnehin eine der höchsten der Welt, um weitere 50 Prozent in die Höhe. Dutzende politische Unterstützer von Zelaya fielen der Gewaltwelle zum Opfer, und in den ersten fünf Jahren nach dem Putsch wurden 168 Homosexuelle in dem kleinen Land ermordet. Die international bekannte honduranische Umweltschützerin Berta Cáceres, die sich für die Rechte der indigenen Bevölkerung einsetzte, machte die «üble nordamerikanische Einmischung» und Hillarys zweideutige Haltung für das Geschehen in ihrem Land verantwortlich. Im März 2016 wurde auch sie ermordet. Während der Militärputsch in dem kleinen Land mit sechs Millionen Einwohnern in den USA kaum Schlagzeilen machte, erinnerte das Verhalten des großen Nachbarn im Norden viele Lateinamerikaner an die dunklen Siebziger- und Achtzigerjahre des letzten Jahrhunderts. Honduras, so glaubt die auf Mittelamerika spezialisierte kalifornische Geschichtsprofessorin Dana Frank, war «ein Versuch, das Erstarken von linken Regierungen quer durch Lateinamerika zu stoppen. Er hat mit Präsident Zelaya begonnen, weil er das schwächste Glied in der Kette war.» Die Republikanerin Ileana Ros-Lehtinen, die zum Zeitpunkt des Putsches den außenpolitischen Ausschuss im Repräsentantenhaus leitete, bestätigte diesen Verdacht, als sie Honduras den «ersten Dominostein» nannte, «um die linken Regierungen in Lateinamerika zurückzudrängen».

Wikileaks

In ihrer Außenpolitik perpetuierte Hillary die Kultur des Schweigens, die seit den Attentaten des 11. September 2001 die US-amerikanische Staatspraxis bestimmt. Das Ausmaß der Geheimhaltung wurde offensichtlich, als ein zierlicher 22-jähriger Soldat, der als Nachrichtenanalyst auf der US-Basis Hammer östlich von Bagdad stationiert war, im Frühsommer 2010 für die bis dahin größte Veröffentlichung von als streng geheim eingestuften Daten der US-Geschichte sorgte. Bradley Manning hatte «unglaubliche und schreckliche Dinge» über seinen Bildschirm flimmern sehen und entschieden, sie der Öffentlichkeit zugänglich zu machen, damit diese sich selbst eine Meinung bilden könne. Er lud 700 000 Dokumente aus dem *Secret Internet Protocol Router Network* (SIPRNET), einem von Pentagon und State Department betriebenen geschlossenen Datennetzwerk für Verschlusssachen, herunter und gab sie an die Enthüllungsplattform Wikileaks weiter. Es handelte sich um Material im Zusammenhang mit den von den USA geführten Kriegen, Informationen zu 759 Gefangenen in Guantánamo und 251 287 diplomatische Depeschen zwischen US-Botschaften und dem Außenministerium.

Wikileaks veröffentlichte als Erstes ein Video, das drei Jahre zuvor in einem US-Militärhubschrauber über Bagdad aufgenommen worden war. Es zeigt, wie US-Soldaten aus der Luft zwölf Zivilisten auf einer Straße in Bagdad erschießen, darunter zwei Mitarbeiter der Nachrichtenagentur Reuters, die Kameras mit sich trugen. Im O-Ton kommentierten die Todesschützen in Uniform ihre Treffer und dirigierten ihre Kollegen am Boden an die Straßenkreuzung, «um die Leichen von den Schuften abzuholen». Das Video ging unter dem Titel *Collateral Murder* um die Welt. In den USA dauerte es länger als anderswo, bis der Öffentlichkeit das volle Ausmaß der Enthüllungen deutlich wurde. Der Grund war die Geheimhaltungskultur, die sich seit dem 11. September 2001 nicht nur im Militär und in den übrigen Sicherheitsinstitutionen ausgebreitet hatte. Als Wikileaks im Herbst begann, geheime militärische Dokumente aus dem Irak- und dem Afghanistankrieg ins Netz zu stellen, hatte die US-Regierung ihren Bediensteten bereits verboten, die Enthüllungsplattform im Internet aufzurufen, in Militärcomputern war der Zugang zu den Webseiten der Organisation ohnehin gesperrt, und an verschiedenen Universitäten rieten die Dozenten den Studenten vom Besuch dieser Seiten ab, weil sie damit ihre berufliche Zukunft gefährden könnten. So kam es, dass nur ein kleiner Teil der Öffentlichkeit die internen militärischen Dokumente mit Enthüllungen über das Ausmaß von Folter, Vergewaltigungen und Tötungen in den Kriegsgebieten wahrnahm. Es ging auch unter, dass das US-Militär schon damals die zivilen Opfer des Irakkriegs auf mehr als 100 000 bezifferte.

Unterdessen nahmen die Organisatoren von Wikileaks Kontakt zu verschiedenen Zeitungen auf. Im November kündigten die fünf Medien «The Guardian», «El País», «Le Monde», «Der Spiegel» und «The New York Times» an, mit der Veröffentlichung von ausgewählten diplomatischen Depeschen zu beginnen. Die Regierung in Washington versuchte vergeblich, die Veröffentlichung mit Hinweis auf den zugrundeliegenden Datendiebstahl und auf angebliche Gefahren für Sicherheitspersonal der USA zu verhindern. Die Medien betrachteten das öffentliche Interesse als übergeordnet, achteten aber streng darauf, persönliche Daten zu löschen. Die Veröffentlichung der für den internen Gebrauch verfassten Depeschen war ein diplomatischer Super-Gau. Sie gab einen schonungslosen Einblick in die Weltsicht des US-Außenministeriums und zeigte, was es über seine Freunde und Gegenspieler in aller Welt denkt, welche schlechte Gesellschaft es pflegt und wie viele schmutzige Geheimnisse es kennt. Unter anderem ging aus Depeschen hervor, dass der saudische König Abdullah die USA immer wieder aufgefordert hatte, den Iran anzugreifen, dass der Geheimdienst des verbündeten Pakistan, ISI, die Taliban unterstützt hatte und dass der jemenitische Präsident Ali Abdullah Saleh US-amerikanische Bomben auf al-Qaida-Ziele in seinem Land als eigene Bomben kaschierte. Die Depeschen enthüllten auch hässliche Schnüffelpraktiken des US-Außenministeriums gegenüber Kollegen aus anderen Ländern. Es hatte seine Mitarbeiter in einem Rundschreiben aufgefordert, so persönliche Daten von UN-Diploma-

Gast aus Berlin: Bundeskanzlerin Merkel zu Besuch bei Außenministerin Clinton

ten herauszufinden wie ihre Kreditkartennummern, ihre Arbeitszeiten und ihre E-Mail-Adresslisten. Unter den Opfern war auch UN-Generalsekretär Ban Ki-moon.

Am peinlichsten für das Außenministerium waren die persönlichen Einschätzungen ausländischer Politiker, die aus den internen Depeschen hervorgingen und in krassem Gegensatz zu den öffentlich ausgetauschten Nettigkeiten standen. Das galt auch für Politiker im befreundeten Deutschland. Bundeskanzlerin Angela Merkel wurde von Mitarbeitern der Berliner US-Botschaft als «Teflon-Kanzlerin», an der alles abgleite, «selten kreativ» und «risikoscheu» beschrieben. Über den Außenminister Guido Westerwelle hieß es, er sei «unerfahren, eitel und inkompetent» und habe ein «zwiespältiges Verhältnis zu Amerika». Finanzminister Wolfgang Schäuble wurde als «neurotisch» und als «zorniger alter Mann» bezeichnet. Als einziges Berliner Regierungsmitglied fand Verteidigungsminister Karl-Theodor zu Guttenberg die Gnade der US-Diplomaten: Er sei «ein Hoffnungsträger» und «enger Freund der USA».

Kurz vor der angekündigten Veröffentlichung der Depeschen unterzog sich Hillary einer für sie ungewohnten Übung: Sie entschuldigte sich in alle Richtungen. Öffentlich reagierte sie wütend auf den Datendiebstahl, sprach von «Angriffen auf Amerika und seine außenpolitischen Interessen» und versuchte ihre internationalen Partner auf ihre Seite zu ziehen. «Dies ist auch ein Angriff auf die internationale Gemeinschaft. Er bedroht die nationale Sicherheit und untergräbt die Anstrengungen, mit anderen Ländern zusammenzuarbeiten», sagte sie. Aber hinter verschlossenen Türen bemühte sie sich vor allem um Schadensbegrenzung. Noch vor Erscheinen der Zeitungsartikel rief sie die Regierungen in Afghanistan, China, Deutschland, Frankreich, Großbritannien, Kanada, Saudi-Arabien und den Vereinigten Arabischen Emiraten an, versicherte ihnen ihre Sympathie und versprach «aggressive Schritte gegen die Verantwortlichen» der Indiskretion. Auch die US-Botschafter mussten auf Reue-Tour gehen. In Berlin erlebte Philip Murphy eine «kurzfristig sehr unangenehme Situation». Der Investmentbanker, der im Wahlkampf sowohl Hillary Clinton als auch Barack Obama finanziell unterstützt hatte und dafür mit dem Posten in Berlin belohnt worden war, glaubte jedoch, dass die langfristigen Auswirkungen «völlig übertrieben dargestellt» würden.

Die von Bradley Manning weitergegebenen Daten machten etwa ein Prozent der von der US-Regierung alljährlich produzierten Geheimdokumente aus. Sie zeigten auch, wie aufgeblasen, schwerfällig und außer Kontrolle geraten der Sicherheits- und Geheimhaltungsapparat der USA ist. Überall auf der Welt wurde Manning für seinen Beitrag zur Aufklärung gefeiert. Aber in den USA gab es nur vereinzelt Stimmen, die Mannings Motive als lauter anerkannten und ihm bescheinigten, dass er seinem Land mit den Enthüllungen über Kriegsverbrechen einen Dienst erwiesen habe. Der Friedensaktivist Daniel Ellsberg, ein Ökonom und auf Atomwaffen spezialisierter Militäranalyst, der 1965 für das State Department an die Botschaft in Saigon gegangen war, hatte 1971 der «New York Times» die *Pentagon Papers* zugespielt, geheime Dokumente über den Vietnamkrieg, die belegen, dass die US-Präsidenten Kennedy, Johnson und Nixon die Öffentlichkeit über ihre Kriegführung in Vietnam gezielt in die Irre geführt hatten. Er lobte den Mut Mannings und nannte ihn einen Patrioten und Helden. Der Oberste Gerichtshof hatte 1971 in einem Grundsatzurteil zugunsten der Pressefreiheit entschieden, dass der «New York Times» die Publikation der *Pentagon Papers* nicht untersagt werden durfte. Richter Hugo Black schrieb, «der Schutz militärischer und politischer Geheimnisse auf Kosten der Unterrichtung der politischen Repräsentanten» schaffe «keine wirkliche Sicherheit». Vier Jahrzehnte später waren in Washington nachdenkliche Töne die Ausnahme. Politiker beider Parteien nannten Manning einen Verräter und Terroristen und verlangten in Interviews seine Hinrichtung. Der im Mai 2010 von der Militärpolizei Verhaftete wurde in einer Isolationszelle im Militärgefängnis in Quantico einer Behandlung unterworfen, die die Vereinten Nationen als «grausam und unmenschlich» bezeichneten. Auch Hillarys Sprecher Philip Crowley kritisierte die Haftbedingungen scharf und bezeichnete das Vorgehen gegen Manning als «lächerlich, kontraproduktiv und dumm». Kurz darauf trat er von seinem Posten zurück.

Die Obama-Regierung ist härter als all ihre Vorgängerinnen gegen Whistleblower vorgegangen, die Geheimdokumente an die Öffentlichkeit bringen. Allein acht Mal in Obamas Amtszeit hat die Justiz den *Espionage Act* aus dem Jahr 1917 angewandt, der für Feindspionage geschaffen wurde. Auch Ellsberg war damals nach diesem Gesetz angeklagt worden. Ihm drohten 115 Jahre Haft, doch da Nixon ihn im Stil des Watergate-Vorgehens hatte ausspähen lassen – dasselbe Team, das in die Zentrale der Demokraten einbrach, war ein Jahr zuvor bei Ellsbergs Psychiater eingebrochen, um in der Patientenakte zu schnüffeln –, platzte das Verfahren. Manning ist ebenfalls nach diesem Gesetz als Spion angeklagt worden. Im Sommer 2013 verurteilte ein Militärgericht in Fort Meade, am Hauptsitz des militärischen Geheimdiensts NSA, den inzwischen 25-Jährigen zu 35 Jahren Gefängnis. Dort begann Manning eine Geschlechtsumwandlung und nennt sich seither Chelsea. Im Juli 2016 unternahm Chelsea Manning einen Suizidversuch.

Die harte Strafe war eine deutliche Warnung an andere Geheimnisträger, doch nur drei Jahre nach Manning trat ein neuer Whistleblower mit noch größeren Enthüllungen an die Öffentlichkeit: Edward Snowden, ein Mitarbeiter des militärischen Geheimdiensts NSA, der überzeugt war, dass die Öffentlichkeit einen Anspruch darauf hat, zu erfahren, was ihre Regierung über sie weiß. Als Snowden im Juni 2013 enthüllte, wie US-Geheimdienste zuhause und weltweit Millionen Menschen beschnüffeln, war Hillary schon nicht mehr Außenministerin. Aber sie verurteilte Snowdens Datenweitergabe in denselben scharfen Worten wie die von Manning: «Es bringt Menschenleben in Gefahr, bedroht unsere nationale Sicherheit und untergräbt unsere Anstrengungen, mit anderen Ländern zusammen Probleme zu lösen.»

Arabischer Frühling

«Aufrecht gehen wie ein Ägypter»: Das Transparent mit dem Zitat des Hits der «Bangles» hing im Februar 2011 unter der pompösen Kuppel des Kapitols von Madison. Es war ein Leitmotiv der jungen Leute, die das Regierungsgebäude in Wisconsin besetzten, um die Verdrängung der Gewerkschaften aus dem öffentlichen Dienst zu verhindern. Wenn die Ägypter Hosni Mubarak verjagen können, so ihre Hoffnung, müsste es auch ihnen gelingen, den republikanischen Gouverneur Scott Walker in ihrem Bundesstaat im Mittleren Westen loszuwerden. Während sich die Linken im verschneiten Wisconsin vom Arabischen Frühling inspirieren ließen, tat sich die Außenministerin in Washington schwer, sich eine Meinung über die neue Situation in vielen arabischen Ländern zu bilden. Die Proteste gegen autoritäre Regime, Korruption und überhöhte Lebensmittelpreise kamen für sie völlig überraschend. Ihr großer Apparat mit fast 70 000 Mitarbeitern weltweit war zwar in der Lage gewesen, die Kreditkartennummern ausländischer Diplomaten herauszufinden, aber er hatte weder die Ministerin noch den Präsidenten darauf vorbereitet, wie explosiv die Situation in der arabischen Welt war. Und niemand hatte sich Gedanken über Machtwechsel in der Region gemacht oder Beziehungen zu demokratischen Organisationen angebahnt. Die Außenministerin rechtfertigte sich damit, dass die Ereignisse aus heiterem Himmel gekommen seien: «Wir erleben ein arabisches Erwachen, das noch vor wenigen Jahren völlig unvorstellbar war und das nur wenige voraussagen konnten», sagte sie.

Die Proteste, die die arabische Welt erschütterten, begannen mit einer Polizeikontrolle in der tunesischen Provinzstadt Sidi Bouzid. Am 17. Dezember 2010 setzte sich dort der Straßenhändler Mohamed Bouazizi vor dem Gouverneurssitz in Brand. Am Morgen waren seine Obstkarre und seine Waage beschlagnahmt worden, und er hatte vergeblich die Herausgabe seiner Arbeitsmittel verlangt. «Wovon soll ich meine Familie ernähren?», waren die letzten Worte des 26-Jährigen, bevor er sich mit Benzin überschüttete. Noch während Bouazizi im Sterben lag, forderten in Tunesien Demonstranten den Rücktritt des Präsidenten Zine el-Abidine Ben Ali, der sein Handwerk an einer französischen Militärschule und einer US-amerikanischen Geheimdienstschule gelernt und 1987 mit einem Putsch die Macht im Land erobert hatte. Anfangs waren vor allem arbeitslose Jugendliche auf den Straßen, doch schon bald schlossen sich ihnen auch die Erwachsenen an. Vom kleinen Tunesien breiteten sich die Proteste in Windeseile auf andere Länder aus. Im Januar erfassten sie Ägypten, es folgten der Jemen, Bahrain, Syrien, Libyen, Algerien, der Irak, Jordanien, Kuwait und Marokko. Überall verlangten Demonstranten den Sturz autoritärer Herrscher, soziale Gerechtigkeit und demokratische Reformen.

Die Außenministerin in Washington improvisierte. Sie wusste nicht, wer die richtigen Ansprechpartner waren, änderte manchmal ihre Position von einem Tag zum nächsten und reagierte in jedem Land anders. In Tunesien hielt sie dem Regime auch dann noch die Stange, als Soldaten das Feuer auf friedliche Demonstranten eröffnet hatten. Sie äußerte Sorge über die «Unruhe und Instabilität» in dem nordafrikanischen Land, lobte die bilateralen Beziehungen und erklärte: «Wir ergreifen nicht Partei.» Anstatt eine Demokratisierung zu verlangen, forderte sie, die Volkswirtschaften Nordafrikas müssten sich öffnen. Erst einen Tag vor Ben Alis Flucht am 14. Januar zeigte sie Verständnis für die Protestbewegung und warnte die arabischen Länder, sie würden «im

Sand versinken», falls sie die Korruption nicht abstellten und politische und wirtschaftliche Reformen einleiteten. Ben Ali lebt seit seiner Flucht im Exil in Saudi-Arabien. Tunesien ist das einzige Land, in dem der Arabische Frühling zu einem relativ schnellen und relativ unblutigen Machtwechsel führte, dessen Ergebnis bis heute Bestand hat.

Noch schwerer tat sich Hillary mit der Protestbewegung in Ägypten. Präsident Mubarak führte das Land seit 30 Jahren mit eiserner Hand. Seine größte Unterstützung – politisch, militärisch und finanziell – kam aus den USA. Seit dem ägyptisch-israelischen Friedensschluss von 1979 fließen aus Washington alljährlich durchschnittlich zwei Milliarden Dollar an Ägypten – davon ist der größte Teil Militärhilfe, die auch in Form US-amerikanischer Waffen, Hubschrauber und Militärflugzeuge ins Land kommt. Nach Israel ist Ägypten der zweitgrößte Empfänger US-amerikanischer Auslandshilfen. Republikanischen wie demokratischen Regierungen in Washington galt Mubarak als verlässlicher Verbündeter. Er war eine berechenbare Spielfigur der Israelpolitik der USA und unterstützte Washington auch in der harten Linie gegen den Iran. Zu diesen nationalen Interessen kam in Hillarys Fall hinzu, dass sie die ägyptische First Lady Suzanne Mubarak seit ihrer Zeit als First Lady im Weißen Haus als Freundin betrachtete. Als der Arabische Frühling am 25. Januar 2011 auch auf Ägypten übergriff, warnte Hillary in Washington vor einer voreiligen Verdrängung Mubaraks von der Macht. Sie fürchtete das Machtvakuum nach Mubarak und wollte sich zunächst ein Bild von den Konsequenzen eines innerägyptischen Machtwechsels für die Zukunft Israels und Jordaniens verschaffen. In einer Note an Präsident Obama schrieb sie im Januar: «In 25 Jahren mag es alles funktionieren. Aber ich glaube, dass die Zeit bis dahin schwierig wird – für das ägyptische Volk, für die Region und für uns.» Am 30. Januar trat sie in fünf Fernsehsendungen auf, um ihre ambivalente Botschaft zu verbreiten. Sie sprach sich für «echte Demokratie» in Ägypten aus. Schwärmerisch pries sie den «großen Strom von Sehnsüchten», der in den Demonstrationen an den Tag trete, aber sie verlangte nicht den Rücktritt von Mubarak.

Doch Präsident Obama hatte es eilig. Anderthalb Jahre zuvor hatte er mit seiner viel beachteten Kairoer Rede einen «neuen Anfang» in den Beziehungen zwischen Washington und der muslimischen Welt ausgerufen. Er war auf Distanz zu seinem Amtsvorgänger George W. Bush gegangen, hatte von gegenseitigem Respekt gesprochen und ein Ende des israelischen Siedlungsbaus im Westjordanland gefordert. Am 1. Februar 2011 erklärte er, «dass ein geordneter Übergang sinnvoll und friedlich sein und sofort beginnen muss». Für die Demonstranten auf dem Tahrir-Platz in Kairo war das ein klares Signal, dass das Ende des Regimes bevorstand. Am 11. Februar trat Mubarak nach fast 30 Jahren an der Macht zurück. Die Außenministerin fügte sich wie üblich diszipliniert ihrem Präsidenten. Im Jahr nach dem Arabischen Frühling hielt sie eine Rede, in der sie zusagte, dass die US-amerikanische Außenpolitik nicht mehr zur falschen Alternative von Freiheit und Stabilität zurückkehren werde. Die Unterstützung des Übergangs zur Demokratie in anderen Teilen der Welt sei eine strategische Notwendigkeit, aber es sei nicht die Sache der USA, diese Übergänge zu managen. Doch als sie begann, sich auf ihre nächste Präsidentschaftskandidatur vorzubereiten, schilderte sie die Ägypten-Diskussionen im *Situation Room,* in denen sie sich nicht durchsetzen konnte, so, dass ihre ursprüngliche realpolitische Sicht wieder zum Vorschein kam. In der Zwischenzeit war die demokratisch gewählte Regierung der Muslimbruderschaft in Ägypten in einem Militärputsch gestürzt worden. Sie hätten an Obamas Idealismus apelliert und argumentiert, die Ereignisse bewegten sich zu schnell, um zu warten, beschrieb sie die Berater im Weißen Haus, die obsiegten. Auf der anderen Seite standen «diejenigen unter uns, die für den sperrig klingenden ‹geordneten Übergang› plädierten», weil sie die Sorge hatten, «dass die einzigen organisierten Kräfte nach Mubarak die Muslimbruderschaft und das Militär sein würden».

Uneins waren die Außenministerin und der Präsident auch im Umgang mit dem syrischen Regime. Zu Beginn der Demonstrationen gegen Bashar al-Assad war Hillary noch unsicher, wie sie den syrischen Präsidenten bezeichnen sollte. In einer Sonntags-Talkshow im März 2011, als Truppen Assads bereits Dutzende von nicht bewaffneten Demonstranten erschossen hatten, sagte sie: «Viele der Mitglieder beider

Parteien im Kongress, die in letzter Zeit nach Syrien gereist sind, halten ihn für einen Reformer.» Tatsächlich hatten vor Beginn des Arabischen Frühlings vereinzelt Demokraten – aber keine Republikaner – nach Besuchen in Syrien glauben wollen, dass Assad tatsächlich eine andere Politik machen wollte als sein verstorbener Vater. Auch der US-Botschafter vor Ort, Robert Ford, schätzte die Lage falsch ein. Im März erklärte er auf einem Treffen im Weißen Haus: «Assad ist nicht Gaddafi. Es ist unwahrscheinlich, dass es in Syrien massenhafte Gräueltaten gibt. Das syrische Regime wird aggressiv auf Herausforderungen antworten, aber es wird versuchen, tödliche Gewalt zu beschränken.» Ein Jahr später hatte die Außenministerin ihre Position zu Syrien radikal geändert. Kabinettsintern legte sie zusammen mit CIA-Chef David Petraeus einen Plan vor, wonach die USA ausgewählte Rebellen ausbilden und bewaffnen sollten. Außer den beiden unterstützten auch der neue Verteidigungsminister Leon Panetta und Generalstabschef Martin E. Dempsey das Vorhaben. Hillary erklärte, dass die USA im Unterschied zu Saudi-Arabien und Katar keine Extremisten ausrüsten würden. Doch der Präsident, der das Land in keinen weiteren bewaffneten Konflikt stürzen wollte, lehnte ab und fragte, wann die USA schon einmal eine Rebellion unterstützt hätten, die zu einem Erfolg geführt habe. Hillary schwieg und verzichtete auf ein Interventionslobbying, wie sie es im Fall von Libyen betrieben hatte. Kurz darauf verlor sie den Partner für ihren Plan, da der CIA-Chef zurücktreten musste, nachdem bekannt wurde, dass er seiner Geliebten geheimes Material weitergegeben hatte. In ihrem Präsidentschaftswahlkampf freilich macht Hillary nun deutlich, dass sie in Syrien anders vorgegangen wäre als der Amtsinhaber. «Die Unterlassung von Hilfe an die syrischen Rebellen hat zum Aufstieg des IS geführt», sagte sie im Sommer 2014 in einem Interview mit dem Magazin «The Atlantic». Es war ihre härteste öffentliche Kritik an Präsident Obama.

Die Ausbildung und militärische Ausstattung von syrischen Rebellen durch das Pentagon und die CIA fanden auch ohne die Annahme von Hillarys Plan statt. Das Verteidigungsministerium investierte mindestens 500 Millionen Dollar in ein Programm zur militärischen Ausbildung von Rebellen gegen den IS in Syrien. Es war ein totaler Flopp. Im Herbst 2015 fand der Militärausschuss des Senats heraus, dass die meisten Absolventen des Programms direkt nach ihrer Rückkehr nach Syrien auf die Seite des IS überwechselten. General Lloyd Austin, der Befehlshaber des Regionalkommandos für den Nahen Osten, musste im September 2015 vor dem Ausschuss zugeben, dass nur vier oder fünf Absolventen tatsächlich in den Kampf gegen den IS gezogen waren. Die CIA ihrerseits organisierte ab Herbst 2012 den Transport von Waffen aus alten Beständen der libyschen Armee nach Syrien. Die Waffen wurden aus dem Hafen von Bengasi direkt nach Syrien und auf dem Umweg über die Türkei verschifft.

In einem anderen arabischen Land, dem kleinen Bahrain, hoffte die Demokratiebewegung vergeblich auf Unterstützung aus Washington. Dort holte das Königshaus militärische Hilfe aus Saudi-Arabien und den Vereinigten Arabischen Emiraten. Die herrschende Al-Chalifa-Familie gehört zur sunnitischen Minderheit des kleinen Inselreichs, die Demonstranten waren Schiiten. Für die USA ist Bahrain vor allem als Militärbasis ihrer dort stationierten Fünften Flotte wichtig, die im Persischen Golf operiert. Als die ausländischen Truppen im März 2011 die Proteste in Bahrain beendeten, war das in den USA nicht mehr als eine Kurzmeldung. Kein US-Regierungsmitglied sprach sich öffentlich zugunsten einer Demokratisierung aus. «Die Situation ist in jedem Land verschieden», sagte Hillary im November 2011, «es gibt keine Lösung, die überall passt.»

Sechs Monate zuvor, am 1. Mai 2011, hatte die Außenministerin mit Präsident Obama, Verteidigungsminister Gates sowie den führenden Militärs, Geheimdienstlern und Anti-Terror-Experten des Landes im Situation Room unter dem Westflügel des Weißen Hauses zusammengesessen. Auf einem großen Bildschirm waren Aufnahmen von einem 11 000 Kilometer entfernten Anwesen im pakistanischen Abbottabad zu sehen. In der Nacht waren Elitesoldaten der Navy Seals in zwei Hubschraubern dort gelandet, um den Gründer von al-Qaida Osama bin Laden zu töten. Auf dem einzigen veröffentlichten Foto von jenem Tag aus dem Situation Room starren alle Anwesenden gebannt auf den

Bildschirm. Hillary ist eine von nur zwei Frauen in der Runde und die einzige Person, die sich eine Hand vor den Mund hält. «Es war einer der dramatischsten Momente meiner vierjährigen Amtszeit», erklärte sie später. Aber die Hand habe sie wegen ihrer Pollenallergie vor den Mund gehalten. Präsident Obama hatte lange gezögert und Rat eingeholt, bevor er seine Zustimmung zu der Operation in Abbottabad gab, unter anderem weil es keine absolute Gewissheit gab, dass der al-Qaida-Chef sich tatsächlich auf dem Anwesen aufhielt. Es hatte im Kabinett durchaus Fragen gegeben, welche Konsequenzen diese Operation für das Verhältnis zu Pakistan haben werde, und der Verteidigungsminister befürchtete Probleme mit Afghanistan. Aber die Außenministerin hatte sich ohne Wenn und Aber für die riskante Operation ausgesprochen. In ihrem Präsidentschaftswahlkampf benutzt Hillary jene klare Haltung als Beleg für ihre Erfahrung und Entschlossenheit im Vorgehen gegen Terroristen.

Unmittelbar nach der Fernsehansprache, in der Präsident Obama den Erfolg verkündete, strömten an vielen Orten Menschen zu makabren Tötungsfeiern auf die Straße. Auch auf dem Lafayette Square vor dem Weißen Haus versammelte sich einen fahnenschwenkende, «USA, USA» rufende Menge.

Libyen

«Wir kamen. Wir sahen. Er starb.» Mit diesen Julius Cäsar nachgesprochenen Worten reagierte Hillary auf die gute Nachricht aus Libyen. Sie war in Kabul und saß mit Journalisten für ein Interview zusammen, als ihre Assistentin Huma Abedin ihr am 20. Oktober 2011 ein Handy reichte, das den Tod von Muammar Gaddafi meldete. Rebellen hatten ihn in seinem Versteck aufgestöbert und noch am selben Tag getötet.

Die Außenministerin betrachtete die Militärintervention und den Regimewechsel in Libyen als ihr Meisterstück. Sie hatte alles von Anfang bis Ende organisiert. Nachdem die alte Regierung gestürzt und die

Hauptstadt von den Rebellen eingenommen war, beschrieb Hillarys außenpolitischer Berater Jake Sullivan in einer internen E-Mail Schritt für Schritt die «Führungsrolle von Außenministerin Clinton» in der Libyen-Politik. Seine euphorische Auflistung beginnt mit der Schließung der libyschen Botschaft in Washington am 25. Februar, geht weiter mit UN-Sanktionen gegen das Regime und hektischer Reisediplomatie in Europa, Asien und der arabischen Welt, durch die Hillary die internationale Unterstützung für die Militärintervention gewinnt, und kulminiert im August, als die Rebellen der US-Außenministerin noch vor dem Einmarsch in Tripolis das schriftliche Versprechen abgaben, in Libyen, eine «pluralistische Demokratie» zu schaffen. Nicht mehr in der Chronologie enthalten war der 18. Oktober, als Hillary nach Tripolis flog, um diesen Sieg zu feiern. «Ich bin stolz, auf dem Boden eines freien Tripolis zu stehen», sagte sie im Kreis von Männern in Kampfuniformen, die sie am Flughafen empfingen.

Zwischen dem nordafrikanischen Land und dem Irak gibt es auffällige Parallelen. Beide Länder haben reiche Ölvorkommen und eine mehrheitlich muslimische Bevölkerung, in beiden Ländern herrschte ein säkulares Regime, das Frauen, aber auch Minderheiten, solange sie keine Rechte verlangten, relative Freiheiten ließ. Und beide Staaten wurden geführt von autoritären Herrschern, die ihre eigene Bevölkerung mit brutalen Methoden zum Stillhalten zwangen. Sowohl Saddam Hussein als auch Gaddafi hatten in ihrer langen Zeit an der Macht wechselvolle Beziehungen zum Westen unterhalten. Der Libyer, der einst Bomben in einer Diskothek in Berlin und in Flugzeugen aus Frankreich und den USA platzieren ließ, hatte in den letzten Jahren langsam eine Kehrtwende vollzogen, 2003 sein Atomprogramm auf- und seine Chemiewaffen abgegeben, westliche Länder bei der Terrorismusverfolgung unterstützt und mit der EU vereinbart, dass er die Fluchtbewegungen über das Mittelmeer kontrollieren würde. Doch als der Arabische Frühling Mitte Februar Libyen erreichte, folgte Gaddafi alten Reflexen. Seine Reaktion auf die Anti-Regierungsdemonstrationen war vom ersten Moment an brutal. Von da an entwickelten sich die Proteste in Libyen anders als in den Nachbarländern Tunesien und

Ägypten. Es kam schon bald zu bewaffneten Auseinandersetzungen zwischen regimetreuen Soldaten und bewaffneten Rebellen, die die Kontrolle über mehrere Städte erobert hatten. Bis Ende Februar kamen mehrere Hundert Menschen ums Leben, darunter vor allem Rebellen. Im März kündigte Gaddafi an, dass er Bengasi zurückerobern wolle, und nannte die Rebellen, die die Stadt unter Kontrolle hielten, «Ratten» und «Kakerlaken».

Die Vereinten Nationen verhängten noch im Februar Sanktionen gegen Gaddafi und seine Familie. Doch dem französischen Präsidenten Sarkozy reichte das nicht. Er wollte eine Militärintervention. Sein Land hatte den geschassten tunesischen Präsidenten Ben Ali bis zum Schluss unterstützt. Nun bot Libyen Frankreich die Gelegenheit, sich von einer anderen Seite zu zeigen. Der Philosoph Bernard-Henri Lévy, der schon oft französische Regierungen zu «humanitären Interventionen» gedrängt hatte, war auch dieses Mal wieder dabei. Möglicherweise motivierte den französischen Präsidenten auch, dass Gaddafi angekündigt hatte, den Franc CFA, die Leitwährung in Frankreichs ehemaligen afrikanischen Kolonien, durch eine neue, goldgestützte Währung zu ersetzen. Es kam hinzu, dass in Frankreich Präsidentschaftswahlen anstanden und Sarkozy glaubte, er könne seine Chance auf eine Wiederwahl mit Militärschlägen verbessern.

Der gaullistische Präsident war der Erste, der Hillary zu militärischem Eingreifen in Libyen drängte. Der zweite war der britische Außenminister William Hague von den Tories. Der dritte – der am überzeugendsten auf sie wirkte – war ein libyscher Rebell mit einem US-amerikanischen Doktortitel von der Universität Pittsburgh: Mahmud Dschibril. Der Rebell, der im Wirtschaftsrat von Gaddafi gearbeitet hatte, bevor er die Seiten wechselte, versicherte ihr bei einem Treffen in Paris, in Bengasi wären «Hunderttausende von Zivilisten in unmittelbarer Gefahr». Er verglich die Lage mit Ruanda vor dem Genozid und bat flehentlich um eine Intervention. Während Hillary mit Dschibril zusammensaß, trugen andere Sprecher der Rebellen ähnliche Warnungen und Hilferufe in andere westliche Hauptstädte. Ob Gaddafi tatsächlich ein Massaker an der Zivilbevölkerung in Bengasi plante –

was eine humanitäre Intervention rechtfertigen würde –, ist umstritten. Klar war, dass Gaddafis Armee auf dem Vormarsch war und die Rebellen eine Stellung nach der anderen verloren. Bei vorausgegangenen Gefechten in Misrata, az-Zawiya und Adschdabiya hatte Gaddafis Armee zwar Rebellen getötet, jedoch die Zivilbevölkerung weitgehend verschont.

Die größte Hürde für Hillary war es, ihre eigene Regierung von der Notwendigkeit einer Militärintervention zu überzeugen. Die komplette Spitze der Geheimdienste, des Militärs und des Pentagons war dagegen. «Kann ich erst die beiden Kriege beenden, in denen wir uns befinden, bevor Ihr Ausschau nach einem neuen haltet?» Mit dieser sarkastischen Frage versuchte Verteidigungsminister Gates seine Kabinettskollegen zu bremsen. Der Republikaner mahnte, die Einrichtung einer Flugverbotszone würde nicht ausreichen, denn als Erstes müsste die libysche Luftverteidigung angegriffen und zerstört werden, und er fragte, warum die USA in Libyen, nicht aber in anderen Bürgerkriegen eingreifen wollten. Die Lage in Libyen stelle keine Gefahr für die nationale Sicherheit der USA dar, betonte er und wies darauf hin, dass eine Militärintervention nur der Anfang sei, jedoch anschließend auch die Nachkriegszeit organisiert werden müsse. «Es ist eine große Operation in einem großen Land», sagte er. Doch der Verteidigungsminister schaffte es nicht, sich gegen die Außenministerin durchzusetzen. Sie hatte die Unterstützung der UN-Botschafterin Susan Rice und von Samantha Power, der auf Menschenrechte spezialisierten leitenden Mitarbeiterin des Nationalen Sicherheitsrats im Weißen Haus, die mit einem Buch über Genozide bekannt geworden war. Gemeinsam argumentierten die drei Frauen, in Libyen habe die internationale Gemeinschaft eine «Schutzverantwortung» im Sinne des 2005 einstimmig in der UN eingeführten Konzepts. Das *Right to Protect* – im UN-Jargon auch *R2P* genannt – war eine Antwort auf den Völkermord in Ruanda und auf das Massaker von Srebrenica in Bosnien. Es soll dafür sorgen, dass die internationale Gemeinschaft einschreitet, um Massenmorde zu verhindern, wenn ein Staat das nicht tut. Am 17. März brachten sie Präsident Obama auf ihre Seite. Er sprach sich für eine Intervention aus, um einen drohenden Massenmord zu verhindern – immer vorausgesetzt, dass die USA keinen Alleingang unternahmen, sondern als Teil einer internationalen Allianz vorgingen, und kein US-Soldat seinen Fuß auf den Boden Libyens setzen müsse. Am 17. März stimmte der Weltsicherheitsrat einer Militärintervention mit zehn Ja-Stimmen und fünf Enthaltungen zu. Am 19. März begannen die Bombardements. Mehr als sieben Monate lang, bis Ende Oktober, begleiteten zwölf Nato-Staaten und vier arabische Länder den Vormarsch der Rebellen aus der Luft.

Nach dem Sturz des Regimes betrachtete Hillary Libyen als den Beweis dafür, dass ihr Smart-Power-Konzept funktionierte. Sie pries die Zusammenarbeit von Nato-Ländern mit arabischen Staaten und dass kein einziger US-amerikanischer Gefallener zu beklagen war. In der Euphorie angesichts der Anfänge der Übergangsregierung nominierte sie auch ihren neuen Botschafter in Libyen, Christopher Stevens. Anderswo hingegen hinterließ die Intervention Bitterkeit. Im Weltsicherheitsrat war die Einrichtung einer Flugverbotszone und die Autorisierung «aller nötigen Mittel» nur möglich gewesen, weil kein ständiges Mitglied dagegen gestimmt hatte. Hillary und UN-Botschafterin Rice hatten die anderen Sicherheitsratsmitglieder in den Stunden vor der Abstimmung bedrängt, entweder zuzustimmen oder sich zumindest zu enthalten. Am Ende enthielten sich Russland und China sowie die nichtständigen Mitglieder Brasilien, Deutschland und Indien. Dass die Berliner Regierung nicht mit Washington stimmte, war ungewöhnlich und sorgte für Misstrauen gegen Außenminister Westerwelle. Der russische Außenminister Sergej Lawrow erklärte später, seine Regierung sei überrumpelt worden, denn das UN-Mandat habe die Verhinderung eines Massakers vorgesehen, nicht jedoch einen Regimewechsel. Er benutzte diese libysche Erfahrung, um das russische Nein zu Syrien-Resolutionen zu begründen: «Russland wird im Weltsicherheitsrat nicht erlauben, dass etwas Ähnliches auch in Syrien geschieht.» In der EU sorgte schließlich Sarkozys nicht mit den europäischen Partnern abgesprochener Alleingang für Verärgerung.

Beim Zusammenbruch des alten Regimes und in den folgenden Machtkämpfen schwer bewaffneter Milizen rissen neue Gräben in der

Verfrühtes Siegeszeichen: Die Außenministerin im Kreis der Rebellen in Tripolis

libyschen Gesellschaft auf. Die Gewalt gegen Frauen, schwarzafrikanische Einwanderer und die Tuareg-Minderheiten eskalierte. Fast eine halbe Million Menschen flüchteten aus ihren Häusern. Die Lebensqualität in dem Land, dessen Bevölkerung zuvor einen der höchsten Lebensstandards in Afrika hatte, sank radikal, unter anderem, weil die Ölförderung, Libyens Haupteinnahmequelle, während der Intervention komplett versiegte und anschließend nur 30 Prozent des Vorkriegsniveaus erreichte. Das staatliche System brach zusammen, und in dem Vakuum fassten Terrorgruppen aus dem Dunstkreis von al-Qaida und IS Fuß. Die ersten demokratischen Wahlen nach dem Sturz von Gaddafi verliefen ohne größere Zwischenfälle, doch in der Folge bildeten sich mehrere rivalisierende Regierungen, und das Land drohte entlang alter Stammesgrenzen in zwei oder drei Einzelteile zu zerfallen.

Die meisten Waffenbrüder aus Hillarys hastig geschmiedeter internationaler Allianz zogen sich zurück, nachdem der Regimesturz vollzogen war. Für die Begleitung des Wiederaufbaus in dem zerstörten Land fühlten sie sich nicht zuständig. Die USA hegten eine Weile lang die Idee, eine neue libysche Armee aufzubauen, doch es mangelte ihnen an Verbündeten im Land, und sie misstrauten den wenigen Kämpfern, die Interesse an der Ausbildung zeigten. Im Frühling 2014 gaben sie das Projekt auf. Auch Libyens Nachbarländer wurden in Mitleidenschaft gezogen. Von Libyen aus bauten die Terroristen von al-Qaida ihr regionales Netzwerk nach Burkina Faso, in den Norden des Niger und bis nach Nigeria und Somalia aus. Am härtesten traf es Mali, eines der ärmsten Länder der Welt, in dessen Norden schwer bewaffnete Kämpfer aus Libyen zusammen mit örtlichen Islamisten ein Schariaregime errichteten. Es ist das größte Territorium, das islamistische Extremisten kontrollieren – unter anderem mit Waffen, die der Emir von Katar mit Zustimmung Washingtons an die Rebellen geliefert hatte.

Präsident Obama hat seine Entscheidung, militärisch in Libyen einzugreifen, öffentlich nie bereut. Aber den Umgang mit der Nachkriegszeit nannte er wiederholt «den schwersten Fehler meiner Amtszeit». Libyen heute, sagte er, «ist ein Schlamassel». Die ehemalige Außenministerin, die in Washington die stärkste Befürworterin der Intervention gewesen ist, hütet sich, eine so weitgehende Selbstkritik zu üben.

Bengasi

Als am 11. September 2012 die Hiobsbotschaft aus Libyen kam, war die Außenministerin in ihrem Büro in Foggy Bottom: Die konsularische Außenstelle in Bengasi war angegriffen worden, die Anlage stand in Flammen, Botschafter Christopher Stevens und sein Mitarbeiter Sean Smith wurden vermisst. Der Tag hatte schon in Anspannung begonnen. Am 11. Jahrestag von 9/11 wurden aus einem halben Dutzend Orten der muslimischen Welt Demonstrationen gegen US-Einrichtungen gemeldet. Sie richteten sich gegen ein 15 Minuten langes, in Kalifornien hergestelltes Video mit dem Titel *Innocence of Muslims* (Die Unschuld

der Muslime), das den Propheten Mohammed als Mörder, Vergewaltiger und Folterer verhöhnt. Es kam zu Ausschreitungen, US-Fahnen
wurden verbrannt, und in Kairo versuchten Demonstranten über die
Mauern der US-Botschaft zu klettern. Doch die Männer in Bengasi waren nicht aufgebrachte Demonstranten, sondern schwer bewaffnete Islamisten. Am Ende ihres Angriffs waren der Botschafter und sein Mitarbeiter tot und das Konsulat zerstört. Auch zwei CIA-Mitarbeiter,
Glen Doherty und Tyrone Woods, die sich in einer anderthalb Kilometer entfernt gelegenen CIA-Anlage aufhielten, wurden getötet. Jede
Unterstützung von außen, sowohl aus der 600 Kilometer entfernten
US-Botschaft in Tripolis als auch von offiziellen libyschen Truppen,
kam zu spät.

   Am Morgen nach dem Angriff versicherte Präsident Obama in einer
Ansprache aus dem Rosengarten hinter dem Weißen Haus, dass «kein
Terrorakt je die Entschlossenheit dieser großen Nation erschüttern»
werde, und Hillary verurteilte auf ihrer Pressekonferenz «diesen heim-
tückischen gewalttätigen Angriff». Doch beide vermieden den Begriff
«islamischer Terrorismus», auf den die Republikaner warteten. Fünf
Tage später ging UN-Botschafterin Susan Rice in mehrere Sonntags-
Talkshows und folgte demselben Muster. Sie sprach von einem sponta-
nen, nicht vorsätzlichen Ereignis in Bengasi und stellte es in den Zusammenhang der Proteste vor der US-Botschaft im benachbarten
Ägypten. Die Außenministerin vermied es, ins Fernsehen zu gehen.

   Zum Zeitpunkt der Katastrophe befand sich die Obama-Regierung
auch innenpolitisch in einer schwierigen Phase. Zwei Monate nach dem
Überfall von Bengasi fanden in den USA Präsidentschaftswahlen statt,
bei denen Obama erneut kandidierte. Fehler im Kampf gegen den Terrorismus konnten seine Wiederwahl gefährden. Die Republikaner
stürzten sich auf diese Gelegenheit und warfen der Außenministerin
Inkompetenz bei den Sicherheitsmaßnahmen für ihr diplomatisches
Personal und Irreführung der Öffentlichkeit vor. Bis zu diesem Tag
hatte Hillarys Bilanz im Amt als erfolgreich gegolten. Das bescheinigten
ihr damals auch Republikaner im Kongress, und in Umfragen lag sie
seit geraumer Zeit als das populärste Mitglied der Regierung Obama

vorn. Doch nach dem Angriff auf das Konsulat in Bengasi vier Monate vor ihrem lange geplanten Ausscheiden aus der Regierung änderte sich das radikal.

Die USA – von den Kongressabgeordneten bis zur Regierung – hätten die Katastrophe von Bengasi und die folgenden Untersuchungen und Anhörungen nutzen können, um eine grundsätzliche Diskussion über die Berechtigung und den Sinn ihres Interventionismus zu führen. Libyen war das dritte muslimische Land nach Afghanistan und dem Irak, in dem die USA militärisch interventiert und ein autoritäres Regime gestürzt hatten. In allen drei Fällen zeigte sich, dass die Supermacht zwar das militärische Knowhow und die Stärke für den Regimewechsel besaß, jedoch den anschließenden Herausforderungen in keiner Weise gewachsen war. Doch diese Debatte fand nicht statt. Die Republikaner konzentrierten sich auf Detailfragen von Hillarys Krisenmanagement vor, während und nach dem Angriff. Sie interessierten sich für die Semantik in ihren ersten öffentlichen Reaktionen, die bauliche und personelle Sicherung des Konsulats und die Frage, ob sie für den Botschafter im belagerten Konsulat telefonisch erreichbar gewesen war. Im Januar 2013, unmittelbar vor dem Ende ihrer Amtszeit, musste sich die Außenministerin zum ersten Mal zu Bengasi in einer Anhörung im Senat verantworten. Inzwischen lag ein erster interner Untersuchungsbericht aus ihrem Ministerium vor, der bestätigte, dass die Sicherheitseinrichtungen im Konsulat unzureichend gewesen waren und das Personal vor Ort diese Mängel beanstandet und um Nachbesserung gebeten hatte. Der Bericht sagte auch, dass diese Anfragen an die für bauliche Sicherheit zuständigen Fachleute im Ministerium und nicht direkt an die Ministerin gegangen seien. Drei Ministeriumsmitarbeiter waren deshalb bereits zurückgetreten.

Hillary war einen Monat vor dem Hearing gestürzt und hatte sich eine Gehirnerschütterung zugezogen. Die Ärzte entdeckten ein Blutgerinnsel zwischen Schädeldecke und Gehirn der 65-Jährigen, weshalb sie den Jahreswechsel in einem New Yorker Krankenhaus verbrachte. Am Tag der Anhörung trug sie eine Brille statt ihrer üblichen Kontaktlinsen. Auf eine Frage des republikanischen Senators aus Wisconsin Ron

Johnson, der der Außenministerin Versagen vorwarf, explodierte sie. «Bei allem Respekt», sagte sie, «Tatsache ist: wir haben vier tote Amerikaner. Ist es wegen der Proteste? Oder ist es, weil ein paar Typen eines Nachts entschieden haben, sie wollen ein paar Amerikaner töten? Was für einen Unterschied macht es?» Diese Szene, bei der Hillary die Arme ausbreitete und laut wurde, war die einzige aus dem mehrstündigen Hearing, die immer wieder über die Fernsehbildschirme flimmerte. Die sonst so kontrollierte Außenministerin wirkte angeschlagen.

IM KLUB DER MILLIONÄRE:
DIE CLINTONS UND DAS LIEBE GELD

Anders als die «alten» Familien Roosevelt, Kennedy und Bush brachten die Clintons kein Geld mit ins Weiße Haus. Und sie mögen «abgebrannt» gewesen sein, als sie 2001 den Präsidentensitz wieder verließen. Doch wenige Jahre später waren sie Multimillionäre. Was sie reich gemacht hat, ist die Kommunikation über ihre Erfahrungen in der Politik. Beide veröffentlichten fürstlich honorierte Memoiren, doch ihre wichtigste Einnahmequelle wurden bezahlte Reden. In den ersten acht Jahren nach seinem Auszug aus dem Weißen Haus sprach Bill Clinton vor Unternehmen und Regierungen in aller Welt und erhielt dafür Honorare im sechsstelligen Dollar-Bereich. Schon damals gab es Kritiker, die monierten, er werde so hoch bezahlt, weil die Auftraggeber den Einfluss eines ehemaligen US-Präsidenten nutzen wollten. Doch mit dem Regierungseintritt seiner Frau führten seine Auftritte auch zu Fragen über die ethischen Standards des Paares.

Die Clinton-Stiftung

In Hillarys Zeit als Außenministerin verdoppelten und verdreifachten sich die Honorare für Auftritte ihres Mannes. Gleichzeitig expandierte die Clinton-Stiftung. Die nach dem Ausscheiden aus dem Weißen Haus 2001 gegründete Stiftung war umgehend eine der finanzkräftigsten Hilfsorganisationen im internationalen Vergleich geworden, eine ideale Bühne für den Expräsidenten, um weiterhin Regierungsmitglieder und Spitzenunternehmer zu treffen. In den knapp zehn Jahren ihres Bestehens bis 2007 nahm sie 492 Millionen Dollar an Spenden ein. Nach Recherchen der «Washington Post» gingen bis zum Herbst 2015 insgesamt zwei Milliarden Dollar an Spenden ein, die sie zu einem globalen Machtfaktor machten.

Die Clinton-Stiftung unterstützt Regierungen und Nichtregierungsorganisationen in wenig entwickelten Regionen. Ihre Schwerpunkte sind die Gesundheitsversorgung, lokale Klimawandelprojekte, wirtschaftliche Entwicklung und die Förderung von Frauen und Mädchen. Nach eigenen Angaben hat die Stiftung 31 000 Schulen in den USA Geld für gesündere Ernährung gespendet, um das Übergewicht bei Kindern zu bekämpfen. Sie hat mit Pharmaherstellern für mehr als 11,5 Millionen Menschen in 70 Ländern günstigere Preise für HIV- und Aids-Medikamente ausgehandelt und afrikanische Bauern bei der Verbesserung ihrer Ernteerträge unterstützt. In den ersten Jahren ihres Bestehens hielt die Stiftung die Namen ihrer Spender unter Verschluss. Doch als Barack Obama seiner ehemaligen Rivalin das Außenministerium anbot, war Bill Clinton bereit, seine Geschäfte offenzulegen. In einer Absichtserklärung verpflichtete sich die Stiftung, für die Dauer von Hillarys Amtszeit die Namen ihrer ausländischen Geldgeber dem Außenministerium zur Prüfung vorzulegen. In Konfliktfällen sollte das Weiße Haus entscheiden. Vorübergehend verzichtete Bill Clinton auch darauf, die Jahrestreffen seiner *Clinton Global Initiative* im Ausland abzuhalten. Es gehe darum, die wichtige Arbeit der Stiftung fortzusetzen und Konflikte mit der Außenpolitik zu vermeiden, heißt es in der Absichtserklärung vom Dezember 2008. Hillary fand die Sorge vor Einflussnahme übertrieben. «Die Presse hatte bereits viel Aufhebens wegen möglicher Interessenkonflikte zwischen Bills gemeinnütziger Tätigkeit und meiner potenziellen neuen Position gemacht», schrieb sie. Doch ihr Mann hielt die öffentliche Aufsicht über die beiden Säulen seiner Arbeit – die bezahlten Reden und die Spendensammlungen für seine Stiftung – für vernünftig. «Was du als Außenministerin Gutes tun kannst, wird alle Arbeiten, bei denen ich mich zurückhalten muss, mehr als aufwiegen», sagte er.

Tatsächlich musste Bill Clinton nicht zurückstecken. Er hielt während der Amtszeit seiner Frau 215 Reden, auch in Ländern, zu denen das Verhältnis auf Regierungsebene angespannt war oder in denen die Lage von Frauen sich verschlechtert hatte. Seine Reden führten ihn unter anderem nach China, Russland, Saudi-Arabien, Ägypten, und Nigeria (zwei Reden für je 700 000 Dollar) sowie in die Vereinigten Arabischen Emirate (zwei Reden für je 500 000 Dollar) und auf die Kaimaninseln. Für jeden einzelnen dieser Auftritte erteilte das Ministerium seiner Frau die Zustimmung, wie die konservative Gruppe *Judicial Watch* herausfand. Wie einst in Arkansas bildeten die beiden wieder ein Tandem in Politik und Privatwirtschaft. Nur waren ihre Rollen dieses Mal umgekehrt verteilt: Jetzt war Hillary in Regierungsverantwortung, während Bill das große Geld verdiente. Bei elf Auftritten während der Amtszeit seiner Frau kassierte er Beträge von mindestens einer halben Million Dollar pro Rede, sämtlich im Ausland. In seinem ertragreichsten Jahr 2012 nahm er mit 73 Reden insgesamt 17 Millionen Dollar ein.

In einem ersten Schritt veröffentlichte die Clinton-Stiftung die Namen ihrer Spender. Die ausländischen Geldgeber reichen von der besonders großzügigen Königsfamilie in Saudi-Arabien über Regierungen von kleineren Golfstaaten und Marokko bis hin zu europäischen Ländern. Unter den privaten ausländischen Geldgebern der Stiftung ragt ein kanadischer Bergbauunternehmer heraus: Frank Giustra spendete der Clinton-Stiftung bis heute insgesamt 31,3 Millionen Dollar. Die Kritiker der Clintons richteten ihr besonderes Augenmerk auf die Auftritte des Expräsidenten vor Unternehmen und Wirtschaftsverbänden, die gleichzeitig Lobbying bei dem Ministerium seiner Frau in Washington betrieben, darunter Pharmafirmen, IT-Unternehmen, Banken und Computerhersteller. Bei mindestens 13 Auftritten dieser Art habe Bill Clinton zwischen 2009 und 2012 2,5 Millionen Dollar verdient, schreibt Peter Schweizer in einem Buch, das die Finanzen der Clintons zum Thema hat. Schweizer gibt zu, dass er in keinem Fall unrechtmäßiges Verhalten nachweisen konnte, aber er hat zahlreiche zeitliche Koinzidenzen zwischen ausländischen Spenden an die Clinton-Stiftung und Entscheidungen des Außenministeriums gefunden. Doch seine Beratertätigkeit für die Republikanische Partei und der anklagende Ton seines Buches, das rechtzeitig zu Hillarys Wahlkampfauftakt erschien, machten ihn angreifbar. Hillarys Sprecher Brian Fallon bezeichnete den Text als eine «Verdrehung von zuvor bekannten Fakten in absurde Verschwörungstheorien». Aber bei eigenen Recherchen fand auch die «New York Times» Korrelationen zwischen Spenden und außenpolitischen Entscheidungen. Die Hillary gegenüber nicht voreingenommene Zeitung sprach von «ethischen Herausforderungen».

Ins Auge stach, dass die Vereinigten Arabischen Emirate, die sich um eine vorgezogene Visumkontrollstelle der USA bemühten, diese zeitnah zu zwei Auftritten des Expräsidenten erhielten. Es führte zu Misstrauen, als Hillary den Freihandel mit Kolumbien ausdehnte und der Großspender Giustra dort umgehend ins Geschäft einstieg. Und es erregte Argwohn, dass Hillary vier Jahre lang zu der Keystone-XL-Pipeline schwieg, die schweres Rohöl aus Kanada an den Golf von Mexiko bringen sollte. Denn während das Außenministerium über die Zulassung der Pipeline entscheiden musste, hielt Bill Clinton Reden für insgesamt 1,8 Millionen Dollar Honorar bei der TD-Bank, die finanziell in das Projekt involviert war. Hillary selbst ging, kaum hatte sie das Außenministerium verlassen, ihrerseits auf eine hoch dotierte Vortragstour für diese Bank.

Die US-Regierung stoppte das Pipeline-Projekt mehrere Jahre nach Hillarys Ausscheiden aus der Regierung. Zu dem Zeitpunkt stand die Pariser Klimakonferenz kurz bevor, die Proteste von Umweltschützern gegen die Pipeline waren stark geworden, die Ölpreise in den Keller gesunken, und Hillary befand sich bereits im Vorwahlkampf für die Präsidentschaft. In einer ihrer typischen Kehrtwenden sprach sie sich nun auch gegen das Pipeline-Projekt aus und benutzte dabei das Argument der Umweltschützer: Klimaschutz. Ihr Meinungswechsel kam, als das Projekt politisch tot war und es wahltaktisch opportun erschien, dagegen Stellung zu beziehen.

Längst nicht alles, was die Clinton-Stiftung während Hillarys Amtszeit tat, war so transparent, wie es die Absichtserklärung vorsah. Bill Clinton unterhielt mehrere ausländische Zweigstellen, deren Einnahmen er nicht bei den Ethik-Beauftragten des Außenministeriums in Washington vorlegte. Eine davon war die 2007 gegründete *Clinton Giustra Enterprise Partnership* in Kanada. Bei einer Recherche im Zusammenhang mit der Übernahme des Urankonzerns Uranium One durch die russische Atomagentur Rosatom fiel das Augenmerk der «New York Times» auf diese kanadische Zweigstelle. Bei dem Urangeschäft stellte sich auch die sensible Frage, ob 20 Prozent des Uranbergbaus in den USA unter russische Kontrolle gelangen dürften. Mehrere US-Behörden hatten das zu prüfen, darunter das Außenministerium. Während das Verfahren lief, zahlten Anteilseigner der Uranium One zwischen 2009 und 2013 mindestens 2,4 Millionen Dollar Spenden an die Clinton-Stiftung. Die Ethik-Beauftragten im Außenministerium erfuhren nicht von diesem Geld, das direkt an die kanadische Zweigstelle der Stiftung ging. 2010 lud die russische Bank Renaissance Capital Bill Clinton zu ihrer jährlich stattfindenden Investorenkonferenz als Redner ein, wofür er ein Honorar von 500 000 Dollar erhielt. Letztlich billigten die US-Behörden das Urangeschäft zwischen Uranium One und Rosatom. Der ehemalige republikanische Präsidentschaftskandidat Mitt Romney befand, dass die Spenden an die Stiftung aussahen wie Bestechung, und der ebenfalls republikanische Senator Rand Paul verlangte nach einer Untersuchung. Doch Hillarys Sprecher Brian Fallon nannte es «absolut grundlos», zu vermuten, dass es eine «ungebührliche Einflussnahme des Außenministeriums» gegeben habe.

Eine andere ausländische Zweigstelle, die erst im Dezember 2010 gegründet wurde, ist die *William J. Clinton Foundation Insamlingsstiftelse* in Schweden. Dort gingen während Hillarys Amtszeit 26 Millionen Dollar Spenden ein, ohne dass die Ethikbeauftragten des Außenministeriums in Washington etwas davon erfuhren. Gleichzeitig zahlte der schwedische Elektronikkonzern Ericsson Bill Clinton das Rekordhonorar von 750 000 Dollar für eine Rede. Die konservative «Washington Times» vermutet hier einen Fall versuchter Einflussnahme auf die Außenministerin und erklärt die üppigen finanziellen Zuwendungen mit den Irangeschäften schwedischer Unternehmen. So war Ericsson der zweitgrößte Handy-Lieferant in den Iran, und von Wikileaks veröffentlichte diplomatische Depeschen aus Stockholm nach Washington zeigen, dass die schwedische Regierung sich aus Sorge um ihre Exportindustrie gegen die Verschärfung der Iransanktionen aussprach. Letztlich unternahm das State Department nichts, was dem schwedischen Export schadete. Beweise für einen Zusammenhang gibt es nicht, doch auch in diesem Fall blieb ein Unbehagen zurück.

Im ärmsten Land der Karibik wird das Hand-in-Hand-Vorgehen der privaten Stiftung von Bill Clinton und der US-Außenpolitik während Hillarys Amtszeit besonders deutlich. Die Clintons sind in Haiti omnipräsent. Ihre besondere Beziehung zu dem Land begann schon 1975, als die frisch Vermählten an einer Voodoo-Zeremonie in Port-au-Prince teilnahmen. Seither haben sie Investoren, Entwicklungshelfer sowie private und öffentliche Gelder aus den USA nach Haiti gelenkt und ihr eigenes Netzwerk dort kontinuierlich ausgebaut. Als Präsident bereitete Bill Clinton eine Militärintervention vor, um die Rückkehr des durch einen Putsch gestürzten gewählten Präsidenten Jean-Bertrand Aristide zu erzwingen (die Militärs in Port-au-Prince kapitulierten, bevor die Intervention begann). Mit seiner Stiftung finanzierte er unter anderem den Bau von Schulen, Wohnungen und Hotels sowie einen Industriepark. Zur gleichen Zeit sorgte er in Washington für die Beseitigung der Einfuhrzölle für in Haiti hergestellte Textilien (die auch an US-Marken wie Levi's, Fruit of the Loom und Hanes gehen). Als Außenministerin besuchte Hillary das kleine Land vier Mal – ebenso häufig wie Russland und Japan. Eine ihrer ersten Direktiven im Amt war die Überarbeitung der Haiti-Politik, die ein Versuchslabor für die künftige Außenpolitik war. Hillary wollte, wie sie in den Memoiren schreibt, «einen neuen, vielleicht in anderen Teilen der Welt ebenfalls anwendbaren Ansatz in der Entwicklungspolitik einem Praxistest» unterziehen. Konkret bedeutete das, Entwicklungshilfe durch Investitionen zu ersetzen, die auch den USA nutzen. Sie griff auch aktiv in das politische Geschehen des Landes ein und leistete ihrem Favoriten für das Präsidentenamt Michel Martelly mit einem starken Auftritt in Port-au-Prince aktive Wahlkampfhilfe. Und ihre Botschaft in Port-au-Prince übte Druck auf die haitianische Regierung aus, um zu verhindern, dass der Mindestlohn auf 61 Cent in der Stunde angehoben wurde. «Der Inselstaat markiert den Punkt, wo alles anfing in der explosiven Geschichte der verwirrenden, von Konflikten geprägten Überschneidung zwischen der offiziellen Außenpolitik von Hillary Clintons Außenministerium und der Privataußenpolitik der Familienstiftung der Clintons», schreibt der Haiti-Kenner Jonathan Katz.

Das verheerende Erdbeben vom Januar 2010, bei dem Hunderttausende Menschen ums Leben kamen, führte zu noch mehr Präsenz der Clintons in dem Karibikstaat. Direkt nach dem Beben reiste die Außenministerin nach Haiti, kurz darauf wurde ihr Mann von US-Präsident Obama – und später auch von den Vereinten Nationen – mit der Koordination nationaler und internationaler Spendensammlungen für das Land betraut. Über die beiden Clintons flossen Hunderte Millionen Dollar ins Land – darunter auch 500 000 Dollar, die Algerien der Clinton-Stiftung für Haiti gespendet hatte und die nie bei der Ethikkommission im Außenministerium gemeldet wurden. Die Außenministerin hatte Haiti versprochen, dass sie sich auch nach dem Ende ihrer Amtszeit für das Land engagieren werde, doch im Wahlkampf schweigt sie über das Land, in dem sie eine neue Form der Entwicklungshilfe ausprobieren wollte. Es mag an fehlenden Erfolgsmeldungen liegen: Ihr Wunschkandidat stürzte das Land als Präsident in eine neue, tiefe Krise; trotz der beeindruckenden finanziellen Hilfe aus aller Welt ist es nicht gelungen, das Wohnungsproblem zu lösen; und die Industriezone, die die Clinton-Stiftung initiiert hatte, schuf nicht die versprochenen 50 000 Arbeitsplätze, sondern nur rund 8000. Zu allem Übel kam hinzu, dass Hillarys Bruder Tony Rodham in Haiti Teilhaber einer aus den USA betriebenen Goldmine wurde, die in Haiti die erste Gold-Bergbaugenehmigung seit Jahrzehnten erhielt und jetzt international nach Investoren sucht. Er lernte seinen Geschäftspartner bei einem Treffen der Clinton-Stiftung kennen. Da witterten manche Vetternwirtschaft.

Hochdotierte Reden

Als Hillary im Januar 2013 das Außenministerium verließ, stieg sie in die Stiftung ein, die im selben Jahr in *Bill, Hillary & Chelsea Clinton Foundation* umbenannt wurde. Rasch begann sie eigene Vortragsreisen und war auf der Bühne erstmals begehrter als ihr Mann. Nicht nur das gerade erst hinter ihr liegende Amt, sondern auch die Aussicht auf eine mögliche US-Präsidentschaft machte sie interessant. Die New Yorker Agentur Harry Walker nahm sie unter Vertrag, der weltweite Marktführer unter den Rednervermittlern, der schon Helmut Schmidt zu astronomischen Gagen verhalf – sein Freund Henry Kissinger, ebenfalls bei Harry Walker unter Vertrag, hatte den Kontakt hergestellt –, und auch für die Aufbesserung der Ruhestandsbezüge von Exkanzler Gerhard Schröder sowie Jean-Claude Trichet, dem Exchef der Europäischen Zentralbank, sorgt. Hillarys Honorare erreichten nicht die Summen, die ihr Mann erzielt hatte, als sie Außenministerin war, doch sie kam immerhin auf bis zu 225 000 Dollar pro Rede. In den zwei Jahren nach dem Außenministerium und vor der Präsidentschaftskandidatur verdiente sie mit rund 100 Reden 21,7 Millionen Dollar. Sie hielt Vorträge in Universitäten, bei Wirtschaftsverbänden und vor Geschäftsleuten verschiedener Branchen. Rund ein Fünftel ihrer Honorare kamen von Kunden aus dem Finanzsektor, darunter Goldman Sachs, die Deutsche Bank, Morgan Stanley, die Bank of America und UBS. Allein für drei Reden bei Goldman Sachs stellte die Agentur Harry Walker 675 000 Dollar in Rechnung.

Was Hillary bei ihren Auftritten an der Wall Street sagte, ist unbekannt. Sie sprach hinter verschlossenen Türen, und ihre Kunden verpflichteten sich vertraglich, die Reden nicht aufzuzeichnen. Es liegen – auch das war vertraglich geregelt – jeweils stenographische Mitschriften vor, doch die hält Hillary unter Verschluss. «Ich veröffentliche meine Reden, wenn alle anderen Kandidaten das auch tun», sagte sie im Wahlkampf auf entsprechende Forderungen. Dabei ist es geblieben. Gegenüber dem «Wall Street Journal» erinnerten sich einzelne Zuhörer an den «freundlichen Ton» und die geradezu «überschwängliche» Herz-

Freund und Mentor: Hillary Clinton mit Henry Kissinger, dem Berater
und Außenminister von Präsident Nixon

lichkeit der Exaußenministerin gegenüber den Bankern. In Bezug auf die Finanzkrise von 2008 soll sie nach der Erinnerung eines Teilnehmers gesagt haben: «Wir stecken da alle zusammen drin. Und wir müssen gemeinsam einen Weg herausfinden.»

Das komplexe Verhältnis der Clintons zur Wall Street war schon seit Bill Clintons erster Präsidentschaft offensichtlich. Er sei gut für die Wall Street gewesen, sagt Frederick Cannon, der Vizevorstandsvorsitzende der New Yorker Investmentbank Keefe, Bruyette & Woods, und liefert auch eine Erklärung dafür, dass Finanzunternehmen so viel Geld für die nicht besonders mitreißende Rednerin Hillary ausgeben: «Es verschafft ihnen einen Zugang zu der möglichen künftigen Präsidentin.» Doch für die Kandidatin wurde der großzügige Geldsegen von der Wall Street schon bald zu einem politischen Problem. Als sie im Frühling 2015 ihren Präsidentschaftswahlkampf eröffnete, legte sie ihren Posten in der Clinton-Stiftung nieder, beendete ihre bezahlte Vortragstätigkeit und verkündete, sie werde für die Mittelschicht kämpfen, für soziale Gerechtigkeit sorgen, den Mindestlohn anheben und die Banken stärker kontrollieren. Doch an der Basis stießen diese Versprechen auf Skepsis. Die Kandidatin hat nicht gespürt, dass sie ihre Glaubwürdigkeit verspielte, indem sie Hunderttausende von der Wall Street für Reden kassierte und sich den Wählern dann als eine «Progressive, die die Dinge anpackt» und die Wall Street kontrolliert, vorstellte. Als Kritik an ihren Wall-Street-Honoraren laut wurde, hat sie zunächst wie gewohnt reagiert: mit Schweigen und Mauern. Als das Thema längst in aller Munde war und der CNN-Moderator Anderson Cooper sie fragte, ob es wirklich nötig gewesen sei, für drei einstündige Reden 675 000 Dollar zu kassieren, antwortete sie trotzig: «Das ist das, was sie angeboten haben.» Einen Fehler gestand sie nicht ein. Einer ihrer ehemaligen Mitarbeiter im Weißen Haus nennt es «politisch dumm», dass sie die Honorare angenommen hat. Mike Lux glaubt nicht, dass es Geldgier ist, sondern eine Mischung aus Betriebsblindheit und schlechter Personalpolitik. Hillary sei es nicht in den Sinn gekommen, «dass jemand ihre Ethik hinterfragen könnte», und ihre Mitarbeiter, von denen manche seit 25 Jahren für sie arbeiten, warnten sie nicht.

Drei Monate vor den Präsidentschaftswahlen von 2016, als beinahe täglich neue Gerüchte über Vorteile, die Spender der Clinton-Stiftung bei der Außenministerin erkauft hätten, in die Medien kommen, machen die Clintons einen Versuch der Schadensbegrenzung. Bill Clinton kündigt an, dass er – falls seine Frau gewählt wird – vom Aufsichtsrat seiner Stiftung zurücktreten und die Geschäfte in Hände außerhalb seiner Familie legen wird. Er verspricht für diesen Fall auch, dass die Stiftung keine ausländischen Spenden mehr annehmen wird.

ZWEITER VERSUCH:
ERST BERNIE SANDERS, DANN DONALD TRUMP

Niemand hatte damit gerechnet, dass sich ein 74 Jahre alter Mann mit schlohweißem, ungekämmtem Haar, einem oft griesgrämigen Gesichtsausdruck und revolutionären Forderungen Hillary Clinton in den Weg ins Weiße Haus stellen könnte. Bernie Sanders ist seit vier Jahrzehnten in der Politik. Er war Bürgermeister von Burlington, der mit gut 40 000 Einwohnern größten Stadt Vermonts, dann Kongressabgeordneter und seit Anfang 2007 Senator für den kleinen nordöstlichen Bundesstaat, in dem er seit den Sechzigerjahren lebt. Doch außerhalb von Vermont war er nur Gewerkschaftskreisen und linken Gruppen in den USA bekannt. Sanders ist ein *Independent,* der keiner Partei angehört, bei Gesetzesvorlagen aber oft zusammen mit demokratischen Senatoren stimmt. Selbstbewusst bekennt er sich zu einer Identität, die in den USA jahrzehntelang ein Schimpfwort war: demokratischer Sozialist. In Washington galt Sanders vielen als Auslaufmodell aus einer untergegangenen Zeit. Am Abend des Tages, an dem er vor dem Hintergrund des Champlainsees in Burlington bekanntgab, dass er für die demokratische Präsidentschaftskandidatur antrat, erwähnten die großen Medien ihn nur in Kurzmeldungen. Die meisten Journalisten hatten Sanders in den vorausgegangenen Jahren ignoriert und waren nicht zu seinen Pressekonferenzen gegangen; in die großen sonntäglichen Talkshows wurde er nicht eingeladen. Seine Kandidatur galt als Randphänomen und das sozialistische Etikett als unvereinbar mit dem Wählerwillen in den USA. Die Umfrageinstitute prognostizierten ihm für die Vorwahlen Ergebnisse im einstelligen Bereich.

Eine politische Revolution

Sanders schlug einen ungewöhnlichen Ton für eine Präsidentschaftskampagne an. Er wetterte gegen die «oligarchischen Tendenzen» und die «Milliardärsklasse», die sich auf Kosten der Mittelschicht und der Demokratie bereichere, gegen soziale Ungerechtigkeit und die Rolle des großen Geldes in der Politik. Sein Ziel nannte er eine politische Revolution. Doch hinter den radikal klingenden Worten steht ein Programm, das an Sozialdemokraten alter Schule in Europa und Lateinamerika und an New-Deal-Demokraten aus den Dreißiger- und Vierzigerjahren in den USA erinnert. Sanders will ein staatliches Arbeitsbeschaffungsprogramm (mit dem er die veraltete Infrastruktur der USA erneuern möchte), er verlangt gebührenfreie öffentliche Universitäten (um die horrende Verschuldung, mit der ein Hochschulabsolvent ins Berufsleben startet, zu beseitigen), er schlägt einen bundesweiten Mindestlohn von 15 Dollar die Stunde vor (weil die gegenwärtigen 7,25 Dollar nicht zum Leben reichen), er möchte Mitbestimmung in den Betrieben durchsetzen (während die Gewerkschaften in vielen Bundesstaaten und Branchen der USA nicht das Recht haben, Tarifverträge auszuhandeln) und plädiert für eine allgemeine staatliche Krankenversicherung. Vor allen Dingen aber will er dem mächtigen Finanzsektor zu Leibe rücken. Wenn eine Bank so groß geworden ist, dass sie bei ihrem etwaigen Zusammenbruch die gesamte Volkswirtschaft in Mitleidenschaft ziehen könnte – im US-Jargon heißt das: «too big to fail» (zu groß, um zu scheitern) –, dann gehört sie nach Sanders' Überzeugung in Einzelteile zerlegt. In seinem Wahlkampf lehnte er es auch kategorisch ab, Spenden von Großunternehmen oder Banken anzunehmen.

Der alte Mann traf den Nerv der Zeit. Seine Reden, die er mit «Brothers and Sisters» – einer Ansprache, die sowohl in Kirchengemeinden als auch in Gewerkschaften benutzt wird – eröffnete, klangen ehrlich und authentisch. Seine Sprache war direkt und meilenweit von den geschliffenen Phrasen anderer Washingtoner Politiker entfernt. Und seinen Überzeugungen ist er ein Leben lang treu geblieben, ohne sie der politischen Stimmung zuliebe zu ändern oder Meinungsforschern zu folgen. Insbesondere junge Leute aus der gebildeten Mittelschicht, aber auch Gewerkschafter und ältere linke Aktivisten, die sich enttäuscht von der Demokratischen Partei abgewandt hatten, begeisterten sich für ihn. Einige der jungen Bernie-Fans hatten 2008 die Kampagne für den ersten schwarzen Präsidenten der USA unterstützt, andere sind 2016 Erstwähler. Viele von ihnen sind in den neuen sozialen Bewegungen der Obama-Jahre erwachsen geworden. Sie hatten im Herbst und Winter 2011 wochenlang in Occupy-Wall-Street-Zeltstädten quer durch die USA campiert, um Veränderungen im Finanzsektor durchzusetzen, während der Gazakriege von 2012 und 2014 gegen israelische Raketen auf palästinensische Zivilisten protestiert und gehören zur neuen Bürgerrechtsgeneration, die Polizeigewalt gegen afroamerikanische Jugendliche anprangert. Manche fühlen sich von hohen Schuldenlasten erdrückt und wurden in diesem Wahlkampf zum ersten Mal politisch aktiv.

Sanders füllte Sportstadien mit bis zu 30 000 Menschen. Auf seinen Veranstaltungen gab es nicht das übliche Loblied auf den amerikanischen Exzeptionalismus. Im Gegenteil: Er beschrieb die USA wie ein normales Land, verglich sie mit anderen Industriestaaten und fand dort teilweise bessere Strukturen als in seiner Heimat. Er öffnete Fenster in die Welt, nannte die Krankenversicherung in Kanada und die Rentenversicherung in den nordeuropäischen Ländern vorbildhaft und kritisierte den US-amerikanischen Interventionismus in Lateinamerika, Asien und der arabischen Welt. «Wir können es uns leisten, ein bisschen wie Deutschland und Skandinavien zu werden», sagte er. Zu seinen Besonderheiten gehört auch, dass er nicht versprach, als Präsident alle Probleme zu lösen. Er forderte sein Publikum auf, das Projekt gemeinsam anzugehen. Junge Internet-Aktivisten machten schwarz-weiße Scherenschnitte von dem Gesicht des alten Mannes, die Plaketten und T-Shirts schmückten und Kultstatus errangen. Und sie entwarfen den Slogan «I feel the Bern», der so klingt wie: «Ich spüre das Feuer». Er wurde zu einem Kernsatz der demokratischen Vorwahlen. Anders als seine Konkurrenten machte Sanders fast keine Werbung in Radio und Fernsehen, sondern beschränkte sich weitgehend auf Kampagnen auf Twitter und in anderen sozialen Medien. Ursprünglich war Geldmangel der Grund für diese Entscheidung, doch sie erwies sich als eine Stärke, denn sie signalisierte Unabhängigkeit vom großen Geld. Bei Bernie Sanders ging es um das kleine Geld: Spendenaufrufe an seine Anhänger, die im Durchschnitt 27 Dollar gaben, brachten stattliche 232 Millionen Dollar ein.

Auch Hillary und ihre Berater unterschätzten Sanders. In den ersten Monaten ihrer Kampagne ließ sie ihn links liegen. Als er bei einer gemeinsamen Fernsehdebatte von der dänischen Sozialpolitik sprach, kanzelte sie ihn mit einem knappen: «Dies ist nicht Dänemark» ab. Später versuchte sie, ihn als «Ein-Punkt-Kandidaten» abzutun, der sich nur für soziale Fragen im Land interessiere. Doch Sanders wurde stärker. Bei dem Caucus in Iowa rückte er Hillary im Januar 2016 gefährlich nahe. Sie gewann mit dem hauchdünnen Vorsprung von 0,25 Prozent. Und in den zweiten Vorwahlen im seinem Heimatstaat Vermont benachbarten New Hampshire, wo Hillary 2008 ihr «Comeback» gegen Obama gefeiert hatte, gewann er mit 60,4 gegen 38 Prozent.

Ein zentrales Motiv, mit dem Sanders Hillary vor sich hertrieb, war das Geld. Er sprach auf seinen Veranstaltungen und in Fernsehdebatten vom korrupten Wahlkampffinanzierungssystem, das es der Wall Street erlaube, mit großen Geldspritzen die Kandidaten ihrer Wahl auszusuchen. «Sie sind nicht dumm», sagte er über die großen Geldgeber, «wenn sie Ihnen so viel Geld spenden, wollen sie damit etwas erreichen.» Hillary beschwerte sich über eine «hinterlistige Schmierenkampagne» und versicherte, dass sie ihre Meinung nie wegen Spenden geändert habe. In ihrem Programm strebt sie – wie Sanders – eine Reform des Wahlkampfspendenwesens an. Und wie er will sie einen umstrittenen Entscheid des Obersten Gerichts aus dem Jahr 2010 kippen. Das nach der konservativen Klägergruppe benannte Citizens-United-Urteil gibt Unternehmen, Gewerkschaften und Interessengruppen, die für politische Kampagnen spenden wollen, dieselben Rechte wie Personen und definiert ihre Spenden als Teil der von der Verfassung geschützten

*Debatte im Vorwahlkampf: Der demokratische Sozialist Bernie Sanders drängt
Hillary Clinton politisch nach links*

Meinungsfreiheit. Einzige Bedingung für diese nach oben unbegrenzten Spenden ist, dass das Geld nicht direkt an Kandidaten geht, sondern an unabhängige Gruppen, und dass die Kandidaten keinen direkten Einfluss auf die Verwendung der Spenden haben. Das Urteil öffnete die Schleusen für neue Millionen-Dollar-Geldflüsse in die Politik. Es entstanden die *Super PACs, Political Action Committees*, die politische Kampagnen für oder gegen einzelne Kandidaten führen. Die finanzstärksten Super PACs im Wahlkampf 2016 haben Hillary (mit 96,7 Millionen Dollar bis Juni 2016) und den dennoch gescheiterten Jeb Bush (mit 126,9 Millionen Dollar) unterstützt. Sanders lehnte Super PACs strikt ab, doch trotz seines Widerspruchs wurde auch seine Kampagne von außen durch einige kleine Super PACs unterstützt.

Sanders schien wie eine Inkarnation dessen, wonach sich weite Teile der US-Wählerschaft schon 2008 bei der Wahl von Obama gesehnt hatten und was sie bei Hillary nicht fanden: *change*, Veränderung. Er sorgte auch dafür, dass die außenpolitische Urteilsfähigkeit seiner Konkurrentin erneut infrage gestellt wurde, erinnerte an ihr Votum für die Irak-Resolution und kritisierte ihr Engagement für eine Intervention in Libyen. Er selbst hat 2002 gegen den Irakkrieg gestimmt und betrachtet die meisten Militärinterventionen und Regimewechsel, an denen die USA beteiligt waren, als Fehler. Im Fall von Afghanistan jedoch hatte auch er nach den Attentaten vom 11. September für die Intervention gestimmt. Das Duell zwischen dem demokratischen Sozialisten und der selbsternannten Progressiven riss alte Wunden auf und brachte überwunden geglaubte Schwächen der Kandidatin erneut an den Tag. Genau wie acht Jahre zuvor war sie als Favoritin der Demokraten ins Rennen gegangen, und wie damals trieb ein Außenseiter sie vor sich her und versetzte die Wähler ins Träumen. Nachdem sie vier Jahre lang als oberste Diplomatin der USA gedient hatte, war sie 2016 stärker noch als 2008 die erfahrenste, kompetenteste und bekannteste Kandidatin. Doch wie damals wirkte sie weniger authentisch, weniger glaubwürdig, weniger ehrlich und weniger auf einer Wellenlänge mit der jungen, linken Wählerbasis als ihr Herausforderer.

Dem Déjà-vu folgte ein anderes Resultat. Der junge, strahlende Obama gewann nach seinen ersten Vorwahlen sehr schnell auch die Unterstützung von großen Geldgebern, die traditionell für die Clintons gespendet hatten. Schon bald brachte er auch die demokratischen Amtsträger im Kongress, in den Bundesstaaten und auf lokaler Ebene hinter sich. Sanders hingegen blieb ein Außenseiter in der Demokratischen Partei. Er gab zwar für die Zeit des Wahlkampfs seine Unabhängigkeit auf und wurde Mitglied der Demokratischen Partei, doch nur ein Senator und nur neun Kongressabgeordnete unterstützten seine Kandidatur. Die demokratische Parteiführung hingegen, das Democratic National Committee (DNC), das formal zur Neutralität verpflichtet ist, arbeitete gegen ihn. Schon im Vorwahlkampf glaubten Sanders-Anhänger, dass die Parteiführung den Kandidaten behindere. Wenige Stunden vor der Eröffnung des Nominierungsparteitags in Philadelphia im Juli 2016 erhielten sie die Bestätigung. Die Enthüllungsplattform Wikileaks veröffentlichte interne E-Mails aus dem DNC, die zeigten, dass Mitarbeiter versuchten, Journalisten zu einer positiven Berichterstattung über Hillary Clinton zu drängen, und erwogen, Sanders religiöse Einstellungen zu thematisieren. «Das könnte uns ein paar Punkte bringen. Denn für Southern Baptists ist es ein großer Unterschied, ob jemand ein Atheist oder ein gläubiger Jude ist», heißt es in einer Mail. Auch 2016 traf es Hillary hart und unerwartet, dass die Mehrheit der jungen Frauen ihrem Herausforderer folgte. Möglicherweise war die Verletzung noch größer als im Jahr 2008, weil sie dieses Mal ihr Frausein zu einem politischen Argument gemacht hatte. Frauen spielen eine große Rolle in ihrem Umfeld – als Kolleginnen, Mitarbeiterinnen und Unterstützerinnen. Bei ihren Wahlkampfveranstaltungen kamen mehr Frauen als bei anderen Kandidaten. Doch zugleich fiel auf, dass ihre Unterstützerinnen eher älter waren. Zwei prominente Vertraute versuchten ihr zu Hilfe zu eilen: Die 81-jährige Feministin Gloria Steinem erklärte Sanders' Erfolg bei jungen Frauen damit, dass diese «dahin gehen, wo die Männer sind», und die 78-jährige ehemalige Außenministerin Madeleine Albright sagte: «Es gibt einen besonderen Platz in der Hölle für Frauen, die andere Frauen nicht unterstützen.» Hillary stand bei diesen Worten klatschend und laut lachend neben Albright, doch anstatt den Generationengraben zu überwinden, zeigten solche Äußerungen, wie tief er war.

Auf die Aussicht, eine Frau an die Spitze des Landes zu bringen, reagierten junge und ältere US-Amerikanerinnen im Vorwahlkampf unterschiedlich. Die unter 45-Jährigen und insbesondere die *millennials*, die um die Jahrtausendwende zwanzig waren, halten ihre Rechte als Frauen für eine Selbstverständlichkeit. Sie sind damit aufgewachsen, dass Frauen – wenngleich in geringerer Zahl als Männer – in allen Bereichen des öffentlichen Lebens präsent sind, dass sie Unternehmen führen und politische Ämter innehaben. Hingegen haben die Älteren jahrzehntelang für gleiche Chancen gekämpft. Sie betrachten Hillary als Weggefährtin und ihren Aufstieg bis ins Weiße Haus als die Erfüllung eines alten Traums und ein Symbol für alle Frauen. Die unterschiedlichen Generationserfahrungen von jüngeren und älteren Frauen zeigten sich auch in Reaktionen auf eine Bemerkung, die Hillary bei einer

Fernsehdebatte machte. Sanders hatte sie als eine Repräsentantin des Establishments bezeichnet, worauf sie erwiderte, eine Frau, die für das Weiße Haus kandidiere, könne nicht «das Establishment» sein.

Am Ende verlor Sanders die Vorwahlen. Zwei Wählergruppen, ohne die kein Demokrat heutzutage das Weiße Haus gewinnen kann, hatten sich gegen ihn entschieden. Bei den Vorwahlen von 2008 hatte die Mehrheit der afroamerikanischen Wähler für Obama, die Mehrheit der Latinos für Hillary gestimmt – 2016 standen beide Minderheiten hinter Hillary und verhalfen ihr zur Nominierung. Doch Sanders gewann 43 Prozent der demokratischen Vorwahlstimmen und 22 der 50 Bundesstaaten, er setzte seine jahrzehntelang ignorierten Themen auf die Tagesordnung des Landes und schickte fünf Vertraute in die Kommission der Demokratischen Partei, die ein neues Parteiprogramm verfasst hat. Laut Sanders geriet es zu dem «fortschrittlichsten demokratischen Programm der Geschichte». Unter anderem enthält es die Abschaffung der Todesstrafe (die Hillary im Vorwahlkampf noch «für Ausnahmefälle» gerechtfertigt hat), eine Erhöhung des nationalen Mindestlohns auf 15 Dollar die Stunde (im Vorwahlkampf schlug Hillary zwölf Dollar vor) und Wall-Street-Reformen. Doch die Sanders-Vertreter schafften es nicht, ihre Opposition gegen das Handelsabkommen TPP und ein Verbot des Fracking im Programm zu verankern. Hillarys Unterstützer verhinderten auch, dass der Begriff «Besatzung» *(occupation)* für die israelischen Siedlungen im Westjordanland in das Parteiprogramm aufgenommen wurde.

Der größte *bully* ihres Lebens

Am 12. April 2015 eröffnete Hillary ihren neuen Präsidentschaftswahlkampf. Sie tat es wie schon 2008 mit einem Video im Internet. Wie damals stellte sie sich als eine Streiterin für die Interessen der Mittelschicht dar. Doch anders als damals ließ sie nun vor allen Dingen Andere sprechen – eine junge Frau, die ihre Tochter einschult, ein schwules Pärchen, das heiraten will, und eine Mutter, die ins Berufsleben zurückkehren möchte –, bevor sie wie nebenbei mitteilt: «Auch ich mache mich gerade für etwas Neues bereit. Ich kandidiere als Präsidentin.» Damals ahnte sie noch nicht, dass ihr republikanischer Gegenkandidat ihr alter New Yorker Bekannter Donald Trump sein würde.

Während ihrer ersten Präsidentschaftskampagne im Jahr 2008 bescheinigte Trump der Demokratin in Interviews, sie würde eine tolle Präsidentin sein. Doch 2016 ist seine Schwärmerei für Hillary und andere Demokraten in Feindseligkeit umgeschlagen. Zur Eröffnung seines Wahlkampfs fuhr er auf einer Rolltreppe in das goldverzierte Foyer seines Trump-Tower an der Fifth Avenue in New York hinunter und verkündete dort, Mexikaner seien «Kriminelle, Vergewaltiger und manchmal auch gute Menschen». Es war der Anfang einer langen Reihe von Provokationen, Tabubrüchen, Beleidigungen, rassistischen und sexistischen Attacken, die ihm ununterbrochen Schlagzeilen sicherten. Unter anderem kündigte er an, dass er als Präsident eine Mauer entlang der Südgrenze bauen, Muslime nicht mehr in die USA reisen lassen und die Folter legalisieren werde. Er ließ Journalisten, deren Berichterstattung ihm nicht gefiel, aus Pressekonferenzen und Veranstaltungen werfen, machte sich wie ein Schulhofrüpel über einen Behinderten lustig und bezeichnete einen Richter, der über Betrugsklagen wegen der Werbung seiner «Trump University» zu entscheiden hat, als befangen, weil dessen Vorfahren aus Mexiko eingewandert sind.

Das Programm von Trump hat sich sehr weit von republikanischen Traditionen entfernt: Er kritisiert den Freihandel, preist den russischen Präsidenten Wladimir Putin, nennt es «nicht schlecht», wenn Länder wie Südkorea und Saudi-Arabien Atombomben bekämen, und will die US-amerikanische Nato-Präsenz überdenken, weil sie zu teuer sei. Über die Frau, von deren politischen Qualitäten er acht Jahre zuvor geschwärmt hat, sagt er nun, sie spiele die Frauenkarte. Wäre sie ein Mann, hätte Hillary nur wenige Unterstützer, erklärte er.

Trump war der zweite unerwartete und unterschätzte Kandidat im Präsidentschaftswahlkampf 2016. Der Baulöwe, Spielkasinobesitzer und Reality-Show-Star ist bekannt als Großmaul und Provokateur, doch niemand hatte ernsthaft für möglich gehalten, dass er 16 andere republikanische Kandidaten an den Rand drängen würde. Er ist in seinem Leben oft zwischen den Parteien hin- und hergewechselt, doch bisher hatte er öffentlich häufiger zu den Demokraten als zu den Republikanern gehalten. «Ich stimme überwiegend mit den Demokraten überein», sagte er 2004. Wie sie war er ein Befürworter des Rechts auf Schwangerschaftsabbruch und im Jahr 2000 auch noch ein Gegner des Verkaufs von Sturmgewehren, doch im Wahlkampf 2016 fuhr er mit ganz anderen, vielfach entgegengesetzten Forderungen wie eine Dampfwalze durch die USA, gewann 35 Bundesstaaten und wurde im Juli 2016 der offizielle Kandidat der Republikanischen Partei. Die 1854 gegründete *Grand Old Party,* die Abraham Lincoln ins Weiße Haus gebracht hat, wurde Trumps Partei. Er erntet die Früchte einer ideologischen Spaltung, die alte Führungsmitglieder gemeinsam mit Anhängern des Tea-Party-Flügels und konservativen Libertären in den Jahren der Obama-Präsidentschaft betrieben haben. Unterstützt wurden sie dabei von «Fox News», einem der größten Fernsehsender der USA, der die republikanische Botschaft in alle Winkel des Landes trägt. ·

Während der Obama-Jahre hat die Republikanische Partei einen großen Teil ihrer Energie darauf konzentriert, die Politik des Präsidenten zu be- und verhindern. Ein Fokus ihrer Politik lag dabei auf der Aushöhlung des Rechts auf Schwangerschaftsabbruch. Seit den Halbzeitwahlen vom November 2010, die eine Welle von wertkonservativen Tea-Party-Abgeordneten in den Kongress und die gesetzgebenden Versammlungen der Bundesstaaten brachten, starteten Republikaner in 46 Bundesstaaten Hunderte von Gesetzesinitiativen. Mal verlängerten sie die Wartezeiten für Frauen, mal veränderten sie die Ausbildungsanforderungen für Ärzte, mal führten sie neue bauliche Regeln für Abtreibungskliniken ein, doch immer ging es darum, das seit 1973 vom Obersten Gericht garantierte Recht zu untergraben. Allein im Jahr 2015 führten sie in 17 Bundesstaaten 57 neue Abtreibungsregeln ein. Ein ähnliches, ebenfalls moralisch und religiös begründetes Politikfeld ist das republikanische Vorgehen gegen die Gleichstellung von Homosexuellen. Nachdem das Oberste Gericht die gleichgeschlechtliche Ehe im

Juni 2015 zu einem für alle Bundesstaaten verbindlichen Grundrecht erklärte, intensivierten die Konservativen ihr Vorgehen gegen die LGBT-Gemeinschaft. Einer der republikanischen Gouverneure, der sich bei diesem Kreuzzug besonders hervortat, ist Mike Pence aus Indiana, den Trump zu seinem Vizepräsidentschaftskandidaten gemacht hat. Wie andere Konservative spricht Gouverneur Pence von einem «gesellschaftlichen Kollaps durch die Zerstörung von Ehe und Familie», zwei Institutionen, die er als «gottgegebene Ideen» bezeichnet. 2015 unterzeichnete er ein Gesetz über «Religiöse Freiheiten», das es Geschäftsleuten unter anderem gestatten sollte, Kunden wegen ihrer sexuellen Orientierung und Geschlechtsidentität abzulehnen. Nach einem Aufschrei der Empörung und Boykottaufrufen gegen Indiana veränderte er das Gesetz.

Im Wahlkampf konnte Trump mit Ängsten spielen, die er selbst und die Republikanische Partei in den vorausgegangenen Jahren geschürt hatten. Bei seinen Veranstaltungen, die er häufig auf Flugplätzen abhielt, auf denen er mit seinem Privatjet landete, zog er vor allem Menschen an, die keinen Anteil am Aufschwung hatten, darunter Farmer und Arbeiter, deren Einkommen seit Jahrzehnten stagniert. Der Multimilliardär stand mit einer Schirmmütze mit der Aufschrift «Make America great again» vor ihnen und rief seinem Publikum Dinge zu wie «Ich liebe die Ungebildeten» oder «Wenn ihr jemanden seht, der eine Tomate werfen will, schlagt ihn krankenhausreif. Ich zahle die Anwaltsrechnung.» Die Menge, die bei dem republikanischen Nominierungsparteitag in Cleveland zusammenkam, der Trump zum Präsidentschaftskandidaten machte, sah anders aus als ein Querschnitt der US-amerikanischen Gesellschaft. In der Halle saßen sehr viele weiße Männer, wenige Frauen und fast keine Angehörigen von Minderheiten. Unter den 2472 Delegierten waren nur 18 Afroamerikaner. Die Republikanische Partei hatte schon vor der Nominierung von Trump viele Sympathien in den Minderheiten verloren. Doch mit ihm entfernte sie sich weiter von großen Teilen dieser besonders schnell wachsenden Wählergruppen. Die Demographen sagen voraus, dass die bisherige Mehrheitsbevölkerung der USA, die Weißen, in dreißig Jahren unter die 50-Prozent-Marke sinken wird. Bei Trumps Anhängern löst die Aussicht auf diese Veränderung der Bevölkerungszusammensetzung eine besonders markante Verlustangst aus.

Einige republikanische Traditionsfamilien blieben dem Parteitag in Cleveland demonstrativ fern. Die Bushs kamen nicht. Die beiden Ex-präsidenten George H. W. und George W. sowie der in den Vorwahlen gescheiterte Jeb Bush hielten sich mit öffentlichen Erklärungen zurück, aber die beiden ehemaligen First Ladies wurden deutlich. Barbara Bush fragte: «Wie kann eine Frau für Trump stimmen?» Ihre Schwiegertoch-ter Laura Bush erklärte, dass sie jemanden im Weißen Haus haben wolle, «die oder der sich für Frauen in Afghanistan interessiert». Auch andere ehemalige republikanische Präsidentschaftskandidaten, die von Trump als «Verlierer» und «energielos» bezeichnet worden sind, blieben zuhause. Mitt Romney nannte Trump aus der Ferne einen «Betrüger und Schwindler», und Lindsey Graham schrieb: «Mit Trump werden wir im November geschlachtet. Und wir verdienen es nicht besser.» Auch Gouverneur John Kasich, der letzte im Rennen gegen Trump ausgeschiedene Präsidentschaftskandidat und Republikaner an der Spitze von Ohio, dem Gastgeberbundesstaat, ließ sich auf dem Partei-tag nicht blicken. Der ebenfalls gegen Trump unterlegene Ted Cruz kam zwar und hielt eine Rede. Doch Cruz verstieß gegen eine unge-schriebene Parteitagsregel, als er die Delegierten nicht zu einem Votum für Trump aufforderte, sondern ihnen riet, sie sollten ihrem Gewissen folgen.

Ein Nominierungsparteitag zeigt ein ganzes Leben. Es ist eine sorg-fältig inszenierte Inthronisierung, bei der die Partei die Qualitäten, Stärken und Erfahrungen der Person präsentiert, die sie ins Weiße Haus bringen will, sowie die Menschen, die hinter ihr stehen. Ein Nominierungsparteitag ist zugleich ein direkter Weg in die Wohnzim-mer von Millionen Menschen. Denn die Fernsehsender übertragen live. Schon optisch hätte der Kontrast zwischen dem Parteitag für Trump in Cleveland und dem für Hillary in Philadelphia kaum größer sein kön-nen. Die in Philadelphia versammelten Demokraten spiegelten die Vielfalt des Landes: viele Afroamerikaner, Latinos, Schwule und Lesben, junge Leute und eine überwältigende Anzahl von Frauen. Zugleich stieß die Demokratische Partei in Philadelphia in traditionelle Domänen der Republikaner vor und gab sich in einem deutlichen Werben um moderate republikanische Wähler als Garantin traditioneller US-amerikanischer Werte und Symbole, verteidigte die religiöse Pluralität und Toleranz und die militärischen Interessen. Anders auch als in Cleveland zeigte in Philadelphia die komplette Parteiprominenz, dass sie geschlossen hinter ihrer Kandidatin steht. Es war eine Demonstration der Einheit, auch wenn die Enttäuschung der Sanders-Anhänger in einzelnen Protestaktionen durchbrach.

Die drei Männer, die Schlüsselmomente in Hillarys politischer Karriere bestimmt haben, traten auf die Bühne und erklärten, warum sie die Bewerberin unterstützen. «Sie wird eine herausragende Präsidentin werden», rief Bernie Sanders, der Rivale der letzten Monate. Bei vielen seiner Anhänger flossen Tränen, manche antworteten ihrem Helden mit Buh-Rufen. Doch die Mehrheit in der Halle spendete tosenden Applaus. «Wir haben nie eine höher qualifizierte Kandidatin – weder Mann noch Frau – gehabt», versicherte Barack Obama, der Rivale von 2008. «Was immer sie anfasst, sie macht es besser», sagte Bill Clinton, der Ehemann seit mehr als vier Jahrzehnten und politische Partner. Doch mehr noch als den Stars der Demokratischen Partei gehörte das viertägige Treffen in Philadelphia jenen 161 Millionen US-Amerikanerinnen, für die Hillary die oberste gläserne Decke durchbrechen will. Mehr Frauen und Mädchen als je zuvor auf einem Parteitag von Demokraten oder Republikanern traten ans Mikrofon. Sie beschrieben eine ganz andere Frau, als die Öffentlichkeit kennt: einfühlsam und zupackend, verständnisvoll, ehrlich und kämpferisch.

First Lady Michelle Obama eröffnete das emotionale Crescendo. Sie sprach von Hillary als der einzigen Person im Präsidentenamt, der sie die Zukunft ihrer beiden Töchter anvertrauen möchte. Ihr folgten Frauen, die Schicksalsschläge erlebt und überwunden haben und berichteten, wie Hillary sie gestärkt und unterstützt habe: Eine Rollstuhlaktivistin mit Zerebrallähmung; eine New Yorkerin, die bei den Attentaten des 11. September beide Beine verloren hat; ein elfjähriges

Mädchen, das in der Furcht vor der Abschiebung ihrer Eltern auf-wächst; sieben afroamerikanische Mütter, deren Söhne und Töchter Polizeigewalt zum Opfer gefallen sind; die ehemalige Kongressabgeord-nete Gabrielle Giffords, die 2011 bei einem Attentat in Tucson, Arizona, schwere Schussverletzungen erlitten hat. Ihre Überlebensgeschichten zeugten von langem Atem, religiösem Glauben und politischem Verän-derungswillen. Zugleich handelten sie von einer Kandidatin von allsei-tiger Einsatzbereitschaft und reicher Erfahrung und von einem Land, das reif ist für eine Frau an der Spitze.

240 Jahre nach der Staatsgründung und 97 Jahre nach der Einfüh-rung des Frauenwahlrechts stand am Ende Hillary ganz allein vor den Delegierten ihres Krönungsparteitags und vor Millionen von Fernseh-zuschauern. Natürlich trug sie einen Hosenanzug. Aber dieser hatte eine der Farben der Suffragettenbewegung und die Farbe der Reinheit: weiß. Hillary ist an dem Etappenziel angekommen, auf das sie Jahr-zehnte hingearbeitet hat. Sie hat es geschafft, als erste Frau von einer der beiden großen Parteien für die Präsidentschaft der USA nominiert zu werden. Es ist Teil der Geschichte, dass sie länger gebraucht hat als Dutzende weniger qualifizierte Männer, die vor ihr an dieser Stelle ge-standen haben. Doch sie gab ihrer Überzeugung Ausdruck, dass ihr ei-gener Durchbruch erst der Anfang ist. «Ich mag die erste sein, die Präsi-dentin wird», sagte sie in einer direkten Ansprache an junge und kleine Mädchen im Land: «doch eine von Euch wird die nächste sein.» In der ersten Reihe der Halle saßen ihre engsten Getreuen, darunter die Toch-ter Chelsea; Bill Clinton, der der erste Expräsident werden könnte, der erneut ins Weiße Haus einzieht, um dort der erste First Gentleman des Landes zu werden; und Vizepräsidentschaftskandidat Tim Kaine, ein katholischer Demokrat aus Virginia, der helfen will, die Farmer und weißen Arbeiter im Blaumann in den noch unentschiedenen Swing-Staaten davon zu überzeugen, dass Hillary die Richtige ist.

Wird sie gewählt, wird Hillary Clinton die mächtigste Politikerin und die Oberbefehlshaberin der stärksten Militärmacht der Welt wer-den. Moderate Kräfte in ihrer Partei hoffen, dass sie als Präsidentin nicht die interventionistische Politik fortsetzt, die sie als Außenministe-

Mehrheit der Delegierten für Hillary: Victory-Party in Brooklyn

rin unter Präsident Obama befürwortet hat. Ihr Programm klingt anders. Darin nennt sie die Nato «eine der besten Investitionen, die wir je getätigt haben», will «Israels Fähigkeit, sich selbst zu verteidigen», weiter unterstützen und gegenüber den Rivalen China und Russland «hart aber klug» sein, was auch die Möglichkeit stärkerer Sanktionen und militärischen Drucks beinhaltet. Sie – und einige ihrer engen außenpolitischen Mitarbeiter – haben auch schon angekündigt, dass sie eine Intensivierung der Angriffe auf IS-Ziele in Syrien und dem Irak plant.

Doch die großen Themen liegen im Innern der USA. Dort erwartet die Mehrheit ihrer Landsleute radikale Veränderungen in der Sozial- und Wirtschaftspolitik. Vor dem Parteitag hat Hillary ein Programm entfaltet, das darauf antwortet. Für ihre ersten 100 Tage verspricht sie die «größten Investitionen in die Infrastruktur seit dem Zweiten Weltkrieg» und eine umfassende Einwanderungsreform. Sie will die Gebühren für öffentliche Colleges senken, die Mindestlöhne erhöhen, einen bezahlten Elternurlaub einführen, den es in den USA als einzigem Industrieland bislang nicht gibt, und am Ende ihrer ersten Amtszeit dem Land eine halbe Milliarde Sonnenkollektoren hinterlassen. Darüber hinaus will sie den Verkauf von Sturmgewehren und anderen militärischen Waffen verbieten, die bei vielen Massakern in den USA benutzt werden.

Viel von dem, was Hillary ankündigt, wäre eine Korrektur der von ihr mitinitiierten Politik der New Democrats der Achtziger- und Neunzigerjahre des letzten Jahrhunderts. Damals glaubten die Clintons, Wahlen wären nur in der Mitte zu gewinnen. Jetzt hat sich die Demokratische Partei unter dem Druck der Bernie-Sanders-Bewegung nach links bewegt und gibt Hillary die Gelegenheit, zu einigen Ideen ihrer politischen Anfänge zurückzukehren. Nicht zufällig zitierte sie in ihrer Parteitagsrede Franklin D. Roosevelt mit dem Satz: «Das einzige, was wir zu fürchten haben, ist die Furcht selbst.» Es ist eine Kritik an ihrem Kontrahenten Trump, der in seinem Wahlkampf die Ängste seiner Landsleute schürt, und zugleich eine Verbeugung vor dem New-Deal-Politiker Roosevelt, der die USA aus der Großen Depression geführt und auch die Politik von Bernie Sanders inspiriert hat. Zwischen der Kandidatin im weißen Hosenanzug und den Projekten der 45. Präsidentin der USA stehen eine tief gespaltene Nation, ein Kongress, in dem die Republikanische Partei beide Kammern kontrolliert – und ein tiefes Misstrauen gegenüber Hillarys Ehrlichkeit. Was für sie spricht, ist die große Rückendeckung aus ihrer Partei, das politische Geschick, mit dem sie es immer wieder schafft, Trump aus der Reserve zu locken, und die Tatsache, dass ihre Landsleute ihm noch stärker misstrauen als ihr. Hillary, die im zarten Alter von vier Jahren gelernt hat, dass es in ihrer Familie keinen Platz für Feiglinge gibt, steht 65 Jahre später vor dem größten *bully* ihres Lebens. «Meine Mutter hat mich vorbereitet», sagt sie.

DANK

Ohne meine FreundInnen und meine Familie wäre dieses Buch nicht entstanden. Sie haben mich in den zurückliegenden Monaten reich mit Zuwendung beschenkt. Mein inniger Dank geht an Barbara Jentzsch, Uschi Hahn, Holger Iburg und Michael Waldholz. Sie haben mir geholfen, meine Gedanken zu ordnen, mir Ideen gegeben und meine Texte gelesen und kommentiert. Für ihre liebevollen und aufmunternden Worte aus der Ferne danke ich meiner Mutter Ursula Hahn. Dafür, dass sie für mich da waren, als ich sie brauchte, danke ich Dagmar Apel, Max Böhnel, Francis Brochet, Alex Duval Smith, Chris Graham, Barbara Koeppel und Braulio Peralta.

Meinen KollegInnen von der «taz» danke ich dafür, dass sie mir die Zeit gegeben haben, dieses Buch zu schreiben.

Nicht zuletzt danke ich meiner Lektorin Teresa Löwe-Bahners. Ihre strenge und sorgfältige Arbeit hat mir zu meinem Text verholfen.

QUELLEN UND LITERATUR

Madeleine Albright: Madam Secretary. A Memoir, New York 2003.

Michelle Alexander: The New Jim Crow: Mass Incarceration in the Age of Color-blindness, New York 2010.

Jonathan Allen/Amie Parnes: HRC – State Secrets and the Rebirth of Hillary Clinton, New York 2014.

Anthony d'Amato: The Realities of Vietnam. A Ripon Society Appraisal, New York 1968.

Joanne Bamberger: Love Her, Love Her Not. The Hillary Paradox, Brooklyn, NY, 2015.

Carl Bernstein: A Woman in Charge. The Life of Hillary Rodham Clinton, New York 2007.

Karen Blumenthal: Hillary Rodham Clinton. A woman Living History, New York 2016.

Sidney Blumenthal: The Clinton Wars, New York 2003.

David Brock: Blinded by the Right. The Conscience of an Ex-Conservative, New York 2002.

William Chafe: Bill and Hillary. The Politics of the Personal, Durham, NC, 2012.

Bill Clinton: My Life, New York 2004.

Hillary Rodham Clinton: It Takes a Village, New York 1996.

Hillary Rodham Clinton: Hard Choices, New York 2014.

Hillary Rodham Clinton: Living History, New York 2003.

Ta-Nehisi Coates: Between the World and Me, New York 2015.

Liza Featherstone: False Choices. The Faux Feminism of Hillary Rodham Clinton, New York 2016.

Betty Friedan: The Feminine Mystique, New York 1963.

Robert Gates: Duty. Memoirs of a Secretary at War, New York 2014.

Jeff Gerth/Don van Natta: Her Way. The Hopes and Ambitions of Hillary Rodham Clinton, New York 2007.

Kim Ghattas: The Secretary. A Journey with Hillary Clinton from Beirut to the Heart of American Power, New York 2014.

Barry Goldwater: The Conscience of a Conservative, Sheperdsville, KY, 1960.

Ken Gormley: The Death of American Virtue. Clinton vs. Starr. New York 2010.

Doug Henwood: My Turn. Hillary Clinton Targets the Presidency, New York/ London 2015.

Diane Johnstone: Queen of Chaos. The Misadventures of Hillary Clinton, Petrolia, CA, 2015.

Mark Landler: Alter Egos. Hillary Clinton, Barack Obama, and the Twilight Struggle Over American Power, New York 2016.

Mark Leibovich: This Town. Two Parties and a Funeral – Plus, Plenty of Valet Parking! – in America's Gilded Capital, New York 2013.

Nancy Isenberg: White Trash. The 400-Year Untold History of Class in America, New York 2016.

David Maraniss: First in His Class, New York 1995.

Jack Matlock: Reagan and Gorbachev. How the Cold War Ended, New York 2004.

Roger Morris: Partners in Power. The Clintons and Their America, New York 1996.

Barack Obama, Dreams from My Father. A Story of Race and Inheritance, New York 1995.

Jerry Oppenheimer: State of a Union. Inside the Complex Marriage of Bill and Hillary Clinton. New York 2000.

Samantha Power: A Problem from Hell. America and the Age of Genocide, New York 2002.

Peter Schweizer: Clinton Cash. The Untold Story of How and Why Foreign Governments and Businesses Helped Make Bill and Hillary Rich, New York 2015.

Gail Sheehy: Hillary's Choice, New York 1999.

Rebecca Traister: Big Girls Don't Cry. The Election that Changed Everything for American Women, New York 2010.

Einige der Medien, die mir bei der Arbeit an diesem Buch hilfreich waren:
The Atlantic, CNN, Dagens Nyheter, Daily Beast, Democracy Now, The Guardian, Fox News, Mother Jones, Le Monde, The Nation, The New Yorker, New York Times, PBS, Politico, Rolling Stone, Slate, Svenska dagbladet, taz, die tageszeitung, Time Magazine, Washington Post, Washington Times, Wall Street Journal, Der Spiegel.

In Wellesley, New Haven, Little Rock, Washington und New York haben mir Ex-kommilitonen, Kollegen, Politiker, Mitarbeiter, Journalisten, Diplomaten, religiöse Würdenträger, Freunde und Wahlkämpfer der Hillary-for-America-Kampagne wertvolle Informationen über Hillary Rodham Clinton gegeben. Viele von ihnen sind in diesem Buch erwähnt, andere haben es vorgezogen, nicht namentlich genannt zu werden. Ihnen allen danke ich für ihre Unterstützung.

BILDNACHWEIS

S. 17:   Polaris
S. 33:   Brooks Kraft/Sygma/getty images
S. 57:   Clinton Presidential Library
S. 87:   Flyer des Wahlkampfs zum Gouverneur, 1982; Archiv des Verlags
S. 91:   Foto Richard Berquist
S. 112:   ullstein bild – Reuters/Mike Theiler
S. 183:   picture alliance/AP Photo
S. 191:   picture alliance/Associated Press
S. 205:   ullstein bild – Reuters/Kevin Lamarque
S. 219:   picture alliance/Associated Press
S. 225:   Bloomberg/getty images
S. 235:   Timothy A. Clary/AFP/getty images